PROJECT-BASED
LEARNING
TEACHER'S HANDBOOK

项目式学习
教师手册

桑国元　叶碧欣　王翔◎著

北京师范大学出版集团
BEIJING NORMAL UNIVERSITY PUBLISHING GROUP
北京师范大学出版社

图书在版编目(CIP)数据

 项目式学习：教师手册/ 桑国元，叶碧欣，王翔著．—北京：北京师范大学出版社，2023.5(2025.7 重印)
 ISBN 978-7-303-28950-9

 Ⅰ.①项… Ⅱ.①桑… ②叶… ③王… Ⅲ.①中小学－教学法－手册 Ⅳ.①G632.4－62

 中国国家版本馆 CIP 数据核字(2023)第 037337 号

XIANGMUSHI XUEXI JIAOSHI SHOUCE

出版发行：北京师范大学出版社 https://www.bnupg.com
　　　　　北京市西城区新街口外大街 12-3 号
　　　　　邮政编码：100088
印　　刷：保定市中画美凯印刷有限公司
经　　销：全国新华书店
开　　本：787 mm×1092 mm　1/16
印　　张：17.75
字　　数：291 千字
版　　次：2023 年 5 月第 1 版
印　　次：2025 年 7 月第 11 次印刷
定　　价：78.00 元

策划编辑：鲍红玉　　　　　　　责任编辑：张　爽
美术编辑：焦　丽　　　　　　　装帧设计：焦　丽
责任校对：段立超　　　　　　　责任印制：马　洁

序　言

首先，诚挚祝贺国元教授团队撰写的《项目式学习：教师手册》一书的问世。

该书的问世有着重要的意义。我们知道，项目式学习是当代，乃至未来相当长的一段时间内，一种十分重要的学习方式。为了更好地实现育人方式和课程教学模式变革，2019 年，《中共中央 国务院关于深化教育教学改革全面提高义务教育质量的意见》首次将项目式学习理念纳入国家政策。在政策和课程标准的引领下，许多中小学主动进行了项目式学习的教与学方式变革的探索。随着探索的深入，教师对关于项目式学习的理论迷茫与实践困惑也亟待获得科学合理的指导和帮助。正是在这一独特的时空背景下，桑国元教授以敏锐的学术意识，在全国率先进行了推广项目式学习的教育实验，该书正是实验研究智慧的结晶，展现了国元教授团队勇于改革探索的勇气和智慧。

该书由五章组成，以项目式学习为中心议题，分别回答了为什么要开展项目式学习，项目式学习是什么，以及项目式学习应该如何设计与实施，并附有幼儿园、小学、初中和高中各个学段的 11 个项目式学习案例。该书议题集中，可操作性和指导性强，完整地呈现了项目式学习的生态结构和基本面貌，为学校规划项目式学习提供了理论依据和重要参考，是学校教师设计项目式学习的操作指南，为我们深化项目式学习研究，形成项目式学习研究的新思路、新举措提供了宝贵的思想资源和可资借鉴的实践经验，研究具有开拓意义。

作为一本项目式学习教师用书，该书的创新点主要表现在以下几个方面：

（1）走向未来学习的变革性实践定位。

项目式学习作为一种教和学的新理念、新方式，其目标定位是育人之生命自觉，培养人之社会实践活动的本质属性，寻求教育高质量创新发展的实践范式。学生在教师的帮助下，面对来自真实世界的挑战性项目任务，开展一定周期的探究、合作学习，完成项目成果，获得知识、能力、素养的协调发展。项目式学习鼓励学生探究和解决真实的、复杂的问题，并从中获得知识和技能，是一种与真实世界和生活实际紧密联系的学习方式，是一种旨在变革人类生存生活空间的深度学习过程，尽可能为学生成长提供高质量、多样化、可选择的学习空间。

(2)明晰具体的推进学生自主选择学习的思路和举措。

该书形成了一套较为系统的推进项目式学习的全过程与基本要素结构的框架，提出了具有实践性的系列操作措施和策略方案。从大量的实践案例可以看出，项目式学习充分体现了"以学习者为中心"的课堂教学改革旨趣，常规课堂的教学目标、教学内容、师生角色以及学习方式都在发生着积极转变，复杂的、开放的、民主的学生学习过程得到更高程度的重视与体现。项目式学习活动体现出真实性、跨学科性、建构性、自主性、问题性和产品性等特性，具有一定的知识度、真实度、实践度、协作度、参与度和感知度，从而引导学生走向深度学习。

(3)孕育推进项目式学习的诸多实践创造。

项目式学习的推进，通过研究对象、研究视域和研究运作方式的转换，突出学生学习方式的特点，体现学生的学习是一种选择性学习，是一种研究性学习，是一种体验性学习，是一种反思性学习，让学生亲自去经历、感受、体验和探索，实现从"以教材为中心"到"以学习者为中心"的转型。

项目式学习在推进过程中形成了诸多有创意的见解。如设计了包含批判性思维、责任担当、同理心、真实合作问题解决、技术运用、有效沟通的"CREATE"项目式学习素养发展目标，构建了指向中国核心素养的项目式学习"三六标准"模型：项目式学习六大特性(知识度、真实度、实践度、协作度、参与度和感知度)，设计六要素(问题驱动、持续探究、学生参与、学科融合、产品导向和评价引领)，实践六要素(聚焦课标、建构文化、项目管理、搭建支架、评估学习和复盘反思)。

（4）基于教育实验研究的基本认识。

早在 1992 年，以北京师范大学领衔的研究团队开始了一项集教育理论探索、为基础教育改革发展服务、培养教育改革实验家三位一体的主体教育实验。值得欣慰的是，30 年后，桑国元教授团队推广的项目式学习教育实验问世。与主体教育实验不谋而合，项目式学习实验同样致力于探索培养全面发展的人的新路径，致力于在教育教学中应注重培养和发展学生的主体性。因此，不论是主体教育实验，还是项目式学习实验，都可以成为实现素质教育、培育核心素养的路径和模式之一。项目式学习更多是一种教师实现教育教学创新的操作性策略，关注学生在学习过程中的主体性发挥、创新能力培育，以及合作意识的养成等，正是教育实验，用科学、严谨的专业精神引导项目式学习的实践。

此书作为项目式学习研究的一部奠基之作即将付梓，我为三位作者感到高兴。愿此书能够有效指导广大中小学教师开展项目式学习活动，实施"眼中有人"的教育，张扬学生的主体性，培育德智体美劳全面发展的时代新人。同时，我也期望北师大项目式学习课题组能够扎根中国大地，致力于推进以项目式学习为主的教与学方式创新，开展更加深入的理论研究和教育实验，对项目式学习加以本土化改造，取得更加丰硕的成绩，从而更加有效地指导广大教师的实践活动。

是为序。

裴娣娜
2023 年 1 月

目　录

第一章　为何需要项目式学习

人们对教育有着很大的期待，教育须满足不同时代的需要。项目式学习以其独特的魅力满足时代的需求，那么，问题来了，当下时代为何更加需要项目式学习？要准确回答这个问题，需要从以下三层逻辑入手：一是我们处于怎样的时代，二是当下时代需要怎样的人才，三是项目式学习怎样培养当下时代所需人才。对以上问题的追问，既是我们对于时代本质的深度追寻，也是展开项目式学习的基本逻辑。

第一节　我们处于怎样的时代

21 世纪以来，工业社会向后工业社会的转型成为大势所趋。一个事实就是：人类封闭的时代已经过去，开放的、多元的、复杂的时代已然到来，并持续前进，人类社会真正进入全新时代。[①]

一、当今时代的基本特性

智能时代对人类的挑战是难以想象的。在诸多领域，人类生产力的权威性正在受到巨大挑战。

(一)复杂性与不确定性

在人类社会发展历程中，形成了一种偏见：建立有效的控制才能解决社会的发展问题。在走向复杂性(Complexity)与不确定性(Uncertainty)的社会进程中，这种偏见必然走向终结。工业时代，有效控制确实在一定程度上推进了社会进步与发展，但当社会从低复杂性走向高复杂性时，其复

---

① 张康之：《全球化、后工业化时代的社会特征》，载《河南大学学报(社会科学版)》，2012(5)。

杂程度达到甚至超越临界点，控制会变成发展的桎梏与枷锁，从有效走向全面失灵。

复杂性程度决定着社会运行速度的确定性与不确定性，也就是说，在复杂性程度比较低的情况下，社会运行呈现出相对确定性；复杂性一旦达到较高程度，就会打破确定的社会运行，导致其走向无序与不确定。当前社会处于后工业时代，具有高复杂性的特征，即越来越强调社会运行中的治理体系与方式的弹性、灵活与建构。对于当前社会而言，这种建构更加注重团体性的主观创造，即创造新的社会运行结构与秩序，根据新的社会运行结构与秩序做出新的组织安排与选择，而不是进行简单粗暴的"新秩序替代旧秩序"的过程。为了应对社会发展的复杂性与不确定性，"危机管理"（Crisis management）的概念诞生，这是人类针对复杂性与不确定性的管理上的回应，其目的不在于从根源上降低危机发生的频率。当然，这种目的即使夹杂其中也不会实现，反而会使事情变得更加复杂，从而出现更多危机。但这并不意味着可以放弃危机管理。与此相反的是：需要摒弃传统意义上"以逸待劳"的控制主义管理策略，摆脱控制导向的治理方式，结合危机可能爆发的时间、地点、频率与社会影响等，采取灵活、弹性的新型策略积极应对，进而消除思想滞后性与发展超前性之间的紧张关系。

社会的不断发展与进步总是能轻而易举地将对人的主要能力的关注从一个高度推向另一个高度。例如，古代社会将对人的主要能力的关注聚焦于体力等自然能力上；近代社会转而聚焦于知识的获取、加工、组织、提取与应用的能力；当下社会则将上述能力视为基础能力，重点倡导人的自主创新与社会交往的能力，并将其视为人的高级能力。对这种高级能力的聚焦，要求人们做到两点：一是能够独立解决问题，二是能够适应团队合作。这两点看起来是互相冲突的，但在复杂性与不确定性的语境下解释，是完全可以理解的：人的发展不是闭门造车的过程，而是共同行动的过程，我们需要做的是在共同行动中保持自身独立性与独特性，并在共同行动中进行充分展示，通过不断的自我确证达到高级需求中的自我实现。

事实证明，即使对整体方向的判断相对正确的一方，也无法精准地判断这个时代到底会如何加速变化，打破迭代思维，出现跳跃式发展。在科技快速发展的条件下，人类认知、融入这个时代的路径与方式都发生了变化。由于科技本身跨越了比如地域、资源等方面的限制，以往建立在物理条件上的判断，势必面临诸多挑战。换言之，我们已经无法根据过去的经验准确预测未来，这让各个行业的从业者越来越谨慎，不敢轻言对未来的判断。旧有经验的失效，新变化的复杂性、不确定性时刻警醒我们：没有固定不变的永恒逻辑存在，紧抓本质，方能回应不断变化的外界环境。

(二)易变性与模糊性

为了实现对经济效率与效能的有效评估、过程控制、成本管理与质量监控等，保障体系与组织制度要一并建立并逐渐完善。受此大环境的影响，人们往往追求高度清晰性与绝对稳定性，认为社会运行的权力架构与制度组织越清晰，管理过程就越精细，社会就越能实现有效治理。

今天已进入后工业时代，在任何一种语境下，易变性(Volatility)与模糊性(Ambiguity)都成为时代发展不容忽视的重要变量，对社会治理中的理论与实践产生着深刻影响。易变性与模糊性是相伴而生的，因为时代具有易变性，所以它难以精确表达，进而导致模糊性，但这种易变性与模糊性并不一定就会变成时代发展的障碍与阻力。依据传统观点，社会发展总是有序的，历史进程总是真实的，事情因果总是明确的。不得不说，这只是主体对社会的认知所呈现的精确程度的一种欺骗，即便是我们认为完美的、理性的情境定义与结果预测，也是一种假设与近似，而非最终答案。真正的生活是复杂的、易变的、不确定的与模糊的，并不全部包含于人类所熟知的结构框架之中。

当下各国经济、国际关系、国际形势等正经历着大调整。21世纪的第三个十年，各国联系的紧密程度、广泛程度、复杂程度等已经超出想象。在这种背景下，教育的任务之一就是要促进学习者在无常的环境中做出对未来的更加准确的判断，培养学习者适应环境易变性、模糊性与解决问题的关键能力。

二、当今时代的教育特征

(一)国外 21 世纪学生发展核心素养

迈入 21 世纪，人类面临更多的疑问：如何应对时代变革对于人类生活的挑战？如何更加富有创造性地生活、学习和工作？如何通过学校教育培养时代所需之人才并使其具备终身学习的能力和素养？面对这些疑问，诸多国际组织、研究者开始研究、讨论 21 世纪学生发展的核心素养框架，这些框架已经或正在对学校教育及课程变革产生重大影响。在新的时代背景下，诸多研究者开始讨论 21 世纪学习的基本特征。根据沃伊特（Voogt）和罗布兰（Roblin）的观点，对于 21 世纪能力的不同理解，将会导致教师在教学过程中以差异化的知识观组织教学过程。[①] 因此，关于 21 世纪学习（或能力）的讨论，需要在五花八门的解释中寻找合理性和普遍性。

我们对 21 世纪学习素养的框架做了回顾性梳理。[②] 其中，沃伊特和罗布兰综述了八个框架：21 世纪技能联盟框架（Partnership for 21st Century Skills，以下简称 P21）；美国北中部地区教育实验室（North Central Regional Educational Laboratory，NCREL）"EnGauge"框架；21 世纪技能评价和教学（Assessment and Teaching of 21st Century Skills）；国家教育技术标准（National Educational Technology Standards，NETS）；2012 年美国国家教育进展评估的技术素养框架（Technological Literacy Framework for the 2012 National Assessment of Educational Progress，NAEP）；21 世纪学习者的技能和能力（21st Century Skills and Competences for New Millennium Learners）；终身学习的关键能力（Key Competences for Lifelong Learning）；教师的信息通信技术能力框架（ICT Competency Framework for Teachers）。其中，值得一提的是 21 世纪技能联盟框架（P21）。

为了培养 21 世纪学生的核心素养，P21 于 2002 年成立。该组织将 21 世纪学生应具备的基本技能进行整合，制订了《21 世纪技能框架》（以下简称《框架》），并以合作伙伴的形式将学校、企业、社区以及政府部门联合起来，力求在学校教育中培养学生的 21 世纪核心技能和素养。P21 的成立标志着美国提高了对培养 21 世纪高素质人才的重视。P21 强调如下技能：

---

① Voogt J., Roblin N. P., "A Comparative Analysis of International Frameworks for 21st Century Competences: Implications for National Curriculum Policies, *Journal of Curriculum Studies*, 2012, 44 (3), pp. 299-321.

② Dede, C., Comparing Frameworks for 21st Century Skills, J. Bellanca & R. Brandt (Eds.), 21*st Century Skills*, Bloomington, IN: Solution Tree Press, 2010, p. 15.

信息和通信技能、思维和问题解决技能、人际和自我指导技能等。

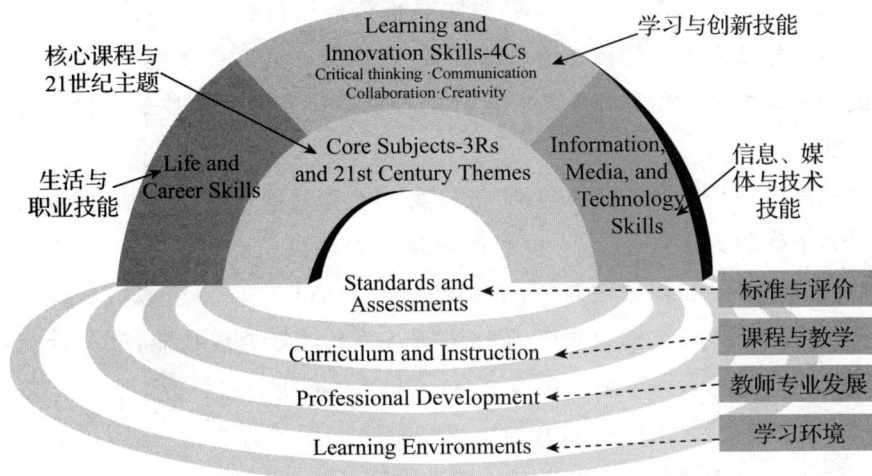

图 1-1　21 世纪学生能力和支撑体系①

　　图 1-1 显示了 21 世纪学生所需知识与技能的构成要素，即学生在 21 世纪成功地工作和生活所需要掌握的技能、知识和专长。该框架表明，当今时代学生最需要掌握的学习成果包括：第一，核心课程（包括阅读、写作、外语、美术、数学、经济、科学、地理、历史、政府和公民等）；第二，学科主题（包括金融、健康和环境素养）；第三，21 世纪的关键技能和素养，包括学习与创新技能，信息、媒体与技术技能，以及生活与职业技能。

　　上述 21 世纪的关键技能，将核心学科学习和跨学科的 21 世纪主题技能学习有机地结合起来。

　　一是学习与创新技能，包括：（1）批判性思维和问题解决能力，即专家思考能力；（2）交流与合作能力，即复杂交流能力，在 21 世纪，一个人具备足够竞争力的重要前提是善于交流、合作和协同；（3）创造性和创新能力，即想象和发明的能力。这些技能是使人在创造性学习和工作中终身受益的关键技能。

---

　　① Joathan Anderson，*ICT Transforming Education-A Regional Guide*，Bangkok，Asia and Pacific Regional Bureau for Education，2010.

　　二是信息、媒体与技术技能，包括：（1）信息素养，即高效地获取信息，批判性地评价信息，以及创造性地整合运用信息的基本素养；（2）媒介素养，包括熟练运用传送信息的介质（出版物、音频、视频、网站等）的技能，为某种特定信息介质精心设计的技能，以及利用媒体信息影响受众的技能。

　　三是生活与职业技能，包括：（1）灵活性和适应性，这是21世纪公民学习、工作的关键技能，21世纪的公民，要能够适应来自不同渠道的压力，具备足够的心理韧性；（2）主动性和自我指导，学生应锻炼自我调适能力和主动精神，掌握自主学习的技能，学会计划养成技能；（3）社交和跨文化交际能力，即理解和包容文化、社会、种族的差异能力，这些差异可能有利于人们提出更有创意的思想和解决问题的方案；（4）生产能力和绩效能力，包括制定并实现目标、区分工作的轻重缓急、高效地利用时间等；（5）领导能力和责任感，这是日益重要的领导才能。

　　尽管关于21世纪能力和学习的讨论框架在聚焦点上存在差异，但"所有的框架一致同意在'21世纪能力'范围内讨论不同学习能力的重要性"。基于这一认识，沃伊特和罗布兰分析了不同框架关于21世纪能力讨论的共同之处：第一，所有框架都强调的素养包括协作与交往能力、信息技术素养、社会与文化技能；第二，大多数框架强调的素养包括创造力、批判思维、问题解决，以及高产出（productivity）。[1]

（二）中国学生发展核心素养

　　今天的社会是一个信息化的社会，不同国家构成了一个整体，任何国家的教育改革必须考虑到学习者的国际意识、交流能力、竞争力、创新精神、实践能力的培养。基于这样的背景，"核心素养"引起了教育界的高度重视，出现在公众视野中。随后在中小学各级课程标准中，包括义务教育阶段的课程标准、普通高中的课程标准等，核心素养成为重要内容。这明确地直指同一个问题：合格的人才，就是具有核心素养的人才。"'核心素

---

　　[1]　Voogt J.，Roblin N. P.，"A Comparative Analysis of International Frameworks for 21st Century Competences：Implications for National Curriculum Policies，"*Journal of Curriculum Studies*，2012，44（3），pp. 299-321.

养'旨在勾勒新型人才的形象，规约学校教育的内容与方法。"①

北京师范大学林崇德教授对当下教育有过这样的分析：

> 当前我国所培养出的学生已表现出身体素质滑坡、社会适应能力不强、负面情绪较多、实践和创新能力不足等素养发展不全面的问题。同时，由于我国长期形成的以中考、高考成绩作为教育质量评价标准的观念引导，以素质教育为本的教育质量评价体系尚未建立和形成，导致素质教育的真正推行遭遇重重困境。这些现状与问题都迫切需要转变教育质量观念，进一步丰富素质教育的内涵，深入推进素质教育的改革，真正确立起以"学生核心素养"为基本框架的教育质量评价体系和课程体系，以促进素质教育的深化与落实。②

林崇德团队的研究，最终将学生发展核心素养的总框架界定为以"全面发展的人"为核心，包括自主发展、社会参与和文化基础三个领域（见图1-2），综合表现为学会学习、健康生活、责任担当、实践创新、人文底蕴、科学精神六项指标，具体阐释如下。③

自主发展，即自主性是人作为主体的根本属性。自主发展，重在强调有效管理自己的学习和生活，认识和发现自我价值，发掘自身潜力，有效应对复杂多变的环境，成就出彩人生，发展成为有明确人生方向、有生活品质的人。其中学会学习主要是学生在学习意识形成、学习方式方法选择、学习进程评估调控等方面的综合表现，具体包括乐学善学、勤于反思、有信息意识等基本要点。健康生活主要是学生在认识自我、发展身心、规划人生等方面的综合表现，具体包括珍爱生命、健全人格、自我管理等基本要点。

社会参与，即社会性是人的本质属性。社会参与，重在强调能处理好自我与社会的关系，遵守道德准则和履行行为规范，增强社会责任感，提升创新精神和实践能力，促进个人价值实现，推动社会发展进步，发展成

---

① 钟启泉、崔允漷：《核心素养研究》，2 页，上海，华东师范大学出版社，2018。
② 林崇德：《中国学生核心素养研究》，载《心理与行为研究》，2017(2)。
③ 核心素养研究课题组：《中国学生发展核心素养》，载《中国教育学刊》，2016(10)。

图 1-2 中国学生发展核心素养

为有理想信念、敢于担当的人。其中责任担当主要是学生在处理与社会、国家的关系方面所形成的情感态度、价值取向和行为方式，具体包括社会责任、国家认同等基本要点。实践创新则主要是学生在日常活动、问题解决、适应挑战等方面所形成的实践能力、创新意识和行为表现，具体包括劳动意识、问题解决、技术应用等基本要点。

文化基础，重在强调能习得人文、科学等领域的知识和技能，掌握和运用人类优秀智慧成果，涵养内在精神，追求真善美的统一，发展成为有深厚文化基础、有更高精神追求的人。其中，人文底蕴是学生在学习、理解、运用人文领域知识和技能等方面所形成的基本能力、情感态度和价值取向，具体包括人文积淀、人文情怀和审美情趣等基本要点。科学精神主要是学生在学习、理解、运用科学知识和技能等方面所形成的价值标准、思维方式和行为表现，具体包括理性思维、批判质疑、勇于探究等基本要点。

"核心素养"是对"Key Competences"或"Key Competencies"的翻译，多数学者采用的翻译是"关键素养""核心素养"，也有学者使用"关键能力"的翻译。鉴于"素养"具有更大的包容性，"核心素养"的翻译迅速且广泛地被教育界所接受。我们有理由相信，核心素养将在我国得到更多的重视。首先，核心素养有助于培养更具全球竞争力的人才；其次，核心素养是讲好中国故事、传播中国声音的关键；最后，核心素养有助于培养负责任、有担当的时代人才。

此外，近年来我国提出了"人类命运共同体"的理念，即除了培养适应国家需要的人才外，还要完成"世界公民"教育（Global/World Citizenship Education）。我们希冀在保证国家认同的同时形成一定的世界认同及相应的知识、能力和价值观，承担"世界公民"的责任和义务，进而促进全人类持续和平健康发展。[①] 这种教育理念突破了社群主义的公民教育方式，转而对人类共同体内部的他者的生活有了足够的考量与关注。另外，对自由主义教育中的某些观点，比如，充分建立起教育者、学习者内部的信任关系，包容与合作，理解与多元等有了更广泛的认可。

（三）教育先行

联合国教科文组织国际教育发展委员会在《学会生存》的报告中指出："教育在全世界的发展正倾向于先于经济的发展，这在人类历史上大概还是第一次。"[②]社会运行中关于教育发展与经济发展的问题，始终存在两种对立的观点：观点一秉持经济先行论，主张教育发展的前提是社会生产力的发展，依据生产力制约教育发展的速度、规模、质量等，认为生产力的发展必将带来社会关系与生产关系的发展与变革，进而推动社会整体前进，教育自然裹挟其中；观点二则秉持教育先行论，并辅以人力资本理论与教育经济收效理论，主张社会发展对教育的投资不是一种只出不进的消费性投资，而是一种效益颇高的生产性投资，作为生产性投资，教育具有受教育周期长、教育效果滞后等特点。换言之，今天的教育其实是在培养明天的劳动力，这也决定了教育必须走在经济发展的前面。

教育先行，要求教育不仅要回顾历史，立足当下，更要面向未来，在适应现行社会经济、政治、文化等发展水平的基础上，适当先行发展。当前时代，生产发展对科学技术的依赖日趋加重，科技发展模式也已由传统的"生产—技术—科学"转向为"科学—技术—生产"。而科学技术的持续发展与在生活中的普及应用，必须通过教育所培养出的高质量、高素养团队

---

① 宋强、饶从满：《着眼全球共同利益："世界公民"教育的国际研究新趋势》，载《现代教育管理》，2018(2)。

② 联合国教科文组织国际教育发展委员会：《学会生存——教育世界的今天和明天》，38页，北京，教育科学出版社，1996。

和人才才能得以实现。因此，教育走在生产的前面成为时代发展的必然要求。科技的竞争与发展，表象是人才之争，本质是教育水平的竞争与发展。教育质量的高低、教育目的的异同都影响着未来世界各国的地位与彼此间的关系。

"一场教育革命正在席卷全球，人们越来越认识到我们的教育系统是为了满足更古老的时代需求而设计的，要让年轻人为他们将要生活和工作的世界做好准备，新的学习模式至关重要。"[①]这几句话并不稀奇，但是，"一场教育革命正在席卷全球"的说法，引起我们的关注。在我们的印象中，"革命"本身代表着一场巨大乃至颠覆性的活动，这样的一场教育革命，必然会引发生产力等方面的变化，继而带动社会整体性变革。教育理论研究者和实践者必须做好充分准备，应对教育"革命"。

第二节　项目式学习回应了哪些教育热点

项目式学习作为一种新兴的学习形态，日益受到人们关注。相比于传统教学模式，项目式学习拥有独特的优势与价值，这一点已在教育实践中不断被验证。从国家政策层面来看，项目式学习正在成为当前育人方式和课程教学模式变革的重要方向与关键抓手。

一、开展劳动教育

习近平在全国教育大会上指出，党的十九大从新时代坚持和发展中国特色社会主义的战略高度，做出了优先发展教育事业、加快教育现代化、建设教育强国的重大部署。要在学生中弘扬劳动精神，教育引导学生崇尚劳动、尊重劳动，懂得劳动最光荣、劳动最崇高、劳动最伟大、劳动最美丽的道理，长大后能够辛勤劳动、诚实劳动、创造性劳动。要努力构建德

[①]　Monica R. Martinez, Dennis McGrath, "How Can Schools Develop Self-Directed Learners?" *Phi Delta Kappan*, 2013(2), pp. 23-27.

智体美劳全面培养的教育体系，形成更高水平的人才培养体系。① 为深入贯彻习近平总书记关于劳动教育的重要讲话与指导思想，2020 年 3 月，发布《中共中央 国务院关于全面加强新时代大中小学劳动教育的意见》，提出学校要发挥在劳动教育中的主导作用，根据学生身体发育情况，科学设计课内外劳动项目，采取灵活多样的形式，激发学生劳动的内在需求和动力。②

为深入贯彻习近平总书记关于教育的重要论述，全面贯彻党的教育方针，加快构建德智体美劳全面培养的教育体系，2020 年 7 月，教育部组织研究制定并印发了《大中小学劳动教育指导纲要（试行）》，多处涉及通过项目开展劳动教育。在劳动教育目标和内容中提出，初中阶段，应"学习相关技术，获得初步的职业体验，形成初步的生涯规划意识"。高中阶段，应"从工业、农业、现代服务业以及中华优秀传统文化特色项目中，自主选择 1—2 项生产劳动，经历完整的实践过程，提高创意物化能力，养成吃苦耐劳、精益求精的品质"。要"引导学生从现实生活中发现需求，选择和确定劳动项目。强化规划设计意识，充分发挥学生的主动性、积极性、创造性，引导学生对项目实践进行整体构思，综合运用所学知识、技术，不断优化行动方案……敢于在困难与挑战中完成行动任务"。③

项目式学习创新了劳动教育实施方式，为劳动教育政策落地提供支持。系列项目式学习主题，有利于实现劳动教育课程化目标。使劳动教育在大中小学落地生根的有效方式之一，在于构建完善的劳动教育课程体系，改变劳动教育在学校教育中的边缘性地位，分层设计劳动项目式学习体系。依据日常性劳动、服务性劳动、生产性劳动三个板块的不同内容，分别设计不同的项目式学习主题，同时依据不同学段学生发展的身心特点，分年级、分年龄制定适宜的学习目标与劳动素养发展目标，低年龄阶段学生重在通过项目式学习的方式促进劳动兴趣的培养与知识技能的学

---

① 《习近平出席全国教育大会并发表重要讲话》，http://www.gov.cn/xinwen/2018-09/10/content_5320835.htm，2018-09-10。

② 《中共中央 国务院关于全面加强新时代大中小学劳动教育的意见》，http://www.gov.cn/zhengce/2020-03/26/content_5495977.htm，2020-03-26。

③ 《教育部：关于印发〈大中小学劳动教育指导纲要（试行）〉的通知》，http://www.moe.gov.cn/srcsite/A26/jcj_kcjcgh/202007/t20200715_472808.html，2021-07-09。

习，中高年龄阶段学生则强调问题解决能力与创造性思维的培养。基于项目式学习的劳动教育能够实现打破学科壁垒、跨学科学习的育人目标，以学科协同的方式拓展学生的劳动视野。项目式学习的引入，更加凸显了劳动教育的"跨界"属性，围绕项目主题的学习，要求不同学科教师能够基于自身学科知识原理，开展合作、协同教学和深度实践，实现学科综合育人。

二、提高基础教育质量

基础教育是我国教育事业的重中之重，关系到国家的长足发展与民族的兴衰荣辱。因此，推进教育现代化，贯彻教育强国战略部署，办好人民满意的教育，必须首先提高基础教育质量。2019 年 6 月，《中共中央 国务院关于深化教育教学改革全面提高义务教育质量的意见》指出，应"注重启发式、互动式、探究式教学……引导学生主动思考、积极提问、自主探究。融合运用传统与现代技术手段，重视情境教学；探索基于学科的课程综合化教学，开展研究型、项目化、合作式学习"。[①] 2020 年 10 月，上海市教委制定了《义务教育项目化学习三年行动计划（2020—2022 年）》，强调以创造性问题解决能力为导向，以项目化学习的实践和研究为着力点，以活动项目、学科项目、跨学科项目为载体，设计真实、富有挑战性的问题，引导和指导学生在一段时间内持续探究，尝试创造性地解决问题，形成相关项目成果，激励学生深度理解学科核心知识，提升学科能力，培育学科素养，进而落实义务教育阶段国家课程方案与课程标准，实现义务教育健康发展。

教育质量具体指教育发展水平的高低与效果的优劣程度，最终体现在学生的学习质量上。教育质量的影响因素较为多元，如教育制度、教学计划、教学内容、教学方法、教学组织形式与教学过程等，教学过程中学生的学习基础、教师的素养能力、师生参与教育活动的积极程度等。项目式学习能够提升学生的生生合作能力、师生合作能力。学生在项目式学习中

---

① 《中共中央 国务院关于深化教育教学改革全面提高义务教育质量的意见》，http：//www. gov. cn/zhengce/2019—07/08/content _ 5407361. htm？ trs＝1，2019-07-08。

通过小组分工与合作，共同完成同一任务，在此过程中，学生学会了如何倾听别人的意见和想法，尊重不同的声音与观点，协调项目设计的各个环节，形成完成项目的合力。项目式学习能够培养学生的创新意识，学生关于项目产品的设计有充分的自主权与决策权，可以充分发挥自己的想象并创造想象变现的条件，充分体验成果输出的成就感。

三、变革育人方式

育人方式变革是当前教育改革的热点问题，其本质在于"如何培养人"。就当前的教学目的与教学方向而言，中小学教学经历了从"双基"到"三维目标"再到"核心素养"的改革，完成了从关注具体知识到关注学科价值再到关注人的全面发展的学习转向，即从知识本位转向素养本位，中国的教育事业真正进入了"以人为本""以生为本"的全新时代。2019 年 6 月，《国务院办公厅关于新时代推进普通高中育人方式改革的指导意见》指出，应"培养适应终身发展和社会发展需要的正确价值观念、必备品格和关键能力。积极探索基于情境、问题导向的互动式、启发式、探究式、体验式等课堂教学，注重加强课题研究、项目设计、研究性学习等跨学科综合性教学，认真开展验证性实验和探究性实验教学。提高作业设计质量，精心设计基础性作业，适当增加探究性、实践性、综合性作业"①。

项目式学习使学生置身于现实的问题情境之中，通过合作的方式共同解决复杂的现实问题，学习隐含在问题背后的学科知识、概念与原理，促进学生的深度学习，从而变革教育过程中教与学的传统方式。这种合作有以下几种表现形式：从主体来看，合作包括师生合作、生生合作、师师合作等；从知识角度来看，合作包括跨学科知识的统整。培养"能合作""会合作"的人也是时代发展对教育的要求之一。与传统课堂教学相比，项目式学习在培养学生的创新精神、实践能力、合作意识等方面具有独特优势，为学生创建了综合运用语文、数学、英语、信息技术等多种学科知识、技能来解决问题的新平台，在实践过程中改变了传统课堂的教学育人

---

① 《国务院办公厅关于新时代推进普通高中育人方式改革的指导意见》，http://www.gov.cn/zhengce/content/2019-06/19/content_5401568.htm，2021-07-27。

方式，通过探究性、合作性、自主性、情境性、问题导向性的教学方式促进学生积极参与，主动参与，切实实现了改革基础教育教学育人方式的目标。这契合我国现阶段基础教育改革的大方向，有利于培养符合 21 世纪核心素养与技能要求的现代公民。

四、落实"双减"政策

2021 年 7 月，中共中央办公厅、国务院办公厅印发了《关于进一步减轻义务教育阶段学生作业负担和校外培训负担的意见》，一时之间该政策引发学校、校外培训机构、社会与家庭等教育利益相关者对教育改革的重点关注。有效减轻义务教育阶段学生过重作业负担和校外培训负担（以下简称"双减"）的政策发布初期，引起了部分家长的焦虑，被"内卷"裹挟的家长担心遵从"双减"政策会倾向于"躺平"，担心孩子不可预知的未来。需要清楚的是："减负"，减的是学生的额外负担，不减学校教育质量的要求；减的是机械性重复性的知识学习，不减创新思维与能力培养的要求；减的是毫无区分地压榨学生潜力的学习作业，不减充分挖掘学生独特优势并促使其发展为个人特长的要求。在这种背景下，学校教育的培养目标不再局限于成绩，评价手段也不再聚焦于考试与测验，而是响应时代的要求，响应中国学生发展核心素养的要求，培养具备核心素养、全面发展的能动个体。无论是学校教育的课后服务，还是非学科类培训机构的课程，都使以体验式、探究式、项目化、综合性学习为主的育人方式改革成为教育领域的热门话题。这对学校教育提出了更高的要求，教师应当将学生从简单机械的学习任务中解脱出来，在有限的时间内开展高质量的学习活动。

项目式学习是"双减"政策落地的有力抓手。在开展项目式学习过程中，学生需要基于真实的生活情境探究有待解决的真实问题，在团队中既能与他人合作完成团队任务，又能独立自主完成个人任务，充分发挥团队优势与个人长板；同时还能以自己喜欢的、适合的方式完成任务，进而解决相应问题，锻炼思维能力，提高综合素养，实现全面且有个性的发展。项目式学习对机械抄写、重复计算类任务设置较少，更加强调资料的收集与整理、调查设计与实施、探究实践、手工制作与艺术创作等高质量成果的输出。在完成项目任务的过程中，学生不仅学习了学科知识、概念与原理，还培养了社会交往能力、沟通合作能力、批判性思维能力等，获得同理心与社会责任感等。项目任务本身就是一项具备育人功能的创新型作业，可以基于一个综合性较强的项目，锻炼学生的多项能力，整合多个学科，获得多种知识，进而打破学科壁垒，使不同学科的知识相互"对话"，在跨学科知识对话中完成知识的深度学习。

第三节　项目式学习如何培养新时代人才

杜威说："教育不仅是师生间或教师与儿童父母之间的事情，教育方法和课程发生的变化或者变革不是教师个人心血来潮的创造、赶时髦或某些细节的改善，而是适应正在形成中的新社会需要的一种努力。"[①]现在看来，这种判断极具前瞻性。正是在知识经济时代，以核心素养为主要关注的教育背景下，寻找并推进合适的教学法就成为一项迫切的工作，这是教育转型的社会基础。那么，这个时代有效培养时代所需人才的教学法是什么？项目式学习是否属于这种教学法？

一、当下为何更加需要项目式学习

项目式学习全方位地对照当下教育者在教学实践中的困惑与潜在危机，也暗合了核心素养时代的本位课程提出的大背景。也就是说，项目式学习本身就是教育中教学思想与教学方法的核心，可以完成教育先行的任务；项目式学习始终指向核心素养与关键能力的培养。在教学过程中项目式学习特别强调以平等、民主为核心的合作意识，说明了与传统教育中教学形态、课程形态的区别，而这种区别的进步方面，恰恰就是教育改革的"良药"。

(一)深化教育改革的需要

众所周知，中国教育取得了很大进步，但是随着时代的发展，也暴露

---

① ［美］约翰·杜威：《学校与社会·明日之学校》，赵祥麟等译，27—28 页，北京，人民教育出版社，1994。

出一些不足，如出现一定的滞后，部分学校的教育模式与 21 世纪的社会要求脱节。一些学校无论是教育理念的革新，还是新的教学体系的形成，抑或是教育的目标、内容、组织方式、评价等具体方面的改变，都无法满足时代的需要。21 世纪需要的并不是机械的知识堆积的人，而是会感觉、会行动、会思考的人。这种人会解决问题，会协作，会沟通，会关心。为了培养这种人，"素养本位学习"①应运而生。

几乎所有的教师都知道 19 世纪、20 世纪工业文明对学校组织结构、教育方法的重大影响。教育工作者必须意识到，学校的发展必须顺应时代的发展。社会需要高素质的劳动者，他们能够计划、协作与沟通，也要求年轻人能够承担责任，扮演好世界公民的角色。② 这段话实际上包含着巨大的危机意识，因为一些理论研究者，尤其是那些经历过"以知识为中心""唯知识论"时代的学者，认为一旦我们的教育陷入科学主义、实用主义的危机，就会带来教学方式、评估方式、课程设计等多方面的问题，使得教育的育人功能弱化，更难以培养批判、创新思维等。③ 在中国教育的转型期，带有跨学科、情境化及问题解决特征的项目式学习就是转型的重要桥梁。

（二）学生主体发展的需要

项目式学习伴随现代教育而出现，发展，形成，其"适者生存"的基因与当下知识经济时代的发展具有天然的匹配度。项目式学习的根本目的是培养 21 世纪所需的人才。工业文明打破了传统农业社会的很多模式，人的地位获得极大认可，这与项目式学习强调社会关系的民主平等基本原则密切相关。项目式学习始终把学生放在主体位置。教师虽然参与其中，但是也有退出的时候，因为项目式学习是"做中学"，而非"教中学"，特别注重社会真实场域，强化公民教育的责任意识。项目式学习中的项目具有真正意义上的现代社会任务的特点。一般情况下，学生多是在虚拟中完成某些任务或者项目的，包括即将从事的职业任务，但是项目式学习打破了虚拟

---

① 钟启泉、崔允漷：《核心素养研究》，上海，华东师范大学出版社，2018。
② ［美］巴克教育研究所：《项目学习教师指南：21 世纪的中学教学法》（第 2 版），任伟译，4 页，北京，教育科学出版社，2008。
③ 郑国民等：《当代语文教育论争》，广州，广东教育出版社，2006。

场景，力求真实，强调行动力。正如我们在前面所讲的，现实世界正是由一个个具体的"项目"组成的，所以，项目式学习自然是大势所趋。项目式学习重视思维品质的提升，对批判性思维、创造性思维"情有独钟"，这是项目式学习的核心要素，也是21世纪各国教育最根本的竞争所在。

那么，什么样的教学法最能胜任当前的教育使命？可以说，项目式学习就是答案之一，因为项目式学习重视非认知能力的培养。巴克教育研究所引用了来自世界各地的教师对项目式学习的评价，认为项目式学习有八项作用：克服知识学习与思维实践的割裂状况，帮助学生不仅认识"知"，而且体验"行"；支持学生学习和实践这些技能，如解决问题、沟通与自我管理；鼓励学生培养与这些方面相关的思维习惯，如终身学习，社会公民责任，个人发展与事业成功；整合课程领域、主题教学与社区问题等；采用和职场类似的评价标准，对学生掌握课程内容和技能情况进行绩效评价，鼓励学生在做事之前先考虑绩效标准，鼓励学生设立目标，不断提高成绩；在多样的学生小组中创建积极的沟通氛围与合作关系；满足不同学习风格和技能水平的学生的学习需求；吸引并鼓励厌学或对学习漠然的学生参与项目式学习。[1]

全球项目式学习浪潮，始终致力于解决分科与综合、知识与能力的矛盾，尽管其在发展的过程中几经沉浮，但到目前为止，项目式学习仍然是当下许多国家进行教学的核心教学法。[2] 另外，项目式学习近期之所以还能够再度崛起，实际上与教育心理学、人类学的发展是密切相关的[3]，所以，非认知能力的开发也是项目式学习的"身份证"。而且，在这样的努力下，我们看到了一种基于项目式学习的人才培养、能力培养的模型，我们一直在寻找一个更为具象的答案，希望能够更大程度地聚合这些素养，那么最终形成的能力架构是什么样的呢？（参见本书第三章第二节中的"CREATE"素养发展目标。）该人才模型是各种素养的集合，与美、日所提

---

[1]　［美］巴克教育研究所：《项目学习教师指南：21世纪的中学教学法》（第2版），任伟译，北京，教育科学出版社，2008。

[2]　夏雪梅：《从设计教学法到项目化学习：百年变迁重蹈覆辙还是涅槃重生？》，载《中国教育学刊》，2019（4）。

[3]　单中惠：《现代教育的探索——杜威与实用主义教育思想》，北京，人民教育出版社，2002。

出的素养架构吻合，也与中国提出的核心素养育人目标有更多的交集。而且仅就这个模型而言，我们也可以看到一些更明显的特点，比如，学习已经从学校向校外延展，而且人才培养更加重视个性化定制式学习过程。当然，有一点必须要特别说明：项目式学习本身没有排他性，它可以与其他教学法搭配，在资源有限的条件下，充分利用现实、真实的问题，设定任务、组织项目，在真实的情境下，培养学习者解决问题的能力。

杜威认为"教育即生长"，他认为生长本身就是教育目的，而在生长之外并没有其他教育目的存在，比如，为未来生活做准备。这种观点所揭示的道理在于：我们不能也不应该用狭隘的功利主义尺度来衡量教育质量与具体成效，而应站在更高层次的人生或人性的尺度来看待教育。人性尺度是说教育的根本目的和终极目的均在于使每一位学生的自然禀赋与知识经验得到健康生长，而不在于强迫学习者被动地接受外来的、与自身生长无关的东西。人生尺度是说教育有指向性，能使学习者当前的生活和学习是幸福且有意义的，并为"幸福而有意义的一生"创造良好的基础。教育的成功与否，取决于它是否拓展了学习主体的人生可能性。

二、项目式学习如何培养时代所需人才

(一)尊重个体学习的选择性

对于学习者而言，能够根据自身已有经验，能动地筛选符合自己学习兴趣、适合自身认知风格的学习资料与学习方式，以使自身从杂乱无序的信息风暴中解放出来。班级授课制作为一种"教师主动讲授，学生被动选择"的教学方式自诞生以来，至今已统领教学组织形式近百年。教师带着全班学生，在规定的时间、规定的地点完成规定的教学任务。在这种教学过程中，教师成为课堂中的精彩演讲者，学生是课堂中的听众。在教学难度和教学进度的选择上，常常采取底线原则，即保证基础最不好的学生能基本听懂，基本学会。在教学方法的选择上，大多数是"听讲—练习"模式，即老师先讲清基本内容、基本方法、基本原理，然后学生尝试运用这些知识解题，并通过反复练习加以巩固。

项目式学习赋权给学生，使学生拥有学习的选择性。首先，项目式学

习更加尊重学生的个性化选择。在学习时长上，项目式学习摒弃传统教学中着眼于某一课时教学效果的"短视行为"，从以课时为教学单位转向一周、一月，甚至一学期的持续学习与教学积累，因而，对于一个问题或概念的教学，可以根据学生的个性化需要进行调整。其次，项目式学习可以接纳学生的学习起点、接受能力和学习进度的个体差异。当学生觉得某方面有所欠缺，可能会对后续的合作或学习造成障碍时，学生可以先行做好准备；当学习内容早已熟练掌握时，学生可以在团队中承担更多更具挑战性的任务，完成额外的贡献值。最后，项目式学习可以包容学生学习的多样化方式。学生不一定要被强制坐在教室里学习，他们可以选择图书馆、社区、科技馆作为学习场所。学生获取知识的方式也不再是单一地听从教师讲解，他们可以自己收集资料，主动追问，自主探索。总之，基于项目的学习，从传统教学的以教师为中心转向以学生为中心，这使得学生的学变得更加主动。

（二）增强团队学习的协作性

早期的团队学习关注团队成员在团队内部的反思与行动。随着团队学习内涵的丰富，许多学者开始关注团队与团队以外的个体、群体或环境的互动。因此，基于团队学习的教学通常需要考虑个体因素（如学生的个性特征、认知能力等），团队因素（如团队规模、团队构成等），组织因素（如任务分工、成果共享等）以及社会因素（如学习文化、跨界资源等）。有效的团队学习有利于提高学习效率，促进成员之间的思维碰撞、资源共享以及观念创新，从而促进团队产生更多的创意与灵感，提升团队成员的沟通、交流与理解能力，培养协作精神，最终达到问题的解决。

作为一种教师常用的教学组织形式，协作学习主张通过小组或团队的形式组织学生进行学习，包括但不限于竞争、辩论、合作、问题解决、伙伴、设计、角色扮演等模式。传统的协作学习模式存在一些弊端，如团队成员在协作中因意见分歧而出现协作障碍、"搭便车"现象，学习动机分化，协作形式流于表面等。基于项目的协作学习则是一种基于共享目标和任务的、强调创造性生成的学习形式。这种协作尤其关注团队成员通过协作学习，共同回应驱动性问题，并在解决问题和生成产品的过程中有明确的角色分工，有利于解决协作形式流于表面的问题。高质量的项目式学习设计应环环相扣，让所有的团队成员在各自的角色分工中都产生一种"被需要感"，从而深度参与到学习过程中，并认真倾听和学习他人想法，保证阶段性产品的高质量性。此外，项目启动中的自主团队组建，以及表现性、过程性评价，也能在一定程度上减少协作中的被动参与和动机分化现象。更为重要的是，学生长期浸润在项目式学习中，有利于提升自身的协作问题解决能力，这是人工智能时代人类必备的一种高阶素养。

（三）关注主体学习的创造性

创造强调主体有意识、有目的地对世界进行探索的实践，其本质在于甄别与筛选出事物或概念之间的有意义的联系。学生学习的创造性既包括吸收、记忆、理解、再加工知识的能力，也包括创造性思维能力和创造性个性品质，这些都是在特定的社会历史背景下，通过真实的社会实践活动形成并发展起来的。创造性使学生思维突破"定向""系统""规范""模式"的束缚，能够由此及彼、由表及里、举一反三、融会贯通地思考和实践。

项目式学习在本质上是一种跨学科的探究式、体验式学习方法，在整个项目执行过程中，老师的角色从知识的传递者变成教练，变成引导者。项目式学习让学生直面问题情境：解决问题时会遇到哪些困难，用到哪些知识，如何才能克服困难和解决问题。所有问题在学生接触项目之前都是未知的，带有太多的不确定性。而这种不确定性恰恰给学生的思维留下更大的空间，他们需要开动脑筋寻找办法，需要带着问题求教或者反复实验。解决问题的过程就是创造的过程，他们在创造中发展，用创造的学习方式创造性地解决问题，在做中学，在研中学，在行中学。

但是项目式学习不与其他教学法相互排斥，不具备排他性。巴克教育研究所的理论制定者也根据实践做出结论：做项目并不意味着要抛弃传统的直接讲授法，而是应根据项目的学习目标综合运用多种教学策略。相反，基于项目的项目式学习本身的复杂性，决定了多种教学方式或者研究方式有能同时出现、综合运用的特质。当下，我们除了必须面对生产方式、生产关系的变化外，还要研究新的问题，解决新的问题，包括教育问题。我们要把人生视为一个由任务或者项目组成的过程，而且要强调，除了学生的学习，教师的学习也是一个重要的方面，教师的学习不仅是教师个人的责任，也是学校和社会的责任，学校和社会要为教师创设一个促进其学习、保障其发展的环境。

第二章　项目式学习是什么

在科技发达、信息万变的当今时代，项目式学习是当代乃至未来一个十分重要的学习方式。长期以来，我们的教育都是以传播知识为主的，后来逐渐重视培养学生的能力，而项目式学习在培养学生的思维能力、创新能力上发挥着巨大的作用。

——顾明远

项目式学习是什么？不是什么？其核心特征有哪些？其理论渊源是什么？也许这些问题一直困扰着您。在本章中，我们共同寻找答案。但这些问题的答案不是唯一的，作为本书的读者和项目式学习的实践者，每一位教师可能对这些问题存在不同的理解，从而建构不同的答案。

第一节　如何定义项目式学习

正在读小学四年级的女儿接到了语文老师的命题作文"我的奇思妙想"。女儿在作文中"发明"了一个杂物包——只有半个书包大小，却能装下一天所需的所有物品。她还对杂物包内不同的按钮和对应的格子进行了详细的描述。女儿的同学可能也在作文中表达了无数类似的"发明"，这些"发明"目前只是写在纸上的奇思妙想，老师怎样组织学生将"写在纸上的奇思妙想"变为一个个真实有用的物品？项目式学习也许能助其一臂之力。学生除了写作"我的奇思妙想"之外，还自己动手将奇思妙想变为真实的物品，学习的兴趣是否会更加浓厚一些？

世界原本就是由大大小小、多种多样的项目组成的，任何一项工作都可以被视为大项目中的一环。项目就是基于真实生活情境和现实生活需要，旨在成果产出的有目的、有意义、有计划的生成性活动。长期以来，国内外专家不断尝试将"项目"思想引入学校教育，并在理论研究和实践创新方面取得了显著成效。项目式学习在当下更有一种"遍地开花"的态势。

一、项目式学习是什么

(一)项目式学习是一种教育理念

教育理念是教育主体在教育教学实践中形成的对"教育应然"的理性认识和主观要求，是教育发展的一种理想性、精神性、持续性和稳定性的教育主张，对教育实践有导向和规范作用。项目式学习的研究者提出"项目式学习就是一种教育理念"。自学校教育的形态诞生以来，教育理念的演变更替日新月异，变化无穷。然而，一种恒长不变的规律是：凡是有利于学生身心健康发展的教育理念，其生命力旺盛，生命周期漫长；凡是不利于学生身心健康发展的教育理念，往往昙花一现，转瞬即逝。项目式学习就属于前者，其生命已经延续了很久。随着这种学习形态的延展和普及，项目式学习几乎成为学校课程教学变革绕不开的路径，其影响力遍及国内外教育领域。

项目式学习体现了诸多教育理念。如"以人为本"理念、"学生中心"理念、"全面发展"理念、"做中学"理念、"个性化"理念、"主体性"理念、"创造性"理念。不难看出，项目式学习属于"有利于学生身心健康发展的教育理念"。厘清项目式学习中蕴含的教育理念，有助于践行者、追随者用一种更加现代的、"浪漫的"、生活化的视角看待教育。项目式学习强调在实践活动中培养学生的知识、能力、品格和价值观，强调综合运用多学科知识促进学生的自主学习。有了项目式学习这一教育理念的指引，学校层面的课程设计与开发，课堂层面的课程实施、教师的教学创新、学生的学习方式，都能朝21世纪的主流方向发展。从此，教师不再是手握考试指挥棒在讲台上挥舞的"教书匠"；学生不再是在题海中挣扎的"考试机器"；学校也不再是只追求升学率、考试排名的"名利场"。

(二)项目式学习是一种教学模式

教学模式是在一定教学思想或理论指导下建立起来的相对稳定的教学活动程序。项目式学习就是一种教学模式，它鼓励学习者大胆提出问题与假设，在真实的生活情境中主动探究，使用不同的工具和技能，在课堂内外创造性地解决问题，在建构自身知识体系时，将知识运用到具体实践中。教师在组织开展项目式学习的过程中，需要遵循一系列相对固定的流程。与传统的教学模式相比，项目式学习具有多方面优势。项目式学习就是一种教师可以在知识教学过程中，引导学生积极主动参与的教学模式。

在作为教学模式的项目式学习过程中，学生通过积极主动参与真实生活世界中有意义的项目，获得知识学习和相关能力的发展。在这一过程中，教师为学生提供鲜活的学习体验。项目式学习强调教师对知识本质和外延的价值理解，对知识与实践相结合的指导力，以及对学科知识的跨学科统整能力。教师对于教学模式具有高度的选择权。然而，教学模式的选择，在很大程度上会受到学校大环境的影响。学校领导、年级组长、学科组长的教育理念也会对教师能否自主选择教学模式产生较大影响。因此，作为教学模式的项目式学习，能否在课堂教学中落地，也是一个权衡利弊的过程。这需要各利益相关方高度认可项目式学习对学生长远发展和深度学习的积极作用。

（三）项目式学习是一种学习模式

项目式学习是一种以研究一种或多种学科概念、原理为中心，以解决真实的问题为目的，在真实情境中借助多种资源，并在一定时间内解决相互关联的问题，产出作品的一种学习模式。① 这种学习模式一方面需要学生探究多种学科知识与原理，另一方面需要学生呈现真实的作品。项目式学习之所以风靡全球，有赖于它灵活有趣的学习模式，它能够使学生用自己认识事物、理解事物、处理刺激与信息的方式完成任务，这样学生不仅更容易接受，而且能获得更加有效的学习效果。在这种"以学生为中心"的学习模式下，学生要自主地建构知识，积极地联系生活实际，担负主动学习的责任，在心理上体验一种被认同、被关注的感受，从而促使学生自主地学习和探究。在学习过程中，设定一个基于现实生活场景的项目，围绕着这个项目，自己探索，解决问题，不断试错并修正解决方案，最后发布自己的作品，根据他人的反馈进行反思和不断调整。学生完整地经历提出问题—规划方案—修订方案—解决问题—形成成果—展示交流—评价改进

---

① 冷淑君：《关于项目教学法的探索与实践》，载《江西教育科研》，2007(7)。

的过程。在这个过程中，学生需要自己设计解决问题的方案，收集选用需要的材料，学习相应技能，进而获得知识和技能，培养批判性思维、问题解决能力、团队合作能力、沟通交流能力等。

项目式学习是基于学科又超越学科的综合性学习，是一种与真实世界和生活实际紧密联系的学习模式。在日益强调核心素养的今天，项目式学习作为培养创新型、复合型、问题解决型人才的重要学习模式，有助于学校教育顺应正在发生的学习革命，强调真实情境下的统整式学习，让学生真正成为立足当下、面向未来的实践者、参与者、创新者，乃至引领者。

(四)项目式学习是一种课程形态

课程形态是由课程内容、教学方式、课程评价等各种要素形成的相对稳定的课程存在样态。从这个意义上讲，项目式学习是一种新的课程形态。从课程内容来讲，项目式学习主张整体看待学校和社会、学科和生活、学习和发展的关系；从课程开发的角度看，项目式学习主张知识与知识的整合、知识与事物的整合、知识与行动的整合；从课程实施的视角分析，项目式学习主张创生性课程；从课程形态来看，项目式学习是基于知识整合的跨学科活动课程；作为一种课程形态的项目式学习，汇集了研究型学习、探究式学习、综合实践活动、研学旅行、劳动教育等课程形态的主要特征，并能够与这些课程形态相互促进，互通有无。此外，项目式学习的理念，有助于学校从整体上围绕系列项目主题建构统整、立体、开放的课程体系。

成都市盐道街小学的课程体系就是依赖于项目式学习的理念与实践而建构的。通过三种形态课程的综合运用，盐道街小学构建起全年级、全学科、多样态的项目式学习课程结构。一年级开展以"小棋手"为主题的项目式学习课程；二年级开展以"小工匠"为主题的项目式学习课程；三年级开展以"小导游"为主题的博物馆课程；四年级开展以"小艺人"为主题的综合电影课程；五年级开展以"小影迷"为主题的综合电影课程；六年级开展以"小达人"为主题的社区课程。学校还研发以项目式学习为基础的社团课程，例如，三年级、四年级的 Scratch 编程、VEX 机器人，五年级、六年级的乐高机器人、DV 社团等。盐道街小学采用"4.5＋0.5"的课程结构模式，即在一周五天的在校时间内，四天半采用分学科课程模式实施国家基础课程和市域基础性课程，同时将项目式学习的理念和方法贯穿所有学科中。另外的半天，采用跨学科项目式学习的课程模式，模糊学科边界，让学生进行探索性的学习活动。这样的课程架构保证了学科内、学科间和超学科的改革完整推进。[1]

(五)项目式学习是一种学科整合方式

长期以来，学生的学科知识过于割裂，难以理解各学科之间的关联性。例如，学生在初中阶段学习二次函数，或许到了高中阶段学习物理学科的知识时才明白二次函数的实用性。学科知识的割裂会明显降低学生的学习兴趣，也会让知识变得更加抽象，难以理解。此外，解决现实生活中和未来工作中的实际问题，单一学科的知识往往无法做到。因此，学科整合在教学过程中变得越来越重要。一个完整的项目式学习过程仅仅依靠单一学科的知识、概念、技能等是无法完成的。比如，基于语文学科开展的项目，可能与道德与法治学科有关联；基于英语学科开展的项目，也许需要美术老师介入；基于数学学科开展的项目，不排除信息技术学科参与的可能。甚至，项目式学习涉及的学科有三个或三个以上。例如，北京工商大学附属小学在开展的"班级劳动种植基地我策划"项目式学习中，涉及至少五个学科：数学(如测量、统计)，科学(如植物的生长)，美术(如绘画)，信息技术(如统计图)，语文(如写作)。在班主任的统筹策划和组织下，五个学科的知识被巧妙地整合起来，让知识不再"零碎"。

> 春天来了，我们校园的劳动基地也初具雏形。……一场突然到来的疫情，打乱了我们原有的计划。虽然不能到校，但这阻挡不了我们研究的热情。如何让学生在家也能为自己班级的劳动基地出谋划策，亲自进行策划设计呢？因此，我们开展了"班级劳动种植基地我策划"的活动，中年级学生可以结合校区文化和班级特点尝试策划自己班级的种植基地。活动中，老师彻底放手，给学生们提供足够的机会，从一开始就让他们自主参与，自主设计，体验整体设计。培养他们做一

---

[1] 胡敏：《项目式学习：从学习方式到育人模式的转向》，载《教育导报》，2019-04-13。

件事情进行整体构思、设计的思维方式，促使他们在体验的过程中自我成长，自我进步，体验合作沟通，体验团队的力量，体会劳动的快乐。在此基础上他们亲历种植的过程，亲近生命成长的过程，从而培养学生劳动的观念，激发学生劳动热情，引导他们学会分享劳动成果，感受生命成长的过程。[①]

我们在参访学校时也会遇到学科整合式教学展示。例如，在一次有关大山的语文教学中，语文老师在讲授完课文后，邀请音乐老师讲述与大山有关的音乐，邀请美术老师讲述与大山有关的美术作品。需要强调的是，这种学科整合往往是"拼盘式""多学科"的整合，而不是"跨学科"整合。教师在开展跨学科的项目式学习过程中，需要对两门及以上的学科知识、概念或理论进行辨识、评价和整合运用，以提高学生发现问题、分析问题、使用多学科知识创造性地解决项目式学习中"驱动问题"的意识能力。

二、项目式学习不是什么

在学校开展各种项目式学习活动中，不乏为项目而项目的"甜点式"项目式学习——追求短平快，忽视学生在项目式学习中的过程体验；追求花哨的成果展示，忽略对学生的高阶思维意识和深度学习能力的培养；追求项目式学习的"终结"，忽略对延续性的、改良的项目式学习活动的开展；追求学习活动的体验性，忽略对课程基本知识的学习。

(一)学生做项目不一定就是项目式学习

项目是人们运用各种方法，将人、财、物等资源组织起来，根据商业模式的相关策划安排，进行一项临时性工作任务，以期在特定的时间、预算、资源限定内，达到由数量和质量指标所限定的目标。美国项目管理协会在《项目管理知识体系指南（PMBOK 指南）》（第 6 版）中指出，项目是为创造独特的产品、服务或成果而进行的体系化工作。以下活动都可以称为一个项目：开发或运营一项产品，策划大型活动（如典礼、大型会议等），

---

① 侯春艳等：《PBL 实践案例：班级劳动种植基地我策划》，载"北师大项目学习"公众号，2020-04-26。引文有改动。

策划一次自驾游活动，发起并运营一款子品牌，组织一次社区志愿服务等。

在学校实践中，常常看到学校自媒体宣传的各种项目活动，例如，组织学生画一画，写一写，唱一唱，组织学生制作各种手工作品。如果按照"项目"逻辑，这些也属于完成项目的活动。但如果缺乏必要的本质和流程，这些项目就可能缺乏项目式学习的"味道"。所有教学活动，不管是项目式学习还是传统教学，都是以知识学习、能力培养为目的去设计活动的，只有确定了知识点，教师才知道要教什么，才开始设计如何教。只不过在项目式学习中，教师要更加频繁地问自己这样的问题：这个知识点如何运用到现实生活中？有些知识点很容易联想到现实生活中的应用，有些则不那么容易。

在众多实践迷思中，带领学生做项目就等于进行项目式学习这一点，毫无疑问最具有迷惑性。项目式学习是学生通过项目进行学习，对于教学来说，重在通过设计和执行项目实现教学目标的过程，项目式学习中的学生学习，一定是与项目的完成同时进行的。如果不能聚焦于学习，那就不是真正意义上的项目式学习。计划、调查、合作、问题解决、迭代、修改、设计等学习元素，如同创造性思维和批判性思维一样，需要成为项目式学习的内在要素。

（二）一堂课中增加手工制作、小组讨论不一定是项目式学习

初次接触项目式学习的教师，经常会提出这样的问题：我在一节课中，有手工制作，也有小组合作，最后有一个可视的展示成果，这是否属于项目式学习？当然不是！所有的常态课堂，都可以融入这样的元素。如果不能在学习过程中体现持续、深入的探究活动，不鼓励学生主动获取知识，不去培养学生问题解决能力的话，就不能称其为项目式学习。一个"不真实"的项目往往要求学生独立完成一些作业，例如，完成一件手工制品，撰写一篇作文，设计一个海报，撰写一份读后感，或者演示阅读主题等。

项目式学习的关键一环是教师创设现实的、有意义的、具有挑战性的真实项目情境，将多学科的内容、知识、概念、原理融入项目任务之中，学习者完成项目任务的过程就是学习者体验、感悟学科知识、概念与原理

的过程。在此过程中，学生基于自身生活的经验与教师、学生协作，形成组内异质、组间同质的学习共同体，建构起学科知识、概念的个性化理解，从而发展高阶思维能力。

(三)项目式学习不能替代传统教学方式

传统教学方式是指教师主要通过系统的讲解，使学生掌握大量知识的教学方法，形式比较单一。传统教学方式的优势在于可以充分发挥教师的主导作用，有利于系统地传授学科知识、原理等；投入成本低，教学效率高。但其缺点也很突出。首先，传统教学方式在一定程度上使课堂教学变成教师的"一言堂"，学生成为附属品和边缘人，难以进入课堂教学中与教师、学习内容产生共鸣；其次，传统教学方式忽略学生的主体地位。学生不仅是教育的对象，也是自我教育和发展的主体，具有自我教育、发展的意识和能力。

项目式学习要变革传统教学中的传授、讲解等方式中的不合理之处。然而，任何一种教学方法，都无法"独霸天下"。因此，项目式学习只是要改变单一教学方法"一统天下"的局面。在面对项目式学习过程中的知识准备时，传统教学方式的优势依然明显。例如，概念的讲解，公式、原理的记忆等，传统教学方式依旧能够促进学生认知结构的变革及学科概念的理解和应用。

(四)缺了项目产品的公开展示，就缺了项目式学习的"魔力"

项目式学习过程中的项目产品公开展示环节有利于促进学生满足自我实现的高级需求。项目式学习需要"制作作品并公开展示"，作品可以是有形的，也可以是针对一个复杂问题的答案或解决方案。有两个非常重要的原因可以解释公开展示环节的重要性。

第一，公开展示是"加能环"，能大大增加学生参与项目的动力和积极性，使其高质量地完成项目。项目产品的公开展示既是对学生作品的支持与鼓励，也能有效激发学生参与项目任务的热情和动力，既能引起学生对项目任务的重视，也能促成教师对项目的准确定位与正确认知。项目式学习重视最终项目产品的生成，项目产品产生的社会效益也是项目任务的重要内容之一。因此，作品是面向真实的生活、现实的世界的，当学生知道所完成的项目产品最终会走出班级，走出学校，甚至投入真实的生产、生活实践中并可能产生积极的社会影响和效益时，其对待项目任务和活动的态度当然会发生巨大的变化。

第二，公众展示是"助力环"，可以让家长、社区成员和更广泛的人群了解项目式学习及其价值，形成良好的项目式学习生态。当学生的学习过程和结果面向公众并接受公众检验时，这就是在向依赖传统教学方式的社会传递一个信息：学习过程不是题海战术，可持续发展的综合素养比冰冷的数字成绩更加重要。诸多开展项目式学习的学校在公开展示环节通过重构传统"开放日活动"，让家长和公众认识项目式学习及其价值，从而使其对项目式学习产生更加积极的支持态度。

（五）不关注全体学生的参与和发展，就丢失了项目式学习的"灵魂"

项目式学习的灵魂在于将学生从传统课堂的"门外"请进来，使学生主动进入课堂，从自身已有生活经验中抽丝剥茧，与真实的情境对话，使自身经验与学习内容产生高度共鸣，从"受教育者"主动转变为"学习者"，从课堂教学的"边缘性参与者"过渡为具备自我教育能力与意识的"局中人"。作为课堂教学的直接受益者，学生在学习过程中拥有较高的话语权，能适度参与"学什么、怎么学"等关键问题。项目式学习的全程式、深度式参与，会让学生对项目产生主人翁意识，从而使学生更加关心项目，更加努力追求项目产品的质量。一切高质量的学习方式，都应以学生为中心、以学习为中心，在项目式学习的提出问题、资源获取、小组参与、产品制作、公众展示等方面，学生需要有所投入并为之负责。如果学生在提出问题和解决问题时不能主动运用自己的判断力，那么这个项目式学习很容易变成按照教师指令行事，就丢失了项目式学习的"灵魂"。

曾经有老师提问，面向一些"资优"学生开展专门的项目式学习活动，算不算项目式学习？我们认为，这样的活动，也许可以贴上项目式学习的标签，但它脱离了项目式学习的本质之一：鼓励班级全体学生参与，促进全体学生的发展。因此，这不能称为真正的项目式学习。当然，如果是根据学生的兴趣和特长，在社团或小范围内开展项目式学习，则另当别论。

三、项目式学习的操作性定义

项目式学习是把社会创新实践提前到学生的学习阶段，是对未来社会实践创新活动的模拟与实验，这弥补了传统学科知识教学远离真实社会生活的缺陷。[①] 巴克教育研究所提供的较为"正统"的项目式学习定义为，项目式学习是一种教学方法——在此过程中，学生通过一大段时间的工作，调查和回应一个真实的、参与式的或者复杂的问题、困境或挑战。[②] 项目式学习还可以被认为是一种在微缩、虚拟情境下的模拟生产（以及研究、探究）活动。在项目式学习过程中，学生有机会参与解决现实世界中的真实问题的过程。例如，学生们不再抽象地学习关于营养方面的知识，而是充当顾问，通过调查、研究，制定更健康的学生餐厅菜单。学生不再仅仅依赖历史教科书学习过去，成为历史事件的浏览者和路人甲，而可以在学习制作一部关于改变本地面貌的事件纪录片中成为历史学家。

基于上述的"正统"定义，以及此定义的本土化表达需要，我们认为，项目式学习是一种教与学的新理念、新方式。在此过程中，学生在教师的帮助下，面对来自真实世界的挑战性项目任务，开展一定周期的探究、合作，完成项目成果，获得知识、能力、素养的协调发展。项目式学习鼓励学生探究和解决真实的、复杂的问题，并从中获得知识和技能。项目式学习是基于学科又超越学科的综合性学习方式，是一种与真实情境和生活世界紧密联系的学习方式，是一种旨在变革人类生存生活空间的深度学习过程。不少教师曾经向我表达过担忧：我这么做，算不算项目式学习。如果您恰巧也存在这些担忧，您首先可以对此处的定义进行比对。本章还会谈及项目式学习的特征、流程等，旨在帮助各位读者理解项目式学习的本质。

[①]　郭华：《项目学习的教育学意义》，载《教育科学研究》，2018(1)。
[②]　［美］巴克教育研究所：《项目学习教师指南——21世纪的中学教学法》（第2版），任伟译，8—10页，北京，教育科学出版社，2008。

第二节　项目式学习的理论基础

古今中外，好的教育理念、好的教学方式都存在一定的共性。在本节中，我们试图找寻项目式学习的理论和思想渊源。《论语》提出："诵《诗》三百，授之以政，不达；使于四方，不能专对。虽多，亦奚以为？"意思是说，熟读了《诗经》三百篇，交给他政务，他却搞不懂；派他出使到四方各国，他也不能独立应对外交。虽然读书多，又有什么用处呢？孔子告诫人们要学以致用，把所学知识运用到实践中，让知识指导实践，让实践检验知识。在西方，古希腊哲学家苏格拉底通过长期的教学实践，形成了自己一套独特的教学法，人们称为"苏格拉底方法"，他本人则称为"产婆术"，他借此比喻他的教学方法。他母亲是产婆，他母亲的产婆术是为产妇接生，而他的"产婆术"教学法则是为思想接生，是要引导人们产生正确的思想。到了 19 世纪、20 世纪，美国的杜威，中国的陶行知，意大利的蒙台梭利，瑞士的皮亚杰等教育家都强调质疑、实践、经验、体验在学习中的作用。例如，杜威高度重视实践的重要性，认为教育就是儿童生活的过程，而不是将来生活的预备。他指出，生活就是发展，而不断发展、不断生长，就是生活。[①] 因此，最好的教育就是"从生活中学习，从经验中学习"。教育就是要给儿童提供保证生长或充分生活的条件。陶行知创立的生活教育理论，包含着极其丰富的教育思想。陶行知关于生活教育的定义包含三层含义：(1)生活即教育；(2)在生活中施行教育；(3)为了生活向上而施行教育。[②] 蒙台梭利也认为，生命力的冲动是通过儿童的自发活动表现出来的，生命是活动的，只有通过活动才能发展。[③] 为了使儿童的生命力和个性通过活动得到表现、满足和发展，我们就必须创造适宜的环境，教育不是通过倾听语言，而是通过环境中的体验来实现的。

①　Dewey J.，*The Quest for Certainty*，New York，Minton，Balch & Company，1929，p. 127.
②　张华新：《论陶行知的实践教育思想》，载《武汉理工大学学报(社会科学版)》，2002(3)。
③　［意］玛利亚·蒙台梭利：《童年的秘密——揭开儿童成长奥秘的革命性观念》，金晶等译，96页，北京，中国发展出版社，2006。

本节中，我们力图介绍与项目式学习高度相关的三大理论基础：实用主义教育理论、建构主义学习理论和情境学习理论。一线教师看到本节，可能想"绕道"。这可能是因为：第一，一线教师也许在不同场合多次学习过这些理论；第二，理论太晦涩，离实践很遥远。我们在本书写作过程中也反复思考和讨论过本节的必要性。我们的思考如下：一是理解项目式学习的理论基础，有助于我们认识项目式学习的本质；二是掌握项目式学习的理论基础，有助于项目式学习实践活动更加符合学生发展的实际需求；三是强化项目式学习理论与实践的契合度，有助于我们加深对理论本身的理解。

一、实用主义教育理论①

实用主义形成于 19 世纪末 20 世纪初，对美国社会及教育改革产生了举足轻重的影响。代表人物是美国哲学家、教育家约翰·杜威。杜威针对"以课堂为中心，以教科书为中心，以教师为中心"的传统教育，从经验论与机能心理学角度提出实用主义教育理论及主要观点，即"教育即生长""教育即生活""教育即经验的不断重组""教育无目的""从做中学"等。早在实用主义教育理论诞生之初，项目式学习就已经萌芽了。实用主义教育理论与项目式学习关系密切的思想，可以被归纳如下：教育以经验为中心，以儿童为中心，以活动为中心。

(一)实用主义教育理论的主要观点

一是以经验为中心。"经验"是读懂和研究杜威教育思想的核心概念。杜威认为，一切知识来自经验，经验在人类行为和生活中具有不可或缺的作用。为了实现教育目的，不论对于学习者个人来说，还是对于社会来说，教育都必须以经验为基础——这些经验往往是一些个人的实际的生活经验。杜威在《经验与教育》一书中提出了经验的连续性和交互性原则。首先，经验的连续性原则说明，儿童的经验是在不断地丰富、发展和生长的，儿童现在的经验源于他们过去的经验，又会对他们将来的经验产生影响，过去的经验和现在的经验都在未来的经验中获得生命力。正是在这个

---

① ［美］杜威：《民主主义与教育》，王承绪译，北京，人民教育出版社，1990。

意义上，他宣称教育即生活，教育作为过程，就是"不断改组经验，重新组织经验"。其次，经验的交互性原则说明，作为人与环境相互作用的经验是统一的整体，它既包括人的精神状态，又包括人所经验的客体和对象。① 这样的经验如同生活一样，包罗万象。杜威不仅把经验等同于生活，而且把经验看作生命活动的历程。经验的交互性确定了教学的条件和标准，教学要满足儿童的经验生长的活动需求，为儿童创设经验活动的环境，在教学中"放手"让儿童主动地尝试，自主地活动，使儿童在教学环境中通过主动的"做"的行为获得直观的经验体验，或者将自己已有的间接经验运用于环境中，从而实现经验的创造和不断积累。

二是以儿童为中心。实用主义者反对传统教育忽视儿童的兴趣和需要的做法，主张教育应以儿童为中心。这种教育思想来源于法国思想家卢梭的自然主义教育思想。儿童中心论着眼于儿童的自由发展，秉持自然的发展观点，反对给儿童施加外在的教育影响，强调儿童的生活体验和对知识经验的自我建构，认为儿童先天具有自我完善的发展禀赋，教育的过程即儿童内在禀赋的外化和展现过程。杜威强调，我们必须站在儿童的立场上，并且以儿童为自己的出发点。实用主义的儿童中心论，批判以知识逻辑为核心所构成的课程体系，认为这有悖于学生知识体系和经验的主动建构。在儿童中心思想观照下，学生知识的生成和主动建构是整个教学活动的核心要求，而那种追求严谨的教学、以知识体系为核心的课程则恰恰与儿童中心思想相悖。针对传统教育弊病，杜威尖锐地指出，在传统教育中，学校的重心是在儿童之外，在教师、教科书以及在其他你所高兴的任何地方，唯独不在儿童自己即时的本能和活动之中。他提出书本、教师应是为儿童服务的，主张把教育的重心转移到儿童方面来，使儿童站在教育的中心。

三是以活动为中心。崇尚书本的弊端是没有给儿童提供主动学习的机会，只提供了被动学习的条件。在传统教育制度下，儿童容易出现厌恶学习、抗拒上学的情绪与行为。在儿童中心主义思想的引领下，杜威主张教育的活动中心说，并提出在"做中学"。他在《我的教育信条》等著作中阐述了他的活动中心思想，主要内容为：教育最根本的基础在于儿童的活动能

---

① 石中英：《杜威教育哲学论述的方法》，载《教育学报》，2017(1)。

力。杜威主张在"做中学"，反对传统教育的"书本中心"。他认为，"在做事的过程中求学问"，比"专靠听来的学问好得多"。①学校课程的真正中心应是儿童本身的社会活动。学校要以生活化和活动教学代替传统的课堂教学，以儿童的亲身经验代替书本传授。杜威认为，以学科为中心的学校课程仅仅是根据各科固有的逻辑组织知识，并不顾及儿童方面的因素，如身体发育状况、心理成熟程度、经验背景知识及认识需要和兴趣爱好等。在芝加哥实验学校，杜威建立了活动课程和活动中心课程实施方案。②学生被分成11个年龄组，开展以历史或特定的行业为主要内容的职业活动。例如，9岁组的儿童以学习芝加哥历史和地理为课程的主要内容，儿童模仿芝加哥最初居民的创业过程来开展各种探究活动。为此，杜威提出了五步教学法。

第一步，情境。教师给儿童准备一个与生活联系的真实的经验情境。

第二步，问题。疑难是引起思维运作的不可或缺的刺激物，因此，在这个阶段，疑难的情境必须和儿童的经验情境有足够相似之处，这使他们对解决疑难的方法有一定的控制能力。

第三步，假设。从对经验的占有和观察中产生对解决疑难问题的思考和假设。让学生占有足够的资料，并帮助学生运用所掌握的资料提出创造性的解决问题的办法。

第四步，推论。儿童自己负责，一步一步地展开他所设想的解决疑难问题的方法。这一阶段帮助学生推断假设是否合理，以形成科学的合理化知识。

第五步，验证。儿童通过应用其方法检验他的观念是否有效。这一阶段为学生创造应用知识的实际情景。

(二)设计教学法的主要观点

杜威的学生，美国教育家克伯屈依据杜威的实用主义教育理论创设了一种新型教学组织形式，即"设计教学法"(Project Method)，他于1918年9月在哥伦比亚大学师范学院学报上发表了《项目(设计)教学法：在教育过程中有目的的活动的应用》一文，并指出，采用"设计"这个术语，就是专

---

①　[美]杜威：《学校与社会·明日之学校》，赵祥麟等译，57—59页，123—125页，北京，人民教育出版社，1994。

②　任伟伟：《杜威"活动课程"理论述评及启示》，载《高等教育研究》，2005(1)。

为表明有目的的行动，并且特别注重"目的"这个名词。^① 基于此，克伯屈提出四种设计："生产者之设计"（Producer's Project）、"消费者之设计"（Consumer's Project）、"问题设计"（Problem Project）、"熟练设计"（Drill Project）。^② 四种设计分别对应不同的目的，完成不同的任务。20 世纪二三十年代，克伯屈的设计教学法在美国教育领域得到应用与推广。

克伯屈指出："把设计法理解为以已有目的的方式对待儿童，以便激发儿童身上最好的东西，然后尽可能放手让他们自己管理自己。"^③同时他指出，设计教学法应包括以下内容：必须是一个亟待解决的真实问题；必须是有目的、有意义的单元活动；必须由学生主导计划和实施；必须是一个有始有终，可以增长学生经验，使学生通过设计获得积极发展和良好生长的活动。克伯屈的设计教学法强调学生相互合作，每个人都在活动过程中承担相应的任务，需要完成自己的部分，才能达成共同的项目目标，这些过程也需要教师的参与和指导。设计教学法的步骤如下。^④

第一步，明确目的。克伯屈认为，在教学过程中，明确教学目的十分重要。设计教学法的首要任务就是明确教学目的。学生有了明确的学习目的，才会产生强烈的学习愿望、学习动机与兴趣。目的的设计最好依据学生的兴趣经验，由教师和学生共同参与确定，有学生参与并认同的目的会使学生产生持久的内部动机，从而有助于学习目的的实现，教师在此过程中需要指导学生进行目的的选择并引导其确定科学合理的学习目标。

第二步，制订计划。制订计划是设计教学法中最为重要，也是最为困难的环节。计划的制订主要依赖于学生自身的完成，教师的角色只是在制订计划中给予建议和意见，不能代替学生做出计划。这个过程主要是为了培养学生独立计划工作的意识和能力，具体任务包括工作时间、人员的分配，具体材料的选择，实施的详细步骤与具体方法等，教师的参与指导贯穿其中。

第三步，实施计划。计划实施的过程就是"想象变现"的过程，这一步

---

① 廖力：《智能时代的课堂教学：从知识课堂到智慧课堂》，94 页，广州，广东高等教育出版社，2019。

② ［美］威廉·H. 克伯屈：《教学方法原理》，王建新译，15—16 页，北京，人民教育出版社，1991。

③ 同上书，15—16 页。

④ 同上书，15—16 页。

需要学生将"脑中想的""纸上写的"变为"手中做的"，这是设计教学法中最为丰富多彩的环节，也是学生最感兴趣的环节。在学生偶尔出现各种问题所导致的实际做法偏离原定目标时，教师的存在就显得尤为重要，教师需要在计划实施中通过暗示、鼓励和提建议的方式引导学生重申原定目标，采取正确的方式，克服困难，进而完成任务。

第四步，评价结果。评价结果的标准与方法一般由教师制定，学生之间开展评价，评价的内容主要包括：整个计划实施过程是否按照原定计划进行，原定学习目标是否实现，你从设计活动中获得了什么，原定计划与实施方案有什么优点与缺点等。

就设计教学法的内容和具体步骤来看，克伯屈十分重视教学过程中的目的性，强调教学设计法是一项"有目的、占据学生整个身心的行动"。而且，克伯屈着重强调了学生的主体作用，认为教学的目的应由教师指导、学生确定，具体计划也应由学生自行制订，计划实施过程由学生完成，最终评价以学生评价为主。教师在整个设计教学过程中的作用在于引导、指导与监督等。

(三)实用主义教育理论与项目式学习

1."做中学"与项目式学习

项目式学习的本质是"做中学"，"做中学"的关键在于通过"做"，实现"学"。做中学是使学习的各种要素在"做"中发生作用，"做"是"学"的手段和途径，"学"是"做"的目的和结果。项目式学习的关键在于如何运用学生的"做"促使学生学习的发生，使学生在做的过程中获得知识，习得技能，使学生学会怎么做，知晓为什么这样做，依据何种知识原理来做，如果只是简单地学会了技能，可能其学习还只是停留在模仿的低级学习阶段。项目自身并不会产生教育教学意义，其价值的挖掘与发挥关键在于能够围绕项目设计出有意义的学习过程，换言之，只有在项目的设计与实施过程中产生丰富的教与学活动，项目式学习才具备完备的教学功能与作用。

2."五步教学法"与项目式学习

不难看出，杜威的五步教学法，与项目式学习的几个环节存在高度相似性：从情境、问题出发，提出假设，解决问题。项目式教学是以真实的或模拟的情境问题为出发点，让学生利用校内外的各种资源及自身的经验，通过"做中学"，完成探究任务，获得知识与技能。项目教学强调现实，强调活动，与杜威的实用主义教育理论是一致的。需要指出的是，杜威五步教学法和项目式学习的环节，并非在一节课之内完成。在实践中，有不少教师在一堂课内盲目追求五步教学法，过于教条，不值得提倡。

3."学生兴趣"与项目式学习

兴趣是一种心理定式，以"刺激—反应"为依据。持久不懈的、目前尚未被激发的兴趣意味着具备了一组适当的"刺激—反应"联结。当激发了这组联结而一心想做某件事情时，兴趣就处于活跃状态。项目式学习基于学生的学习兴趣，给学生选择自己感兴趣的内容，以此作为研究对象的机会，对于教师而言，这也是挑战性比较大的，因为学生的兴趣多种多样，学生感兴趣的程度及对学生兴趣的持续性判断非常重要。兴趣能够保持学生积极和谐的状态，保证其项目式学习的专注程度与努力期望。因此，教学的过程应该首先激发学生的兴趣，教学活动的设计应适合学生的能力，从学生的兴趣出发并始终满足学生的兴趣需要，最终超越学生当前的发展水平。

4."教师职责"与项目式学习

项目式学习中教师的职责有三点。一是给予学生适当的自由。在项目式学习中，教师需要放权给学生，让学生有相当的选择权、决策权与自主权，但是这种权利不是无限度的。二是协助学生确立学习目标。协助学生明确目标并热衷于自己所做的事情，明确的目标能增强学生的成功体验、任务满意度，减少焦虑，进而达到自我实现。三是给予学生及时指导。在制订计划、计划实施、开展评价的过程中，教师作为指导者、引导者贯穿始终。学生是发展中的人，思考问题的能力不够全面且不够成熟，尚需成人的指导和建议，教师便是学生与成人世界的桥梁。

二、建构主义学习理论

建构主义是认知主义的一支，盛行于20世纪50年代，以皮亚杰的个人建构主义和维果茨基的社会建构主义为代表。建构主义是行为主义转向认知主义的飞跃，后来逐渐发展成为一种新型的、独立的教育理论，对教育过程中的知识与学习做出新的阐释。建构主义是一种关于知识和学习的理论，强调学习者的主动性，认为学习是学习者基于原有的知识经验而生成意义、建构意义的过程，而这一过程常常是在社会文化互动中完成的。建构主义对教学设计具有重要的指导价值。[①]

(一)建构主义学习理论的两种代表

建构主义的最早提出者可追溯至皮亚杰。他是认知发展领域最有影响的一位心理学家，他所创立的关于儿童认知发展的学派被人们称为"日内瓦学派"。皮亚杰关于建构主义的基本观点是，儿童是在与周围环境相互作用的过程中，逐步建构起关于外部世界的知识的，从而使自身认知结构得到发展。[②] 而儿童与环境的相互作用涉及两个基本过程："同化"与"顺应"。[③] 同化是指个体把外界刺激所提供的信息整合到自己原有认知结构内的过程；顺应是指个体的认知结构因受外部刺激的影响而发生改变的过程。简言之，同化是认知结构数量的扩充，而顺应则是认知结构性质的改变。个体通过同化与顺应两种形式来达到与周围环境的平衡：当儿童能用现有图式去同化新信息时，他处于一种平衡的认知状态；而当现有图式不能同化新信息时，平衡即被破坏，而修改或创造新图式（顺应）的过程就是寻找新的平衡的过程。儿童的认知结构就是通过同化与顺应过程逐步建构起来，并在"平衡—不平衡—新的平衡—新的不平衡"的循环中得到不断的丰富、提高和发展的。学习不是简单的信息积累，更重要的是新旧知识经验的冲突，以及由此而引发的认知结构的重组。学习过程不是简单的信息输入、存储和提取，而是新旧知识经验之间的双向作用过程，也就是学习者与学习环境之间的互动过程。[④] 学习意义的获得，是学习者以自己原有的知识经验为基础，对新信息重新认识和编码，进而建构自己的理解的过程。在这一过程中，学习者原有的知识经验因为新知识经验的进入而发生重组和改变。

维果茨基是苏联心理学家，社会文化历史学派创始人。他认为只有在儿童所经历的历史和文化背景下来理解儿童的发展才有意义。维果茨基对

---

① 李维东：《皮亚杰的建构主义认知理论》，载《中国教育技术装备》，2009(6)。

② ［瑞士］皮亚杰：《发生认识论原理》，王宪钿等译，127页，北京，商务印书馆，1981。

③ 俞晓琳：《略论皮亚杰理论对科学教育的启示》，载《教育研究》，1997(1)。

④ 高文、徐斌艳、吴刚：《建构主义教育研究》，76页，北京，教育科学出版社，2008。

于学习理论的最大贡献是提出"最近发展区"这一概念。[①] 维果茨基认为，学生的发展水平有两种，一种是学生在其独立活动时便能达到的水平，称为"现实发展水平"；另一种则是"儿童尚不能独立完成任务，但在成人的帮助下，在集体活动中通过模仿和学习才能达到的水平"，称为"潜在发展水平"，而现实发展水平与潜在发展水平之间的差距就是最近发展区。[②] 教学的黄金切入点正是个体的最近发展区，这要求教师基于最近发展区，为学生提供有挑战性的学习内容，充分挖掘其潜能，调动其学习的积极性，进而超越最近发展区达到下一个发展阶段，把儿童潜在的发展水平变成实际的发展水平，同时不断创造新的最近发展区。

（二）建构主义学习理论的主要观点

建构主义认为，学习者的知识是在一定社会情境下，借助他人的帮助，如人与人之间的协作、互动，通过意义建构而获得的。[③] 因此，建构主义强调理想的学习环境应当包括情境、协作、对话和意义建构四部分。

1. 情境

学习环境中的情境必须有利于学习者对所学内容的意义建构。因此，教学设计需要考虑有利于学生建构意义的情境创设问题，并将情境创设视为教学设计的重要内容之一。

2. 协作

利用协作，使原本各自为营的学生从竞争关系转向群策群力的合作关系，这有利于学生之间共同进步，共同发展。协作应贯穿整个学习活动过程。师生之间、生生之间、师生与社会环境之间的协作，对学习资料的收集与分析、假设的提出与验证、学习过程的监控与反馈、学习结果的评价与反思及知识意义的建构与生成都有十分重要的作用。

3. 对话

对话是协作过程中最基本的方式或环节。比如，学习小组成员之间必

---

① James Lantolf、秦丽莉：《社会文化理论——哲学根源、学科属性、研究范式与方法》，载《外语与外语教学》，2018(1)。

② 黄都、李佳：《基于"最近发展区"的教与学——理解、应用、发展维果斯基的观点》，载《江西教育科研》，2006(9)。

③ 王沛、康廷虎：《建构主义学习理论述评》，载《教师教育研究》，2004(5)。

须通过对话来商讨如何完成规定的学习任务，以达到意义建构的目标，以及怎样更多地获得教师或他人的指导和帮助等。在对话过程中，每个学习者的想法都为整个学习群体所共享。对话是达到意义建构和推进学习进程的重要手段之一。

4. 意义建构

意义建构旨在对事物的性质、规律及事物之间的内在联系进行建构，是教学过程的最终目标。在学习过程中帮助学生建构意义就是要帮助学生对学习内容所反映的事物的性质、规律及事物之间的内在联系达到较为深刻的理解。[①] 学生习得知识的"质量"，取决于学习者根据自身经验去建构有关知识意义的能力，而不取决于学习者记忆和背诵教师所讲授的内容的能力。

学习不是教师把知识简单地传递给学生的过程，而是学生自己建构知识的过程。这种建构是无法由他人代替的。

鱼牛的故事

在一个小池塘里住了一条小鱼儿和一只青蛙，他们是好朋友，他们听说外面的世界很精彩，都想出去看看，但小鱼儿不能离开水，只好让青蛙出去把看到的东西讲给自己听。这天青蛙从外面回来了，告诉小鱼儿，它看到了一种叫牛的动物，小鱼儿问牛长什么样，青蛙说：牛长着一对犄角，四肢强壮，有一条尾巴，有粉色的奶袋子，爱吃青草。于是小鱼儿想象出一条长着犄角和尾巴的鱼牛。

鱼牛图（见图2-1）通俗地诠释了建构主义学习理论的内涵，主张学习要以学生为中心，学习情境要与实际情境相结合，注重协作学习，注重学习环境的设计。从建构主义学习理论的视角来看，这个小故事说明了三个问题。第一，小鱼儿在建构牛的形象时，之所以会在鱼的身上加上牛的特征，是因为小鱼儿是根据自己的经验来建构牛的形象的，而小鱼儿已有的经验大多与鱼相关。第二，青蛙可以描述牛的特征，但却不能代替小鱼儿去建构牛的形象，这就好比教师可以详细讲述知识，但不能代替学习者去建构知识。第三，青蛙作为讲解者，只讲述了牛的特征，而忽略了小鱼儿

---

① 钟志贤：《建构主义学习理论与教学设计》，载《电化教育研究》，2006(5)。

图 2-1　鱼牛图

的经验，以至于小鱼儿构建出了鱼牛，这说明教师要看到学习者已有的经验和知识水平，搭建学习支架，帮助学习者建构知识。[①]

(三)建构主义学习理论与项目式学习

1. 最近发展区与项目式学习

项目式学习目标的设定应指向学生的最近发展区，任务难度应适中。过于简单的项目任务，容易浪费学生的学习时间；过于复杂的学习任务，容易使学生产生畏难情绪，甚至拒绝参与到项目活动中。只有符合最近发展区的项目任务，才能调动学生的积极性，发挥其潜能。教学方法、手段也应考虑最近发展区。[②] 在知识掌握的初始阶段，教师需要持续、充分指导学生使其能够理解并掌握完成目标所需的动作序列。随着指导的继续，课堂的中心应逐渐由教师向学生转移。教师的讲解、提示和演示逐步减少，学生的操作、思考、合作逐渐增多，直到学生能够熟练掌握该项技能。例如，在布置项目式学习任务时，教师可以通过举例、实地探访等方式，引发学生心理机能的冲突，因势利导回到项目主题本身，从而激发学生的学习兴趣。

2. 支架式教学与项目式学习

支架式教学是基于最近发展区理论提出的一种以学习者为中心，以培

---

①　[美]李欧·李奥尼：《鱼就是鱼》，阿甲译，15—16页，海口，南海出版公司，2011。

②　转引自傅四保：《建构主义学习理论指导下的项目教学法初探——以"教育技术学研究方法"课程教学为例》，载《中国大学教学》，2011(2)。

养学生的问题解决能力和自主学习能力为目标的教学方法。在教学过程中，支架式教学往往有六个环节，分别是引入、示范、简化任务、维持参与、评价与反馈、控制挫折感。具体程序体现为一步一步地为学生的学习提供适当的、小步调的线索或提示，即支架，使学生通过这些支架一步一步攀升，逐渐发现和解决学习中的问题，掌握所要学习的知识，提高问题解决能力，从而成长为一个独立的学习者。① 这种教学方法完全与项目式学习的操作流程和目标追求相一致。在项目式学习活动中，鼓励、讲解、提示、回馈、演示、点拨、指导等都可以作为学习支架使用。

3. 维果茨基评价观与项目式学习

首先，基于最近发展区理论，教师需要通过对学生的诊断性评价精准定位学生现有的知识水平及学习需求，从而有针对性地选择项目式学习的任务。其次，通过对学生的形成性评价，教师和学生可以及时获得反馈信息，从而更好地改进项目式学习的活动过程，提高产品质量，促进学生发展。最后，对学生项目成果的评价，使学生了解自身知识、技能掌握的程度，使教师明确教学目标的实现程度，进而确定学生在后续教学活动中的新起点（新的最近发展区），为学生制定新的学习目标提供依据。

项目式学习，实质上是一种基于建构主义学习理论的深度探究性学习模式。建构主义要求学生基于复杂的真实情境，主动去搜集和分析有关的信息资料，对所学的问题提出各种假设并努力加以验证，善于把当前学习内容与自身已有知识经验建立联系。项目式学习与建构主义学习理论均强调学习的建构性，强调应在合作中学习；在不断解决疑难问题中完成对知识的意义建构。项目式学习着力于学生的学，目标指向学生的创新能力、问题意识、合作意识及关注人类发展的意识和责任感的培养。可以说，两者在强调学习的探究性、主体性、交互性、过程性、开放性等方面具有高度的相似性。所以，项目式学习在本质上是一种建构性学习。建构性学习符合学习的本质，能促进人的深度学习，进而实现核心素养和学科能力的可持续发展。在项目式学习的过程中，学生是项目活动的积极参与者和知识的积极建构者，教师是学生学习的陪伴者和引路人。

---

① 邹艳春：《建构主义学习理论的发展根源与逻辑起点》，载《外国教育研究》，2002(5)。

三、情境学习理论

情境学习是由美国加利福尼亚大学伯克利分校的让·莱夫(Jean Lave)教授和独立研究者爱丁纳·温格(Etienne Wenger)提出的一种学习方式。莱夫和温格在其代表作《情境学习：合法的边缘性参与》中，提出了三个核心概念。一是实践共同体，指由从事实际工作的人们所组成的"圈子"，而新来者将进入这个圈子并试图从中获得这个圈子中的社会文化实践。实践共同体意味着参与一种活动体系，参与者共同分享对他们所做的事情的理解，以及共同分享这种理解对于他们的生活和共同体意味着什么。[①] 二是合法的边缘性参与，这一术语有三个关键点：所谓合法，是指实践共同体中的各方都愿意接受新来的不够资格的人成为共同体中的一员；所谓边缘，意味着多元化、多样性，是指学习者开始只能围绕重要的成员转，做一些外围工作，然后随着技能的增长，才被允许做重要的工作，进入圈子的核心；所谓参与，即学习，学习者在参与实践活动、与同伴互动的过程中获得建构知识的方法，培养参与实践活动的能力，提高个体社会化水平。三是学徒制，即以师带徒的方式进行学习。

情境学习理论的支持者认可学习与认知的情境性本质，认为知识与情境、知识与活动密不可分，学习者正是在情境中通过活动获得了知识与技能的。[②] 学习者不可避免地参与到实践共同体中去，学习者沿着旁观者—参与者—成熟的示范者的轨迹前进，即从合法的边缘性参与者逐步变为共同体中的核心成员，从新手逐步变为专家。

(一)情境学习理论的主要观点

情境学习理论认为，学习不仅仅是个体性的意义建构过程，还是在真实的环境中，人们共同参与探讨知识经验的过程，强调学习的社会性、互动性、过程性、能动性和情境性，将学习者与情境合二为一视为统一体，最终实现个体与群体的共同成长。对学习氛围的营造，使得学习者在情境中互相交换知识经验，最终形成新的知识体系，实现共同进步。可以说，

---

① 李翠白：《西方情境学习理论的发展与应用反思》，载《电化教育研究》，2006(9)。
② 崔允漷、王中男：《学习如何发生：情境学习理论的诠释》，载《教育科学研究》，2012(7)。

创设学习情境是教师的主要任务之一。知识的意义连同学习者自身的意识与角色都是在学习者和学习情境的互动、学习者与学习者之间的互动过程中生成的，因此学习情境的创设致力于将学习者的身份和角色意识、完整的生活经验及认知性任务带到真实的、融合的状态，由此力图解决传统学习的去自我、去情境的顽疾。基于情境学习理论的主张，学习的本质就是对话，学习的过程就是广泛的社会协商。

情境学习主张现场学习和社会实践学习。学习与认知在本质上是情境性的，知识与活动是不可分离的，无论学什么，只有促进实践能力的形成、加速个体的社会化进程，才能真正地使个体学有所成，学以致用。[①]也就是说，你要学习的东西将实际应用在什么情境中，那么你就应该在什么样的情境中学习这些东西。"在哪里用，就在哪里学。"譬如，你要学习做菜，就应该在厨房里学习，因为你以后炒菜就是在厨房里。再如，你要学习讨价还价的技巧，就应该在实际的销售场合学习，因为这一技巧最终是用在销售场合的。为什么要这样学习呢？在莱夫和温格看来，学习不能被简单地视为把抽象的、去情境化的知识从一个人传递给另外一个人；学习是一个社会性的过程，知识在这个过程中是由大家共同建构的；这样的学习总是处于一个特定的情境中，渗透在特定的社会和自然环境中。显然，情境学习强调两条学习原理：第一，在知识实际应用的真实情境中呈现知识，把学与用结合起来，让学习者像专家、"师傅"一样进行思考和实践；第二，通过社会性互动和协作来进行学习。

(二)情境学习理论与项目式学习

情境学习倡导者试图提出一种新的学习方式——参与社会实践，在应用情境中学习知识技能。项目式学习就是让学生在真实的或模拟的工作情境中通过多种方式参与工作过程，通过与同伴、教师、家长、专家的对话与协作，完成典型的工作任务，从而逐步从新手成长为理论联系实际的专家，这与情境学习理论是一致的。在情境学习理论看来，学生是一个积极的探究者，教师的作用是创设一种学生能够积极探究的情境，而不是提供

---

① ［美］J. 莱夫、［美］E. 温格：《情境学习：合法的边缘性参与》，王文静译，98 页，上海，华东师范大学出版社，2004。

现成的知识。

1. 重视知识、技能的迁移

情境学习强调设计一个符合学习目标的情境，从而能够整合、运用知识和认知技能。学生在情境实践中不仅可以学习他们所需要的基本技能，还可以学习何时以及如何应用这些技能。例如，学生在学习一项技能时，根据教材中的步骤，一步步操作，记诵一些无意义、无情境性的内容，最终无法达到深层次的理解，更不容易将学到的经验应用到新情境中。在项目式学习中，注重提供有意义的情境活动，鼓励学生参与到诸如概念理解、解决实际问题的技能运用过程中。项目式学习通过多元活动，促使学生举一反三，把学习到的经验广泛地运用到更多的情境中，从而获得更深入、更广泛的理解。

2. 注重知识技能习得的情境性

情境学习理论的核心主张认为，知识必须在一定的情境中学习，致力于将课程与现实生活相融合，力图解决传统教育教学中去情境化的顽疾。项目式学习思想与情境学习理论的观点高度融合。项目式学习旨在突破传统"传输—获得"这一教学模式，将学科内容的习得和工作、生活问题的项目化、情境化解决结合起来，鼓励学生多角度思考，为有意义的真实问题寻求独特的解决方案，从而真正体会知识的价值与意义。

3. 协作学习

情境学习理论高度重视协作在学习中的作用。学习离不开互动。学习者分享理解，争论概念，评价问题等，对全体学生的进步有重大贡献。[①]项目式学习注重项目筹备、执行和总结过程中群体思想的碰撞，鼓励协作和分享。项目式学习实质上是一个生生合作、组组交流及师生互动的学习过程，以更好地培养学生的交际能力、团队精神和合作意识。

---

① 胡航、任友群：《合法的边缘性参与下的 M-learning 共同体》，载《中国电化教育》，2006(9)。

第三节　项目式学习的六大特性

项目式学习不仅是一种新的学习方式，更承载着教育理念的革新。它以学习者的动机为核心，聚焦深度学习，关注情境及活动的创设、学习环境的优化，以及学习与实践共同体的组建。怀特海认为，通过直接经验获得的知识是智慧生活的首要基础。在很大程度上，通过书本学习得到的通常是二手信息。[①]因此，书本知识不具有亲身实践的价值。我们的目标是把我们生活中的直接事件看作一般概念的实证。相比传统教学模式，项目式学习反对使用僵化的教学计划和规定路径来引导学习者获得学习成果或目标，而主张以学习者为中心，为学习者提供深入探究有意义议题的机会。在项目式学习中，学习者通常对所学内容有更多的自主权，对学习承担更多的责任，在学习时往往基于兴趣，更加自主地完成有意义的项目"产品"，从而展现学习成果。学生通过做项目，在团队协作中整合学科知识和生活经验，并对自己的过程性表现和终结性表现做出评价。

项目式学习活动往往体现出真实性、跨学科性、建构性、自主性、挑战性和产品性等。项目来自生活中的真实问题，要与多种学科核心概念相结合；在活动设置的真实情境中，学生通过持续的探究活动自主地建构自己的知识体系。梅耶（Meyer）更具体地列出了项目式学习的特征：（1）需要教师指导和团队合作；（2）教师和学生共同关注学习需求（need-to-know）；（3）项目式学习是复杂的，需要一个团队的专业设计和实施；（4）教师通常在设计前有诸多工作要做；（5）学生在项目中根据事先的指导手册进行最充分的选择，教师经常会惊讶于学生的选择；（6）基于驱动问题。从学习本身的角度而言，作为一种新兴的学习方式，项目式学习具备如下"六度"特性（见图 2-2）。

---

① ［英］艾尔弗雷德·诺思·怀特海：《教育的目的》，张佳楠译，178 页，北京，教育科学出版社，2020。

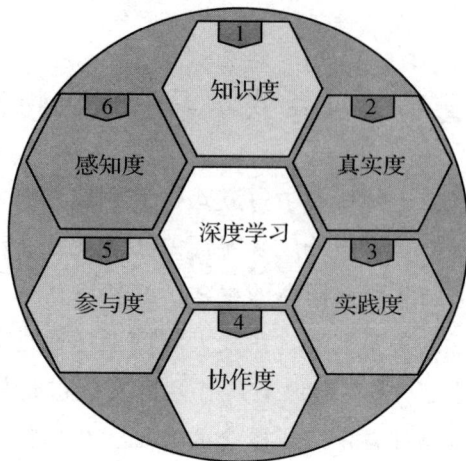

图 2-2　项目式学习的"六度"特性

一、知识度

知识和素养相辅相成，推动学习者的学习和发展。学校教育的核心使命是让学生完成知识的学习。因此，任何一种教和学的方法，如果脱离了知识性，其生命力就会受到影响。项目式学习也是如此。作为学科知识的传授者，教师容易对项目式学习望而生畏。他们最关心的话题便是"我的教学任务能否完成？""项目式学习是一种有效的学习方式吗？"对此，我们可以明确回答您：是，通过项目式学习，您的教学任务能够完成，而且能够更加有效地完成。这里的"有效"，实际上指向项目式学习的知识深度和广度。学生能够用所学知识去解决现实生活中的问题。知识的传授过程的有效和无效，应该关注"意义"原则。所谓"意义"，就是人生活的目的，谋求完善自我，谋求完善与他人，与社会，与自然的关系。然而，此知识非彼知识。传统课堂教学中的知识是被学科专家"碎片化"了的知识，是无数个知识点的集合。学生在学习过程中是按照一个知识点接另一个知识点的路径来掌握知识的。而在项目式学习中，学生首先应该面对现实生活中的真实问题，继而再去考虑解决该问题所需要的知识系统（而非知识点）。这些知识系统，可能是某一学科的大概念，也可能是跨学科的大概念。

一旦与学科教学关联，教师容易把知识点的教授当作主要目的。但是，在设计项目式学习的过程中，教师可以以教材为依托，以学情为依据，顺势而为，落实课程标准。教师要以系统化、结构化的思维模式研究教材。教材目录、单元结构都值得反复研读。将教材吃透，才能准确定位每个单元，才能识别与项目式学习有关的课程内容。此外，教师还需要具备跳出教材看教材、跳出学科看学科的真"本领"，只有这样才能设计出高质量的项目式学习活动。此外，项目式学习的跨学科特征往往涉及多门学科知识。由于这些知识都被包裹在有趣又有探索性的情境中，因此学生与知识的互动是自然发生的，是有意义的。与传统的知识不一样，这些知识并不需要学生脱离情境反复地进行操练，而是需要学生理解，即通过创设真实的任务情境让学生知道如何用概念来解决问题，并在跨情境的运用中举一反三，达到对概念的深度理解。

衡量项目式学习知识度的基本问题有：基于学习需求，需要匹配哪些课程内容？哪些是良构知识或问题（可能只有一个满意的答案或解决方案），哪些是非良构知识或问题（可能包含多种答案或解决方案）？

二、真实度

项目式学习不局限于学习书本知识，它针对真实世界中的真实问题，在一个真实情境中加以探索，研究和学习。

第一，真实问题。项目式学习中的真实问题需要体现真实的社会需求、真实的生活议题，以及真实的工作场景。一是真实的社会需求类：为了满足真实世界的需求，学生创造的产品有真实的社会意义和价值，可以在现实生活中使用。例如，一所小学设计的游学项目：在游览名胜古迹之后，学生需要编写一份旅游指南，优秀的作品将被制作成旅游手册发放给游人阅读。二是真实的生活议题类：关注真实生活的议题项目，最好和学生生活有直接关系。例如，生活在海边的孩子们能够最直接地看到海洋污染的现状，可以让学生研究如何保护海洋生物，改善自然环境。以"春节期间，大家怎样才能健康过年"为项目主题，从身心健康、环境保护等方面生成"健康过年"指南。三是真实的工作场景类：问题探究过程采用成年人在现实工作中会用到的方法、工具、流程、标准等，使学生按照设计师、科学家、企业家或项目经理的真实工作流程开展工作。例如，在"净水挑战"课程中，学生要为农村居民设计净水装置，他们像非政府组织工作人员一样，先采集水样，分析水质，再结合当地物料，设计最具性价比的净水器。需要说明的是，这些具有复杂性的真实问题的解决，通常会涉及多个学科的知识内容，单一学科的力量是无法完成项目式学习的。

第二，真实情境。知识就是在具体真实的情境中产生的。知识的学习与掌握不应该忽视知识发生发展的生活（实践）情境。真实情境中的学习活动一定是参与性的和互动性的，在参与和互动中，学习者可以通过多种角色和视角立体地审视具体情境中的复杂问题，从不同维度进行全方位分析和考量，并通过参与和反思生成知识。[①] 怀特海认为，教育只有一个主题，那就是多姿多彩的生活。当学习者知道所学知识和生活的关联，并能用所学知识造福他人和社会时，他们的学习兴趣更容易被激发出来。那些更真实的学习任务确实提高了学生在传统考试中的分数……真实的学习任务向学生们提出了他们感兴趣的驱动问题，学生因此更关心这些问题和答案。[②]

衡量项目式学习真实度的基本问题：驱动问题是不是真问题？它是否具有开放性和可探究性？它是否源自现实生活？

三、实践度

《劝学》提出："不登高山，不知天之高也；不临深溪，不知地之厚也。"实践是认识的基础，没有实践，就不能正确地认识世界，也就不能科学、正确地指导人们改造世界的活动。人类的发展需要从实践中学习生存能力。项目式学习在本质上是一种师生共同参与的实践活动，主张为学生模拟未来的工作、生活实践场所，从而通过实践为未来做好准备，鼓励学生学习真实世界中的解决问题的方法。在真实问题的解决过程中，学生体验自己所获得的知识是怎样被应用到现实世界中去的，如此一来，学习就变得和学生自己息息相关了。

---

① 胡佳怡：《真实性：项目式学习的本源》，载《中国教师》，2019(7)。
② ［英］艾尔弗雷德·诺思·怀特海：《教育的目的》，张佳楠译，178页，北京，教育科学出版社，2020。

项目式学习有利于突破科学与生活之间的界限，引导学生在两者之间架设桥梁，引领学生在问题情境下自主提出问题，并展开研究性学习和实践，从而使得学生得到真正意义的解放。在项目式学习的过程中，其个人优势得到较好的发展，使学生在分析问题、自主设计、操作实践、研究探索中激活创造潜能，提升问题解决能力，促进学生核心素养的自然生长。诸多学校的项目式学习活动也极力体现实践度。例如，有的学校在研学旅行课程中引入项目式学习；有的学校在综合实践活动课中采取项目式学习方式。即使在语文、数学、英语等学科为主的项目式学习活动中，实践度依然是衡量项目式学习是否高质量的重要标准。实践度解决学以致用的问题，学习是发生在具体情境中的实践，没有实践就无法说明学习的发生。

衡量项目式学习实践度的基本问题有：项目如何帮助学生提升动手实践能力？哪些措施可以帮助学生实现运用知识于生产生活？

四、协作度

协作是指为了实现共同目标，不同主体充分利用组织资源，依靠团队力量共同完成同一任务。协作需要形成团队共识，建立信赖关系，主动支持配合，及时提供反馈。教育实践表明，学习者既需要通过自主学习进行知识建构，也需要通过协作学习建构知识，这种协作既包括学生与教师之间的协作，也包括学生与学生之间的协作，并且学生在协作学习过程中获得的知识占其知识总量的比重更大。协作学习的形式有竞争、辩论、合作、问题解决、设计和角色扮演等。学生通过协作，对同一学习任务进行讨论、交流、互动，直到对其形成较为深刻的理解与掌握。

在项目式学习活动中，项目（问题）在发布以后，都是以团队的形式来认领并完成任务的，在考核时也往往以团队为单位评价任务完成的情况。团队成员一般为4—6人，同一团队内部常常表现出较强的异质性，即在队友之间保持相当大的差异性。一是特长差异性，即团队内部各有所长，分工不同，这样既便于合作完成较为复杂的学习任务，又利于形成相互之间取长补短、共同提高的良性学习生态。项目式学习本来就是对未来生活的预演，我们需要把学生未来生活中可能遇到的各种问题引入项目式学习中来。只有一个团队中性格各异的人能够进行合作，形成良性互动，才能说明学生的协作、沟通能力得到了加强。二是能力差异性，团队中个体之间的差异性还表现在自身能力水平的差异，项目式学习期望不同学习起点的个体能够整合在同一个团队中，并且每一个人都能在原有的基础上获得发展、提高，而不是优秀的学生越来越优秀，落后的学生变得更落后，形成两极分化。这需要团队关注到每一个人的发展。由于项目往往比较宏大，即使分解成若干问题，也会具有相当的难度，因此个体不借助团队的力量，依靠自身"单打独斗"很难完成。协同、互补、争论、妥协是团队工作的常态，也是真实社会中的工作团队所面临的真实场景。

> 在宣传组活动时，纸张有限，孩子们没有办法画一个大大的匹诺曹。于是孩子们决定分开做匹诺曹，一个人做头，一个人做身子，画出线稿后剪下来拼一起还很合适。在整个过程中，孩子们从不埋怨，有商有量，互相帮助。完成作品后，大家拿着海报非常自豪。[①]

衡量项目式学习协作度的基本问题有：学习活动中都有哪些参与主体？不同主体之间是如何协作的？学生是否从协作中获益？

五、参与度

项目式学习让学生直面问题情境：解决问题时会遇到哪些困难？用到哪些知识？如何才能克服困难、解决问题？这些未知和不确定性，往往能提高学生的参与度。而这种不确定性恰恰给学生的思维留下了更大的空间，他们需要开动脑筋寻找办法，需要带着问题求教或者反复实验。解决问题的过程就是创造的过程，他们在创造中发展，创造性地解决问题，在做中学，在研中学，在行中学。[②] 参与度是要解决学生的动机问题，激发学生学习动机是学习方案设计的重要一环。好的内容和好的形式本身会吸引学生参与，然而这还不够，学习是一个过程，而不仅仅是听课的那个瞬间。所

---

① 源自北京亦庄实验小学芦曼丽老师。
② 周振宇：《项目学习：内涵、特征与意义》，载《江苏教育研究》，2019(10)。

以激发学生的参与要从学习前开始，让学生提前进入学习状态。

　　学生参与的动机分为内在动机和外在动机两部分，其内在动机主要来源于成长、成就、信念、渴望、乐趣，而外在动机主要来源于认可、鼓励、激励、群体、利益。从整个学习周期来看，建议在学习的前、中、后采取不同的措施来激发学生的学习动机。

　　　　班里那个平时上课注意力不太集中而且比较调皮的小朋友，竞选的角色是匹诺曹。起初大家很担心，怕他捣乱，记不住词，因为他平时常丢三落四。但是到校后发现，他是4个匹诺曹里台词最熟的一个，每一句台词基本都能接上，还能慢慢地加上一些自己的动作，这让大家很是惊喜。在排剧时，他也会仔细观察。课下问他原因，他说："我很喜欢匹诺曹这个小朋友，他刚开始不好，但慢慢地变好了，我很喜欢这种品质，我觉得我也是这样。"①

　　衡量项目式学习参与度的基本问题有：学生真的希望参加这样的项目式学习活动吗？他们的迫切程度如何？教师如何激发他们的学习动机以促进他们在整个项目中的参与度？

六、感知度

　　进入互联网时代，人类生活形态也进入了体验时代。学生在学习过程中的感知度会影响学习效果，这包括学习过程中对学习流程、接触到的人员、学习环境等多方面的体验；也包括在项目中给学生留下美好印象的"关键时刻"。感知度是基于前面五种"度"的基础上的整体体验。项目式学习中的感知度包括：第一，学生是否从同理心出发，具备客户或用户视角，解决真实问题，从而获得成就感；第二，通过参与项目，学生的社会责任感是否有所提升；第三，通过参与入项活动、项目会议、结项活动等，学生是否体验了仪式感；第四，与传统的学习活动相比，项目式学习过程中的学习氛围是否更加浓厚。

---

① 源自北京亦庄实验小学于艳菲老师。

衡量项目式学习感知度的基本问题有：如果把一次项目式学习看成一次旅行的话，这次旅行给学生留下了哪些美妙的回忆？学生感知到的"关键时刻"有哪些？

结语　走向深度学习

项目式学习的"六度"特性最终可以指向深度学习。有学者提出，深度学习的目标是使学生获得成为一个具有创造力的、与人关联的、参与合作的终身问题解决者的能力和倾向。因此，深度学习在很大程度上就是要学会迁移，即能将所学的知识和技能在真实世界中加以运用。教学中"大概念"的建立是连接学校教育和真实世界，实现深度学习的关键所在。大概念基于概念，但又不局限于概念，是对真实生活的抽象概括，也是对某种观点的反复论证。大概念能使零散、琐碎的学科知识概念、原理实现"有意义"的"黏合"，促使学习者能够以"专家思维"，有组织、有计划、系统地阐释、假设、预测某种事物或现象的"知识模型"或"学科图景"。

高质量的项目式学习往往能通往深度学习。一方面，随着项目式学习的不断深入，教师能够加深对大概念的理解。大概念作为上位概念，统摄一众学科知识并将其作为学生核心素养养成的固定锚点，秉持统整的课程观、教学观，构建整体认知结构，使学生能够将真实的生活经验与晦涩的学科知识进行有意义的"黏合"。另一方面，项目式学习的主题指向大概念的生成。学生的学习过程本身就是对概念的认识、理解、习得、深化与内化的过程，大概念可以跨越不同学科，容纳一系列不同层次的小概念。教育的愿景之一就在于：将一系列不同层次的小概念通过学科内部、学科与学科之间的知识关联与统整，逐渐上升为概念集合，进而搭建基于大概念的综合育人框架。项目式学习的精髓就在于，整合不同学科的知识、概念、原理，形成超越学科本身的知识图谱。因此，要开展项目式学习，教师就要有大概念思想，这是项目式学习的灵魂和基础。最终，项目式学习走向深度学习。

第四节　项目式学习设计六要素

项目式学习是一种素养导向的体验式和实践式学习方法，通过"做项目"，学习者做到知行合一，在学习知识的同时，培养多方面的能力。在项目式学习的理念下，我们重新审视课堂教学，传统教学设计的各要素虽然没有显著变化，但其内涵却极不相同：传统静态的课程目标要考虑到学科知识的系统性及学生的表现性行为；项目式学习则主张真实的情境创设及学生的主动参与，需要考虑如何引发学生的学习行为，如何让行为与实践发生关联。项目式学习从传统教学的关注即时效果与单一内容转向关注整体和全局，看整个单元、整个学期、整个学段的设计是否有利于各类项目任务的解决。

好的项目式学习，要基于课程标准和教材，围绕学科核心概念和原理而展开，教师要进行项目的整体设计。在教学中不必对概念和原理"面面俱到"，而在明确项目重要目标的基础上，各阶段、各环节学习活动的分目标要具体，可实施，可操作。项目式学习往往从一个能激发学生兴趣和好奇心的"入项事件"开始，学生认识到为解决疑问而获取知识、理解概念并运用技能的重要性，从而产生内在学习动机。一个有意义的高质量项目式学习活动，需要满足两个标准。第一，学生必须认为该项目活动是一项重要的任务，从而产生动机。第二，该项目活动必须与教育教学目标相吻合。除了这两个标准，巴克教育研究所总结了项目设计七要素（见图 2-3），具体内容包括：①挑战性困境或问题；②持续的探究活动；③真实性；④学生的声音和选择；⑤反思；⑥反馈和修正；⑦公开产品。

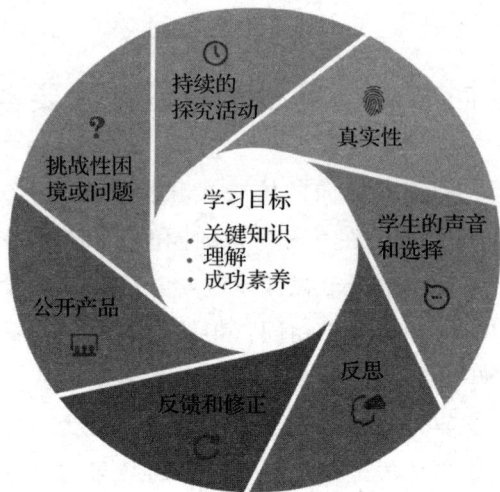

图 2-3 项目式学习设计的七要素(巴克教育研究所)①

我们在开展教师工作坊和指导教师项目式学习实践过程中意识到，虽然上述框架很好地归纳了项目式学习设计的关键要素，但从中国教师的思维习惯来看，上述框架仍存在一定的修改空间，包括语言表述和要素之间的交叉关系。因此，我们对此做了本土化修订，并提出了新的六要素模型(见图 2-4)。

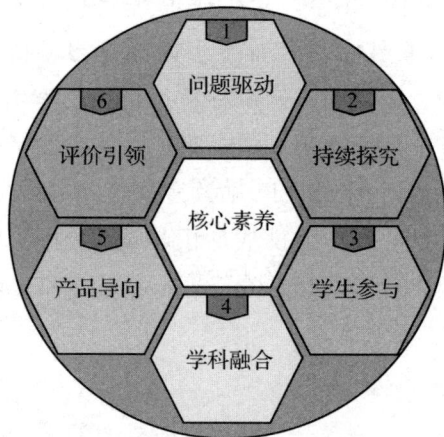

图 2-4 项目式学习设计六要素

---

① ［美］约翰·拉尔默等：《"PBL 项目学习黄金标准"——精准教学新方法》，胡静等译，187 页，北京，光明日报出版社，2019。

一、问题驱动

项目式学习聚焦挑战性困境或问题的发现、提出和解决。一个好的驱动问题以清晰、令人信服的语言抓住了项目的核心，给学生一种方向感和挑战感。项目式学习旨在通过创造、问题解决、系统分析等高阶认知驱动低阶认知，因此其首要任务是创设合适的问题情境，设计适宜的任务驱动；基于真实生活，以问题引导学生关注与经验密切相关的且有意义的事。教师要把握核心知识、关键能力，对学科知识体系有更深刻的理解和认识，通过高质量的驱动问题，强化学生对概念的深度理解，实现跨越情境的迁移，使学生在新情境中创造出新知识，进而形成素养。学生应该能对驱动问题形成清晰的认识，把这个问题当作项目的聚焦点，并以这个问题为基础规划项目进程。驱动问题应该具有挑战性、开放性、复杂性，并与学生学习目标相联系。如果没有驱动问题，学生可能无法理解他们为什么要执行这个项目。一个没有驱动问题的项目式学习，就像一篇没有论点的文章。如果没有论点，读者也无法很好地理解作者的观点。

项目式学习的过程是由一个核心问题及一系列分解问题来驱动学生去主动探究和学习的，是问题驱动，而不是任务驱动。（见表 2-1）

表 2-1　小学生营养餐项目任务驱动与问题驱动对比表

小学生营养餐项目	
任务驱动	问题驱动
总任务：设计适合小学生的营养午餐	核心驱动问题：食堂为何剩饭很多？如何设计适合小学生，又受小学生欢迎的营养午餐
任务 1：请小组成员调研过去七天的午餐搭配	分解驱动问题 1：小组成员过去七天的午餐都吃了什么
任务 2：学习小学生营养膳食标准	分解驱动问题 2：小组成员过去七天的午餐营养达标了吗？为什么
任务 3：设计受小学生欢迎的营养午餐食谱	分解驱动问题 3：食堂的营养午餐，我们的学生喜欢吗？为什么 分解驱动问题 4：如何设计既有营养，又受小学生欢迎的营养午餐食谱

在上面的例子中，布置任务的方式和提出问题的方式，哪一种更能驱动学生去主动探究呢？答案是显然的。项目式学习旨在通过批判思考、系统分析、创造创新等高阶认知来解决生活中的真实问题，学生为了解决问题而行动，在完成任务中学习知识和提升素养。

二、持续探究

项目式学习在本质上属于深度、持续的探究活动。诸多一线教师对于课堂教学中的探究学习耳熟能详。探究学习是学生在主动参与的前提下，根据自己的猜想或假设，在科学理论的指导下，运用科学的方法对问题进行研究，进而获得创新实践能力，获得思维发展，构建知识体系的一种学习方式。探究意味着迎接挑战，而不是简单机械地重复学习书本知识。基于探究的学习应该更加注重提问、假设、新思想和观点的开放性。如果学生进行真正的探究，他们会发现学习过程更有意义。而项目式学习的探究性本质，要求学生遵循一条项目主线：驱动问题—获取资源—测试想法—发现答案—得出结论。这种持续、真实、深入的探究，往往能引发创新，即催生一个驱动问题的新答案，或者一个问题的独立解决方案。

三、学生参与

项目式学习的最大特点之一是以学生为中心的学习，注重倾听学生的声音，尊重学生的选择。项目式学习主要表现在两方面。首先，项目式学习的选题要具备学生视角。教师在选择主体，确定驱动问题时，要充分考虑目标年龄段的学生对这个问题是否有兴趣。其次，在项目式学习中，学生是学习的主人。教师不再是课堂教学的中心，他们不再决定学生做什么，如何做。教师扮演引导者和协助者的角色。他们不再机械地传授知识，而是让学生学会探索和学习。很多人认为，教学设计是教师的任务，从而不应该让学生参与。这个观点是错误的，如果一味将项目式学习的设计推到教师的身上，那么课堂依旧是以教师为中心的课堂。项目式学习需要学生主动进入项目，自己负起责任并承担压力，自己决定怎么做计划，如何去探究，时间如何分配，成果如何展示和分享，中间碰到的各种问题如何解决。在项目搭建和执行过程中，学生在教师的指导下可自行选择并决定他们需要创造的成果、工作方式和时间安排。

四、学科融合

"跨学科"强调学科与学科之间的相互交融,相互融合的学科成为彼此的媒介与依附,进而突破"传统"概念达到全新领域。当今时代,人类对于生活环境等的需求在不断深化,与之相对应的是,不同学科也在向多维领域发展,生活所涉及的领域不再以传统意义上的单一学科形式出现。人们逐渐意识到,单一的学科认知方式虽然会带来垂直方向上的高度专业性,但是过于唯一的教学与实践既阻碍了学习者在平行领域的发展,也为本学科的发展制造瓶颈。因此,开始出现社会科学大规模地向自然科学、技术渗透的现象。学科源于生活并为了生活。生活具有整体性,解决生活中哪怕极微小的问题,往往也需要多学科协作进行。因此,植根于生活的学习必然是"跨学科学习"。

杜威曾指出,真正的综合学习必然是建立学科与生活的内在联系的学习。怀特海也说,教育只有一门学科,那就是完整表现的生活。"跨学科学习"在生活中,基于生活,并为了生活。"跨学科学习",让学生至少对一门学科产生内在兴趣,并深入理解与掌握,由此促进学生学科理解力的持续发展,这是"跨学科学习"的重要价值。项目式学习的跨学科特征往往涉及多门学科知识。由于这些知识都被包裹在有趣又有探索性的情境中,因此,学生与知识的互动是自然发生的,是有意义的。项目式学习需要学生理解,即通过创设真实的任务情境让学生知道如何用概念来解决问题,并在跨情境的运用中举一反三,达到对概念的深度理解。

五、产品导向

项目式学习强调最终产品的生成,产品凝结了学生的智慧与创造,是跨学科知识与技能习得结果的综合体现。因此,公开产品是十分有必要的。在项目式学习结束前,学生展示最终产品,接受"审阅"。学生除了面向同学和老师外,还要面向其他公众(家长、专家、社区人员、企业人士和政府职员等)展示自己的成果。学会表达和展示,也是项目式学习的重要一环。学生回答问题并思考自身是如何完成项目的,可能采取的下一步行动，以及在知识、技能和自信心方面获得了什么。当作业不仅为了考试而做时，它就更有意义。当学生向真正的观众展示他们的作品时，他们更关心作品的质量。学生可能会模仿专业人士来完成任务，甚至可能会创造出现实生活中可以真正使用的真实产品。

以终为始是一种目标导向的方法，用来指导我们的学习、生活和工作都非常适用。我们只有有了清晰的目的地，才能保证前往目的地的路不会偏离方向。因此，在开展每一次的项目式学习之前，老师都需要有清晰的目标，包括容易理解的学业发展目标和素养发展目标，也包括产品目标。

以目标来指引的项目式学习，表现出更加系统、更加聚焦的特点。例如，语文教师会经常开展一些关于古诗词学习的项目，但是我国历史悠久，诗词众多，以"古诗词"作为研究对象，如同在浩瀚的海洋中遨游，没有方向。有教师在思考古诗词研究时，聚焦到了诗人李白。李白是很著名的诗人，在我国的大江南北留下了传承千年的诗句。我们都知道旅游是很花钱的，于是一个令人好奇的问题浮出了水面：李白当年旅游的钱是哪里来的呢？以这个问题为切入点，以研究李白的旅行花费和资金来源作为目标，这个项目就有了方向。在达成这个目标的过程中，学生需要学习李白的诗词，了解诗人的生平、时代背景、唐代官员的薪资结构等，还需要研究诗人"旅游打卡地"的地理分布，可以说这是一次比较综合、线索清晰的项目式学习。

六、评价引领

做项目的过程就是不断评价、反馈、修正、反思的过程。学生从评价和反馈中学习，才能有效改进，获得高质量的项目成果。从评价角度看，项目式学习主张对教育评价的根本性变革：关注学习和解决问题的过程，直面失败的韧性及坚持不懈的态度。短暂的展示只是对过程反馈的一个节点，远不是对成功与失败的评价。因而，项目式学习设计特别注重过程性评价和即时性反馈。在一个项目中，充分的反馈和修正使学习变得更加有意义，从而产生高质量的产品。学生需要知道，大多数人的第一次尝试并不会带来高质量的成果，而修正和迭代是现实生活与工作中经常出现的一个特征。除了提供直接反馈外，教师还应指导学生使用评价标准或其他标准来评价彼此的作品。教师可以安排专家或导师提供反馈，因为反馈对于学生来说非常重要。

结语　指向核心素养

核心素养的培育，需要持续变革学习方式，以及支撑学习方式变革的课程革新。在核心素养视角下，学生的批判思维、创造性思维和问题解决能力作为学生"学习力"的重中之重被学者提及。这也是传统教育所培养的学生相对缺乏的思维和能力。因此，要充分发挥评价机制的导向功能，通过变革学业评价体系，将批判性思维、创造性思维和问题解决能力作为学业评价中的重要内容，从而从根本上超越对知识点的死记硬背式学习和对知识储存程度的测查。21世纪伊始，我国基础教育新课程改革，倡导学生对学习方式进行变革，凸显自主学习、探究学习和合作学习。除此之外，指向核心素养的教与学的方式变革，还体现在信息技术的有效使用，以及协作学习、自我指导学习等学习方式的灵活运用上。只有将诸如此类的技能融入日常学习中，学生才能有效掌握上述技能。而项目式学习就主张在学生学习的全过程融入核心素养的培育。

第五节　项目式学习实践六要素

巴克教育研究所总结了项目式学习实践的七要素（见图2-5），从而帮助学校、教师组织、调整和改进项目式学习实践。实践七要素重点描述教师在开展项目式学习中的角色，具体包括：

①规划与设计；②回应课标；③营造文化；④管理活动；⑤搭建学习支架；⑥评价学生学习；⑦参与和指导。

图 2-5　项目式学习实践七要素（巴克教育研究所）①

同样，为了让广大教师更容易理解、记忆项目式学习中的注意事项，我们对上述框架做了一定的修订（见图 2-6）。

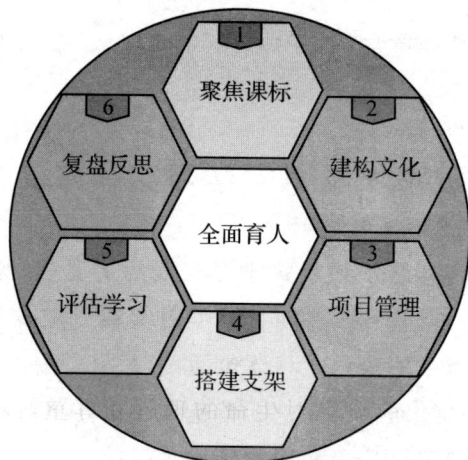

图 2-6　项目式学习实践六要素

① ［美］约翰·拉尔默等：《"PBL 项目学习黄金标准"——精准教学新方法》，胡静等译，192 页，北京，光明日报出版社，2019。

一、聚焦课标

课程标准是规定某一学科的课程性质、目标、内容与实施建议的教学指导文件，从微观上界定学生个体在经过特定时间段的学习之后应该知道什么和能做什么，从宏观上反映国家对学生学习过程的基本规范与学习结果的真实期望。一切项目式学习活动，都需要对应课程标准。长期以来，课程标准在广大教师心中占据重要位置。对于教师而言，基于课程标准研制出来的教科书也成为日常教学的核心素材。教师在每次走进课堂时总是带着教科书，有时是电子版的，有时是简化后的教科书课件。因此，项目式学习不能离开课程标准而独立存在。如果学校开展的很多项目式学习脱离于课程标准之外，就变成一种锦上添花式的学校课外活动，看似热闹，实则缺乏生命力。因为这样的活动无法帮助教师按时按量完成授课任务。

课程标准要求教师在项目设计时思考以下问题：（1）如何将课程标准中的知识学习转变为做事情、做项目的学习，进而体现"做中学"？（2）如何选择和设计项目，使学生在项目式学习中培养价值判断、公共关怀的态度、习惯和能力？（3）如何设计驱动问题、项目产品，进而把学生的表层学习变为以意义建构、成就体验、自我实现为驱动的深度学习？（4）如何实现项目式学习从现实问题到学科问题的水平学科化，以及从学科问题到学科知识、概念、原理、思维等的垂直科学化？

二、建构文化

教师需要注重项目式学习中的课堂文化建设。文化往往被视为学校中的"隐形课程"。课堂文化建设实际上是深化课程改革、提高教育效能的一个重要途径。课堂文化应该是对生命的理解和尊重，对智慧的激发和启迪，对能力的培养和提升。新的课堂文化应该努力构建平等、民主、和谐、共处、互动、合作、自主、探究的课堂氛围，赋予课堂以生命，使课堂活起来。和谐的课堂文化，会鼓励学生支持团队协作，激发学习动力并使师生将注意力集中在学习任务上。课堂文化在项目式学习中扮演着十分重要的角色。当以培养学生的探究精神、冒险精神、坚韧品质和自主学习能力等为目标时，课堂文化的建设变得尤其重要。建立项目式学习的课堂文化往往包括四个策略。

策略一是信念和价值观。如果您是项目式学习的忠实"粉丝"，和全球项目式学习教师一样，致力于弘扬和平、发展、公平、正义、民主、自由等全人类共有的价值，那么，首先，要相信每个学生都会成功。在观摩诸多学校的项目式学习活动时，经常会听到有教师很惊讶地说：那位学生平时在教室内的表现很让老师头疼，没想到在项目式学习期间反倒成了表现最优秀的学生。其次，学生有权了解他们为什么要学习某些方面的知识。因此，教师要具备赋权意识、学生主体意识。

策略二是班级公约。教室里往往会张贴《中小学生守则》和《中小学生日常行为规范》，旨在中小学生良好行为习惯的养成及学校良好校风、学风、教风的形成。这些制度属于规则，往往强调什么该做，什么不该做，是一种执行和控制。而公约是师生对应该如何对待彼此的约定，是班集体的共同期待，是一个学习共同体共同恪守的准则。在项目式学习环境中，班级公约有助于形成包容、尊重和公平的学习文化。每一位同学在制订公约时享有参与权，同时也要承担落实公约的责任。通过参与制订公约，学生能感受到他们在课堂管理方面的发言权，从而提升学生的主人翁意识。这一过程能够变革传统课堂的权力分配，让课堂变得更加民主。公约的制定，可以以《中小学生守则》和《中小学生日常行为规范》为基础，或者参考学校公约，经过充分讨论、民主投票等程序，形成具有执行力的班级公约。

策略三是学习环境。学习环境是影响学生的学习生活的外部条件的总和，包括物质环境（如设施、光线等）和精神环境（如群体目标、班级纪律、规约等）。适合开展项目式学习活动的教室，特点是强调小组合作：学生与同伴一起解决问题。这意味着学习空间必须以支持协作的方式进行组织，而不是以整齐划一的方式。在学习空间中，除了利用网络能随时随地获取信息资源外，还需要为学生准备参考书、美术用品、制作材料等。年幼的学生通常是空间型和触觉型学习者，因此将多学科的教室划分成主题区域，有助于组织操作、展示学习材料和其他用品。有些教师喜欢为正在进行的项目专门开辟一块公告栏或者项目角作为临时展示空间，用于呈现项目的驱动问题、进程安排、小组公约等。

策略四是规程和惯例。规程是结构化的操作步骤，是开展项目式学习的保证，有助于确保小组成员的意见都得到聆听和评估，有利于小组合作氛围的形成。熟悉的流程可以提高学生合作的效率，提升课堂管理效率，从而留出更多的时间和精力给教和学本身。经过反复练习，按照惯例行事，这些行为逐渐成为习惯，几乎不需要教师的监督，例如，如何及何时提交作业等。"画廊漫步""鱼缸讨论"（详见第四章第五节项目终结中的部分内容）等都可以是项目式学习中很好的规程。

三、项目管理

为了确保完成高质量的项目式学习活动，也为了让学习效果最大化，教师需要具备很强的项目管理能力，以管理教学活动。诚然，这需要时间和实践的历练。巴克教育研究所的苏西·博思（S. Boss）和约翰·拉尔默（J. Larmer）总结了项目式学习活动的管理要点：

①合理安排课堂中的团队工作时间、小组合作时间和个体工作时间；

②基于项目情况和学生需求，合理分组，赋予学生适当的发言权和选择权；

③使用项目管理工具（如进程安排、团队公约、学习日志等），来支持学生的自我管理、自主学习和协作能力；

④在项目实施期间，始终遵循课堂惯例和班级公约；

⑤设定进程表和截止日期，并灵活遵循。

项目管理是项目的管理者在有限的资源约束下，运用系统的观点、方法和理论，对项目涉及的全部工作进行有效管理，即对从项目的投资决策到项目结束的全过程进行计划、组织、指挥、协调、控制和评价，以实现项目的目标。从根本上讲，项目管理并不神秘，人类数千年来进行的组织工作和团队活动，都可以视为项目管理行为。从管理学来看，人类的活动可以分为两大类：一类是重复性、连续性、周而复始的活动，称为"运作"，如用自动化流水线批量生产某些产品的活动；另一类是独特的、一次性的活动，称为"项目"，如任何一项开发活动、改造活动、建造活动等。在社会中，项目随处可见，小到一次聚会、一次郊游，大到一场文艺演出、一次教育活动、一项建筑工程、一次开发活动等。项目管理涉及的范围日益广泛，研发一款新产品，启动一个新市场，设计一座新桥梁……

学生需要为诸如此类的项目做好准备。

对于深受传统教育模式影响的教师而言，设计和开展项目式学习的难度很大。那么，除了上文提到的黄金标准外，还有什么策略能够确保教师在开展项目式学习时能帮助所有学生掌握学习目标？

1. 项目沟通策略

有策略地使用小组工作时间。在学生小组在课堂上推进项目的时候，教师可以借此机会进行观察和确认。小组工作时间给教师提供了与各个项目小组分别探讨、观察团队协作、参与小组讨论、通过小型课程为学习搭建支架的机会。老师那段时间会做什么？学生最好带着这个问题去计划小组工作时间。如果学生没有一份计划，其小组工作时间就不会被很好地利用。计划如下：

①项目开始前，详细介绍项目情况，收集学生想法，激发学生的学习兴趣；

②项目开始前，致家长或社区、志愿者、科研人员等协助者一封信，寻求他们的理解、帮助和支持，有利于项目的开展；

③每个学生根据自己的研究问题，制订项目计划，并审视评价标准，监控自己的项目进展，做适时的调整；

④利用网络共享资源，创建一个交流的窗口，为学生提供项目指导，提出任务，安排每个小组在校园网络上创建一个文件夹用于合作、交流；

⑤展示学习成果，并听取反馈意见。

2. 合作管理策略

倾听完学生或教师的讨论会之后，思考下面的问题：你认为教师讨论会进行得怎么样？这个讨论为你和学生的讨论会提供思路了吗？教师应：

①检查各组工作进展，帮助学生解决冲突，并提供指导意见；

②检查学生计划表格和小组文件夹，记录实际进度；

③对学生在项目式学习中所遇到的问题，教师予以提供建议；

④鼓励学生采取最恰当的方法解决问题；

⑤询问学生下一步的目标，教师提出意见；

⑥要求学生总结所遇到的问题，以及解决问题的方法，并做记录；

⑦告知下次检查的时间。

3. 资源管理策略

资源管理策略旨在帮助学生管理可用的环境与资源，增强学生学习的动机和兴趣，成功的资源管理策略可以使学生更加适应整体环境并通过调适环境以适应自身学习需求。教师在进行资源管理计划时要考虑技术管理、学生文件管理、材料管理、外界资源管理四方面，并要求：

①项目开始前，利用学生的局域网开设一个项目式学习文件夹，每个小组设立一个子文件夹，提供给全班学生共享；

②学习使用文件目录；

③各小组收集好校园设计方面的数据，输入共享文件夹，供全班查阅。

四、搭建支架

教师需要时刻关注学生的参与状态，为他们的发展搭建学习支架。教师需要明确，每一位学生的下一个发展阶段是不同的，每一位学生的未来也是不确定的，每一位学生都需要学习支架的支持来不断地超越自我。学习支架旨在为每一位学生踮起脚尖达成学习目标而创设条件。支架本来指建筑行业中使用的脚手架，用来帮助建筑工人完成"伸手不可及"的工作，其作用在于"帮助""协助""支撑""联结"，而不是"代替"。从力学的角度上讲，一个支架是否能够正常发挥功能，关键要看其支点的设计是否合理。将支架理论引入教学，旨在强调教师的"教"的主要作用在于，为学生的"学"搭建"支架"，进而在教师的帮助、引导与支持下，学生能够通过同化、顺应来达成新知识的平衡，构建新的知识和经验。

对于"学习支架"而言，也应当如此。找准学生现有水平和可能达到的发展水平之间的区域，并以此为支点，搭建一个高度合适的"脚手架"，可以帮助学生有效地突破自己的能力极限，并获得新的发展高度。这是一个真正能起到支撑作用的位置，也能为学生提供真正的帮助。如果支点设置过高，远远超过了学生能够达到的高度，那么学生连这个"脚手架"都上不去，何谈尝试新高度？如果支点设置过低，学生会因为缺乏挑战性而学习动力不足，其能力得不到充分的发展。在一个合适的支点上搭建的"脚手架"，应该是学生"踮起脚来""跳一跳"就会摘到果实的高度。为了在项目式学习中帮助所有学习者取得成功，教师往往会在项目设计中准备一系列支持策略，从而在意识到学生遇到困难时，及时搭建学习支架，帮助学习者迈向更高水平的学习。搭建学习支架，可以使无论起点在哪里的学生，都可以获得学习和发展。学生随着能力的发展，逐步获得成功的自信，此时教师就可以逐步移除学习支架，或者搭建更高级别的支架。

五、评估学习

教师需要具备评估能力，从而合理评估学生的学习。项目式学习非常注重综合性评估（形成性评估和终结性评估）对于学生学习和发展的价值。教师需要清楚地公布评价的标准、内容、方式，以及任务和截止时间等。在项目式学习的每个阶段，学生需要明白怎样才算成功。教师也需要注重评估过程中的细节：

①注重收集项目成果及其他证据，合理地评估学生学科知识的积累和核心素养的发展；

②除了评估团队成果外，还需充分评估学生个体的学习情况；

③充分利用丰富的工具和完善的流程进行形成性评估；

④定期采用结构化工具去收集批评性反馈，获取学生的有效反馈，以支持教学决策；

⑤合理组织学生进行自评，并在恰当的时间进行同伴互评；

⑥评估需要参照课程标准的有关要求。

广大教师对于各种测验、测评、考试了如指掌。在项目式学习中，教师需要更加敏锐地知道何时、为何，以及如何进行评估。此外，项目式学习中的评估，需要在个人和小组、自评和互评、学科知识和核心素养的评估间寻找平衡点。

相较于对一节课或期末学业水平的评价，项目式学习的评价是更加多元、更加综合的。项目式学习主张对教育评价进行根本性变革：关注学习和解决问题的过程，而不仅仅是结果。因此，项目式学习的评价体系呈现出四个特点。第一，评价的时机更多元，形成性评价和终结性评价相结合。形成性评价是为了过程中的改善而进行的评价，终结性评价是对结果的评判。第二，评价的主体更多元，教师评价和学生评价相结合，学生自评和学生互评相结合，甚至引入外部评价，例如，校外专家的评价，公开展示环节的听众的评价，项目产品的用户的评价等。第三，评价的维度更加多元，由于项目式学习在解决真实问题的过程中，往往需要多方面的人才，不仅需要学业成绩好的，还需要会沟通的，会演讲的，会设计的，会绘画的等。在设计评价时，我们应当考虑到项目所涉及的多方面的维度，让每一位学生都可以发挥自己的优势。第四，评价要呼应多元的目标，不仅要评价学生的学业发展目标，还要评价本项目在设计时所设定的素养发展目标和产品目标。

六、复盘反思

"吾日三省吾身：为人谋而不忠乎？与朋友交而不信乎？传不习乎？"[①]我们每天都要进行反省，进行"复盘"。复盘，本来是围棋中的术语，指一盘棋局结束后，把所有走过的步数重新演练一遍，从而总结得失。现在说的复盘一般是指在工作和生活中，对过去一段时间的总结或反思。（见图 2-7）

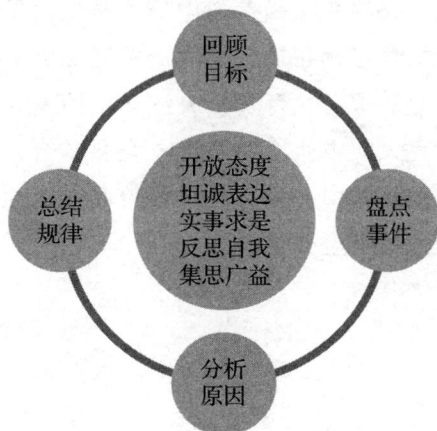

图 2-7 项目式学习的复盘反思

项目式学习全过程离不开师生共同参与后的系列复盘反思。复盘反思是在项目结束后对自己的学习体验、学到的知识和能力进行总结的过程。这时候，学生和老师等都可以进行自我反馈。项目式学习过程中的复盘是在项目过程中的每个环节，对比预定目标和实际目标的差异，找到问题，

① 《论语·学而第一》。

弥补不足。复盘可以帮我们找到问题所在，以确立更好的行动目标。不论是主观因素，还是客观原因，我们都要找出问题出现的原因，在接下来的行动中有意识地避免。"避免重复犯错"是复盘的第一个目标，这样在后续学习过程中才不会重蹈覆辙。

结语　全面育人，育全面发展之人

全面育人包括全员、全程、全方位育人。学校教育中的项目式学习，有助于引导学生走出校门、接触社会、了解国情，在实践锻炼中积累智慧，做到学以致用，实现知、情、意、行有机统一，培养担当民族复兴大任的时代新人，培养德智体美劳全面发展的社会主义建设者和接班人。

项目式学习注重过程中的"全面育人"和结果的"育全面发展之人"。第一，项目式学习注重课程育人，是一种统整育人模式，一方面要实现课程的统整，另一方面在课堂中也要实现教学的主题整合式管理。第二，项目式学习注重实践育人，强调在实践参与中培养学生，学生通过动手实践获得学习和发展。项目式学习旨在培育学生的关键能力、必备品格和价值观念。第三，项目式学习注重适性育人，关注学生的差异化发展。第四，项目式学习注重跨学科育人，主张全科育人，全科整合。第五，项目式学习注重评价育人，在实践探索中关注过程性评价和终结性评价，从而基于核心素养关注项目式学习给学生带来的变化。

第三章　项目式学习如何设计

　　设计是一件很有意思的事情。为了更好地吸引顾客，营造靠谱商家的良好形象，旅行社往往会设计精美的宣传手册，并将目的地、线路规划、行程安排及价格等清楚地列在手册上，并做成旅行指南。虽然学生并不是教师的顾客，但吸引学生兴趣、展现认真负责的教师形象却是十分必要的。作为教师的我们，不妨用商业的逻辑为学生设计优质的项目式学习方案，以使学生获得良好的学习体验。在设计项目式学习的部分环节里，我们可以把一部分选择的权利交到学生手中。这样做的好处在于增强学生学习的能动性与意义感。

　　如果您已经是一位教师，相信您对教学设计并不陌生。在教学设计中，通常包含教学内容、教学目标、教学重难点、教学准备、教学过程、板书设计及课后反思这些内容。项目式学习设计是以学生学习为中心的设计，它的核心特征在于让学生能真正理解学习的完整性和实现目标的过程，甚至让学生参与到项目式学习设计中来，最终实现理解性学习。因此，在设计项目式学习时，应充分运用设计思维。简单来说，项目式学习设计可以分五个步骤展开，分别是选择项目主题、确立学习目标、拟定驱动问题、设计实施方案与设计评价方案（见图 3-1）。

图 3-1　项目式学习设计流程

什么是设计思维[①]
①设计思维是一种积极进取的心态，相信自己可以有所作为，对自己的创造能力有信心；

---

　　① 　王志军、严亚玲：《设计思维如何指导教学创新？——项目化学习设计的视角》，载《开放教育研究》，2023(1)。

②设计思维是一种寻找新答案、新方案的途径，将挑战转化为设计；

③设计思维关注"用户"的体验，同理心是设计的前提和基础；

④设计思维没有固定的模式，它与设计者的观察、理解、直觉、经验相关；

⑤设计思维强调不断尝试，修改和迭代。

认真阅读本章后，您会对这些问题有进一步的认识：

①什么主题适合开展项目式学习？

②如何制定项目式学习的学习目标？

③好的驱动问题具有哪些特征？

④如何系统地设计项目式学习的实施方案？

⑤项目式学习的评价方案包含哪些要素？

第一节　选择项目主题

项目式学习的理念听起来激动人心，但在设计之初，许多教师遇到了一个令人头疼的问题——我应该设计一个什么主题的项目式学习呢？或许您会感叹别人的项目式学习主题创意十足，却又十分好奇他们的创意究竟从何而来。别担心，本节将展示项目主题构思的基本步骤，并呈现国内外常见的项目式学习主题。万事开头难，好的选题是成功的一半，此时您可以在书的旁边放一张白纸或一个空白的本子，随时记录灵感和创意。

在探讨如何选择项目式学习的主题之前，我们有必要先来讨论什么是适合项目式学习的主题。下面是两个项目式学习的主题，如果您是一名学习者，会更倾向选择哪一个主题？

主题 A：分享经济带来了一场改变人类生活方式的资源革命，个人用户将在边际成本趋于零的条件下越来越多地协作生产，消费和分享自己的商品和服务。为了更好地理解分享经济的机制与关键要素，学校开展了以"设计分享经济平台"为主题的项目式学习，学生需要提出一个清楚、合理的设计方案，并根据经济学原理说明分享经济的竞争优势。

主题 B：学生们一起制订一个计划，为学校的自动售货机备货。该计划包括将一系列产品利润最大化，同时满足校园内所有学生的饮食需求。学校自动售货机的利润将用于资助学生活动，如研学旅行、社团活动等。学生要确保食品符合安全标准和校园规范，研究收入趋势，并探索基本的经济原理。在项目式学习的过程中，学生需要：调查学生群体，寻找可能的需求，分析价格区间，进行焦点小组讨论，提出一个他们认为可以获得最大利润，同时触及最广泛学生群体的选择方案。

相信您的心中已经有了答案。事实上，项目式学习的主题，并没有绝对的好坏之分，但具备以下特征的主题，更能凸显项目式学习的意义与价值（见表 3-1）。简言之，好的项目式学习主题蕴含着丰富的学习机会与有趣的连接真实世界的表达。或许您还是有些疑惑，到底如何去设计一个好的项目式学习主题？别着急，请您继续往下看，希望以下内容能给您的主题设计带来灵感。

表 3-1　项目式学习主题特征核对单

主题特征核对单	是否符合
1. 符合教学目标，针对学生所在年级需要掌握的内容和技能	☐
2. 对学生有挑战性和驱动力	☐
3. 解决真实问题，对现实世界有意义	☐
4. 为学生提供讨论和深入调查的机会，有开放性结果	☐
5. 涉及大概念，使学生能够进行深度、复杂的思考	☐

项目式学习与主题式学习

尽管项目式学习也是从选择主题开始的，但我们仍然有必要区分项目式学习与主题式学习。项目主题的作用在于为项目提供内容支持，但项目式学习不是主题导向的学习（主题式学习），二者的主要区别在于，主题在学习过程中的连续性强度不同。一般而言，主题式学习倾向于从多学科的视角来看待同一个主题，但学科之间的联系未必紧密，有时会存在割裂，因此也可以被称为"多学科学习"。而项目式学习则是将主题作为贯穿学习的一条线，所有学习均是围绕主题的驱动问题展开的。项目式学习在很多时候是一种跨学科的学习，但以某个学科为主的单学科项目式学习也十分常见。下面的例子或许能让您更加清楚两者的区别。

案例1（主题式学习）：某年级组计划以"中秋佳节"为主题开展项目式学习。美术课上，教师指导学生"画中秋"，学生通过查阅资料探寻中秋节的来历和习俗，并动手绘制中秋作品；劳技课上，教师让学生学习制作月饼，品尝月饼，感受劳动的快乐；语文课上，教师带领学生朗诵中秋诗词，以"飞花令之月"感受中国传统文化，并制作中秋诗文海报；道德与法治课上，教师带领学生了解中秋的历史，培养学生的家国情怀。

案例2（项目式学习）：为了激发学生的学习兴趣，语文教师开展了以"荒岛求生"为主题的项目式学习。教师配合课文《鲁滨逊漂流记（节选）》的学习，设计的驱动问题是："在当今时代，鲁滨逊在荒岛上应该如何生存？"项目式学习的产品目标是一份《鲁滨逊现代荒岛求生指南》。为了更好地帮助学生理解荒岛求生的情境，语文教师先是引导学生建立阅读共同体，在认真阅读原著的基础上理解鲁滨逊的人物特征及所处时代背景。学生在设计荒岛求生地图的过程中掌握比例尺等相关知识。与此同时，学生通过查阅资料与访谈专家的方式，了解现代野外求生的基本知识与技能。最终，学生完成多种产品，如书籍指南、视频指南、研究报告等。为了增强学生的学习动力，这些成果通过自媒体平台向校内外的师生和社会人士展示。

一、好奇、困惑与烦恼：连接真实世界

我们总是感叹于学生惊人的想象力与创造力，这是因为他们看到的世界并非成年人所认定的那样——被所谓常识和知识所框定。他们在透视世界时是没有围墙的，每一次的好奇都是一次探险的旅程。项目式学习的起点应该是学习者的好奇、困惑与烦恼，教师在选择项目式学习的主题时，

首先应该抛开一切约定俗成的东西，和学生一起自由地开展头脑风暴，只有这样才会发现，原来还有许许多多值得探索的事情：可以是对身边"习以为常"的现象和事物进行再思考，比如，如何利用走廊空间，如何提高自动售卖机的经济利润；也可以是之前没有想到过的新关联，比如，校服和传统文化的关系，座位与学习效果的关系等。最关键的一点在于，这些事情都与真实世界相联系。为了帮助教师设计连接真实世界的项目式学习主题，这里给出一些思路供大家参考。

思路一：社会热点与全球性问题

如今，人类面临着许多共同的挑战，如疾病问题、网络安全问题、人口问题、可持续发展与气候变化问题等。面对全球性问题，我们应该树立人类命运共同体意识，深切地关心周边的人和事，乃至整个社会的发展，致力于改善群体的生存环境。项目式学习在本质上是一种基于共同体的学习，其最终目的是让学生与自己、与自己周围的人、与更广阔的时空和社会历史实践建立联系，帮助学生进入广阔的历史长河，成为社会历史中的一员。下面是一个与疾病传染紧密结合的跨学科项目式学习，我们可以通过这个案例感受如何基于社会热点与全球性问题来设计项目式学习主题。

疾病传染项目式学习[①]

项目背景：

疾病传染会导致学校师生紧张，很多教师可能会选择远程安排学生工作。流行病是我们时代的问题，与每个人密切相关。

跨学科疾病传染项目的想法始于一篇博客文章，后逐渐发展壮大。在短时间里，很多教育工作者加入了一个共享文件，并建立了资源平台，添加了链接、视频，甚至是示例项目计划。最后它成为所有教师的大型图书馆。过程模拟了项目式学习的经验，并代表了我们希望学生创造的产品类型。他们基于国家内容标准，把社会情感学习、文化回应式教学和社会正义放在中心位置。它具有协作性、创造性、回应性和研学性。作为这个时代的标志，本项目式学习使用了对接、评论和其他新技

---

① 本案例来源于美国特许高中（High Tech High，HTH）学校官网，此处收录有改动。

术技能。来自特许高中、分享你的知识(Share Your Learning)、新教学网(New Tech Network)和项目式学习研究的代表们贡献了智慧，全力支持了项目式学习的开展。

> 主题设计：
>
> 1. 生命健康与自我防护
> 2. 流行病的历史、现在与未来
> 3. 疾病传染的数据统计
> 4. 基层体系与社区建设
> 5. 线上学习与自主学习
> 6. 自然灾害与人文灾害
> 7. 苦难与艺术创作
> 8. 人际交往与情感沟通
>
> ……

思路二：身边的现象与问题

项目式学习并不是一种单纯的"利己性"学习，而是一种促进生态和谐的"互利性"学习，它为学习者提供了与真实生活对话的机会，并帮助学习者看到自我，感受他人，并与周围的人、事、物共生共长。在立德树人的教育背景下，学生的思想品德与实践能力越发受到重视。然而，随着中国学生的课业负担不断加重，德育课程和劳动教育课程时间往往被其他课程占用。与项目式学习一样，德育与劳动教育同样强调在真实情境中的"做中学"，利用项目式学习的方法开展德育与劳动教育，有利于在学科教育中渗透德育与劳动教育的目标。由此，我们也可从德育与劳动教育的角度出发，引导学生观察与思考身边的现象与问题，选择合适的项目主题。

《中共中央 国务院关于全面加强新时代大中小学劳动教育的意见》，将劳动教育划分为日常生活劳动、生产劳动和服务性劳动。对于幼儿园和低年级的孩子而言，基于日常生活劳动开展项目式学习，可以培养他们的劳动意识与劳动兴趣。尽管传统的生产劳动离部分学生(尤其是城市学生)的生活较远，但随着物联网技术的发展，学生有机会接触智能设备与生产劳动的结合系统，例如，智能种植与养殖、智能家居等。服务性劳动，凸显了劳动的公益性与服务社会的特点，侧重于解决生活中的真实问题，更加适合中高年级的学生。（见表 3-2）此外，我们亦可围绕德育的五个板块来设计项目式学习主题，包括理想信念教育、社会主义核心价值观教育、中华优秀传统文化教育、生态文明教育与心理健康教育。

表 3-2　基于劳动教育课程系列的项目主题（小学）[①]

类别	项目主题		
日常性劳动 （生活能力）	班级劳动	卫生打扫	做值日
		环境布置	板报设计、绿植养护、图书管理
	居家劳动	内务整理	卫生清洁、房间整理、工具使用
		美食制作	满汉濮味
服务性劳动 （社会能力）	校园服务	帮厨实践	濮家店小二
		秩序维护	校园小警察
		定单维修	超能闪修侠
	社会公益	传统种植	小红帽义工
		爱心奉献	蒲公英公益
	商场创业	自产自销	农产品销售
		闲鱼交易	闲置物销售
		地摊销售	小商品销售
生产性劳动 （创造能力）	工场创造	器具手作	木艺制作
		科技智植	创意模型、创意制造、创意打印
	农场创造	传统种植	中药生产、果蔬培育、花卉培育
		现代培育	无土栽培、菜鱼共生
		循环养殖	喂养小猪、饲养蚕宝、放养刺猬

思路三：校园活动与综合实践活动课程

项目式学习作为一种倡导学生在实践中学习的教学方法，可以有效助

[①]　黄凤英、刘梦影：《项目式学习：城市劳动教育新样态——以杭州市濮家小学为例》，载《中小学德育》，2020(9)。

力校园活动和综合实践活动课程的开展。一方面，我们可以将项目式学习引入丰富多彩的校园活动和社团活动中，如学校里的科技节、艺术节、运动会、读书会等。另一方面，也可以尝试将研学旅行与项目式学习进行结合。2016 年，《教育部等 11 部门关于推进中小学生研学旅行的意见》指出，"各中小学要结合当地实际，把研学旅行纳入学校教育教学计划"。作为一种综合实践活动，研学旅行尤其强调学习的主体性、情境性与开放性，这与项目式学习的理念不谋而合。教师若能从研学旅行中获取项目式学习的主题和学习材料，不失为一种好的策略。当我们把项目式学习的理念融入进来时，研学旅行不再是一次单纯的旅行，而成为有时间周期的系统性课程，地点也不再限于校园之外，而是将课堂内外有机地结合在了一起。研学旅行大体分为六个类别，分别是自然类、历史类、地理类、科技类、人文类、体验类。① 针对不同类别的研学旅行，可以设计相对应的项目式学习主题，如河流生态整治项目、科技社区科普项目、景区产业发展项目、从博物馆艺术品赏析到学校视觉元素文创项目、设计参观路线项目等。

政策导向

教育部鼓励中小学利用爱国主义教育基地、公益性文化设施、公共机构、企事业单位、各类校外活动场所、专题教育社会实践基地等资源，开展不同主题的实践活动。利用历史博物馆、文物展览馆、物质和非物质文化遗产地、革命纪念地、烈士陵园（墓）、法院、检察院、公安机关、展览馆、美术馆、音乐厅、科技类馆室、科研机构、军事博物馆、环境保护和节约能源展览馆、地震台、体育科研院所等场地开展主题教育。②

项目案例：校园心理节中的项目式学习

以校园欺凌为主题的电影《少年的你》刚上映，便成为同学们热议的话题。考虑到校园里的暴力事件，学校决定在心理节时展开以"欺凌与伤害"为主题的项目式学习。不同年级的学生就欺凌、抑郁、教育等问题进行简短的演讲和互动体验。所有项目展示都要求是真实的，因为素材来自每天

---

① 《中小学德育工作指南》，http://www.moe.gov.cn/srcsite/A06/s3325/201709/t20170904_313128.html，2021-05-29。

② 同上文。

生活在身边的青少年。他们严谨的研究、个人经历、艺术效果图和计算机编程设计等成果展示，引发了未成年学生和成年人对"校园欺凌和伤害"的重新思考。

项目案例：关于"儿童节"的家庭项目式学习

国际儿童节定于每年的 6 月 1 日。儿童节的意义在于让儿童充分享受童年的欢乐，在"学—玩—创—趣"浑然一体的项目式学习中，体会到成长的快乐、探究的乐趣与项目式学习的优势。基于家庭的项目式学习，不仅为学习者提供了广阔的学习空间，提供了读写能力提升的机会，也提供了各种学校场域中难以实施的项目式学习空间。任何项目都可以由同一家庭中不同年龄段和不同能力的孩子同时完成，可以混搭不同的项目；或者由几个家庭组合来实现，弥补学校教育以"智力"为主的一元教学目标的不足。选择"欢乐六一自助餐"和"亲子照片集"两个主题，引导学生通过绘制食物来源图谱，动手制作美食，创作故事与摄影等途径完成项目。

主题生成器(学生版)

——发散性思考项目式学习主题的初始阶段

1. 定义你的主题。你想研究或解决什么？(参考角度如下)

①人物：身边的普通人、现代名人、历史上的人、虚拟的人等。

②地点：少数民族地区、海洋、古埃及、南极、学校等。

③事件：国庆日、战争、火山爆发等。

④系统：呼吸系统、生态系统、亚太经济圈、社会治理等。

2. 选择一个一般性的主题来指导你的研究。(以事件为例)

①事件的影响；

②时代对事件的影响；

③地理位置对事件的影响；

④事件的原因；

⑤事件的结果。

3. 选择几个子主题来帮助完善你的研究。

①经济因素与事件的关系；

---

②社会对事件的态度；

③媒体在事件中的角色；

④不同国家在事件中的角色。

二、收集资料：连接课程与概念

单元设计是落实核心素养教育的基本环节，也是撬动传统课堂转型的支点。在一线教师的教研和培训中，我们经常看到"大单元教学""整体设计"等概念的影子。目前的单元教学存在一些问题，例如，仅以教材或者知识点作为单元的基本单位，忽视了单元的结构性与系统性，致使学生的深度理解与知识迁移能力薄弱等。尽管项目式学习并不是学习的全部，也不能完全替代其他学习形式，但若能利用项目式学习整合单元教学，实现项目与单元主题的深度融合，无疑增加了学习的弹性与活力，也使项目式学习的价值意义更加凸显。我们相信，基于课程单元的项目式学习也将成为未来我国中小学开展常态化项目式学习的重要途径。

单元教学的关键在于教师如何整合问题、活动和评价来完成单元教学内容，以及如何使用教材来支持教学目标的实现。一般而言，单元教学分为两种逻辑：一种是学科逻辑，另一种是学习逻辑。学科逻辑通常基于连续内容和主题来进行设计，从操作的层面来看，也可以按照教材的编写单元，将相近主题的内容集中在一起学习。学习逻辑则主要围绕复杂的问题或学习任务来开展，教师可以根据选文内容重新组合成"新的单元"进行教学。因此，基于课程单元选择项目式学习主题亦包含两种模式。一种是按照教材编排的顺序与结构单元开展项目式学习，这种形式的优点在于顺应常规教学进度，是传统教学的一种拓展和延伸，且主题的设计相对简单和明确，通常与教材单元主题保持一致，但缺点是，很难涵盖项目式学习所需的全部知识。另一种是跨越教材单元，甚至跨越不同年级的教材单元来设置项目式学习的主题，这种模式有利于学生更好地理解学科大概念，也为学校创新教学和管理模式提供了良好的契机。当然，这也在一定程度上对学校管理和教师素养提出了更高的要求，尤其是对学科核心概念和跨年级文本的掌握提出了更高的要求。①

那么，我们应该如何基于课程单元确定项目式学习的主题呢？

首先，要善于利用教材中已有的活动探究单元内容和项目主题。以统编初中语文教材为例，教材中设置了四个探究单元，主题分别是新闻（八年级上册）、演讲（八年级下册）、现代诗（九年级上册）和戏剧（九年级下册）。探究单元的设置，给学生提供了语文实践的机会，帮助他们的语文学习从平面走向立体，在综合、多维、连续的语文活动中领悟文化内涵和语文应用规律，这与项目式学习的目标不谋而合。此外，在英语教材中也有许多项目板块，板块中的很多内容与生活有着密切的联系，旨在提高学习者使用英语获取信息、表达观点、分析问题和解决问题的能力。以凤凰国标教材牛津高中英语教材为例，项目板块提供了学习的基本建议，我们可以理解为 planning（计划），preparing（准备），producing（生产）和 presenting（展示），这与项目式学习的部分环节是高度一致的。首先，通过信息输入，即 A 部分的语篇示范，为学生搭建语言支架；其次是信息加工，即对 B 部分的步骤进行具体的落实，包括对项目的设计与实施；最后是信息输出，类似于项目产品的展示环节。因此，如果您是刚刚接触项目式学习的新手教师，不妨直接利用教材中的已有探究单元和项目来设计项目式学习主题。

我们来看一些基于教材中已有的探究单元设计的项目式学习主题：

①写一本诗集来激励抑郁的人（基于统编语文教材九年级上册，现代诗单元）；

②为即将入学的新生制作励志演讲短片（基于统编语文教材八年级下册，演讲单元）；

③创作一本反映社会性问题的纸质杂志或在线杂志（基于统编语文教材八年级上册，新闻单元）；

④为身边的人撰写一篇口述历史（基于统编语文教材八年级上册，新闻单元）；

---

① 李春艳：《中学地理"大概念"下的单元教学设计》，载《课程·教材·教法》，2020(9)。

⑤为社区成员带来一场《雷雨》的戏剧表演（基于统编语文教材九年级下册，戏剧单元）；

⑥为学校里的一面墙进行密铺图案设计（基于北师大版小学数学四年级下册，平面图形密铺）。

基于课程单元设计的项目式学习案例（高中语文）

"古代优秀祭文"的主题，涉及韩愈的《祭十二郎文》、欧阳修的《祭石曼卿文》、王安石的《祭欧阳文忠公》、苏轼的《祭欧阳文忠公》以及袁枚的《祭妹文》等。要求如下：

1. 自觉整理在学习中获得的语言材料和言语活动经验；能根据具体的语境和表达的目的、要求，运用口头和书面语言，文从字顺、准确生动地表达自己的真情实感。

2. 在理解语言时，能从多角度、多方面获得信息，有效地筛选信息，比较和分析异同，能找出相关证据材料支持自己的观点；在表达时，讲究逻辑，注重情感，能综合运用多种表达方式。

3. 能够主动积累、梳理、探究富有文化意蕴的语言材料和语言形式，并尝试运用。尝试用历史眼光和现代观念，辩证地审视和评论古今中外语言文学作品的内容和思想倾向。

可以发现，课程要求的核心集中在对学生的学习主动性以及思维能力的培养，其中最重要的是调动学生的学习主动性，从而能够"自觉整理"文本，并学会用"历史眼光"及"现代观念"对文本进行分析。教师发现，学生通过之前的学习经验已经对某些历史人物形成了某些特定看法，与此同时也存在诸多问题，如碎片化、人云亦云、凭据不充分等。为此，教师希望通过写的方式实现有目的地阅读古代或者现代祭文悼词，其实质是一种基于阅读的写作，并确定主题为"为伟大人物写一篇祭文"。恰逢项目式学习的时间点处于曹操忌日的前期，教师最终确定项目式学习的主题为"为曹操写一篇祭文"。基于该主题，教师设计了相对应的项目式学习目标和驱动问题，并准备了有力的脚手架支持。

其次，要基于大概念进行项目式学习主题的延伸和拓展。埃里克森（Erickson）将大概念定义为"学科中可以应用到纵向学科内部情境和横向其

他学科情境中的核心概念"。① 也有学者将大概念划分成两种类型：一类是包含原理、理论或模型等方面的内容性概念；另一类是帮助掌握并高效利用知识的技能性概念。以 STEM② 为例，其内容性大概念包括量子力学、概率模型等，而技能性大概念包括实验设计、观察记录等。项目式学习在必要的情况下应该突破课时的限制，把碎片化的知识汇聚成体系化的知识结构。我们可以尝试围绕大概念来设计项目式学习的主题。举个例子，大概念为"美"，可以延伸出"美是由社会和文化定义的"，"情人眼里出西施"，"美具有市场价值"，"美可以是外在的，也可以是内在的"等理解，并进一步设计出相应的主题："建造美丽校园""发现他人之美"等。关于如何基于大概念设计驱动问题，将在本章第三节"拟定驱动问题"中做进一步阐述。

什么是大概念

①是由丰富繁杂的课程知识简化成的，用于掌握事物之间架构与学科本质的命题；

②包含学科概念体系中的上位概念、重要命题及重要原理；

③对广泛的具体事物和现象具有解释力，有较高的抽象力和概括力；

④大概念是一个相对概念，根据统筹的范畴可以分为不同层级，如跨学科大概念、学科大概念、单元大概念等；

⑤在多个学段都具有科学性。

指向大概念建构的项目式学习，有利于帮助学生从"明白知识和方法是什么"转变成"理解如何运用知识和方法来解决问题"。接下来，我们通过"地图"单元的例子进一步理解如何基于大概念来设计项目式学习的主题。从这个例子可以看出，教师设计的项目式学习主题会涉及每课的大概念，并最终指向单元大概念，帮助学生认识到，地图作为一种重要工具，对人类认识世界具有深远的意义。在制作地图的过程中，学生学会借助地图要素展现地理位置和空间位置，学会根据不同类型的地图获取有效信

---

① Erickson H. L, *Stirring the Head, Heart, and Soul: Redefining Curriculum and Instruction*, Corwin Press, 1995.

② STEM 是科学（Science）、技术（Techology）、工程（Engineering）、数学（Mathematics）四门学科英文首字母的缩写。

息。此外，学生还能创造性地学习三维制图、3D 打印技术和遥感技术，这有利于帮助学生更好地体验地理信息技术。

"地图"单元(初中地理)①

①《地图三要素》大概念：根据地图判断地表事物的地理位置和空间位置。

②《等高线地形图》大概念：根据海拔和相对高度的数值大小和变化判断地形特征。

③《地图的使用》大概念：根据不同类型的地图获取有效信息。

④地图单元大概念：地图是人类认识世界的重要工具。

⑤项目式学习主题：为森林公园绘制一幅探险地图。

⑥项目说明：这次"探险"让学生有机会通过了解其所在城市的森林公园来探索地图和地图制作。在探险过程中，学生学习地图的要素和不同类型的地图，包括概念地图、抽象地图和实际地点的地图。他们先制作一张二维地图，通过收集公园中已有数据，将数值标记在平面地图中。接下来，在信息技术教师和设计师的协助下，他们设计森林公园的三维地图，并放在景区的 APP 中，供游客使用。

三、精挑细选：对优势与可行性的考察

经过前面两个步骤，或许您已经想出了很多有创意的项目主题。接下来，我们对这些项目主题进行"精挑细选"，换言之，是对项目式学习实施的优势与可行性进行考察。这里的优势主要是指区域资源与学校特色资源，而可行性则是关乎项目式学习在实施中的难度，包括参与人员、时间跨度、空间范围等。

1. 区域资源与学校特色资源

项目式学习鼓励学生关注自己的生活环境和地方文化，这意味着我们在选择项目式学习的主题时，可以充分考虑学校所处的地域特点。如在临海、

---

① 根据《义务教育教科书地理》七年级上册，2012 教育部审定，第一章地图和地形图的知识进行的项目。

靠山或有典型地理地貌的地方，可以开展自然地理类主题的项目式学习；在历史悠久的古城，可以开展文化类主题的项目式学习。此外，许多学校已经尝试对国家课程进行校本化表达，设计了许多主题课程、探究性课程和活动课程。我们建议教师将这些资源整理出来，用项目式学习的方式进行一体化的重组与设计，包括知识结构、学习工具、管理策略、评价体系等。

2. 参与人员

在选择项目主题的时候，我们需要充分了解多方的需求和想法，包括学生、教师、同事、行政人员、家长等的配合与支持程度。首先，要考虑学生人数与组合情况，不同的学生规模会直接影响项目式学习的主题范围。对于小规模的学生群体（如学生社团），可以根据学生的兴趣和特长设计更有针对性的项目主题或设计一些资源条件有限，难以在大规模学生群体中开展的主题。当然，更加理想的做法是在班级内部、跨班层面、年级层面，甚至是全校层面开展项目式学习。此外，教师的数量及结构也是在设计项目式学习主题时需要考虑的因素。在只以个别教师或一个学科教研组为主导时，通常会设计单学科的项目式学习主题。正如前文所提到的，单学科的项目式学习主题可以充分利用教材中已有的活动探究单元和项目。而当年级组的或更大范围的教师都能够参与其中时，可尝试设计跨学科项目式学习主题。需要指出的是，即便是单学科的项目式学习，也可能涉及其他学科的内容，这对部分教师提出了跨学科教学的能力要求。（见表 3-3）

表 3-3　项目式学习的参与人员

要点	学生	教师	外部支持人员
人数与组合情况	□ ≤10 人小规模 □ 11—49 人班级规模 □ ≥50 人跨班（年级）规模	□ 个人 □ 学科教研组 □ 年级 □ 全校	□ 家长 □ 社区居民 □ 主题领域专家 □ 摄影人员 □ 专业评估人员
知识结构	□ 学习需求 □ 兴趣与特长	□ 学科结构 □ 能动性	□ 资源 □ 专长

3. 时间安排

主题的选择不可避免地受到时间的限制，有几种常见的项目式学习时间安排。第一种是利用较长时段开展的项目式学习，时间通常为 1 个月至 3 个月。对于这种周期较长的项目，可以选择与学科教学较为紧密的主题，这样有利于将项目式学习与单元教学有机地结合在一起。第二种是利用项目周的方式开展项目式学习，这种形式可以选择更加关注真实世界的、跨学科的主题。第三种是通过"4＋1"的方式，将项目式学习常规化。它与第一种的区别在于，每周都会固定一天用于项目式学习的产品展示与评价，因此在选择主题时应充分考虑难度与可操作性。最后一种是通过综合实践、兴趣选修课、研学等时间段进行项目式学习，此时的主题选择可以考虑与综合实践课程相结合。

四、行动反馈：迭代的力量

好的项目式学习主题是需要反复迭代和升级的。换言之，学校不一定每年重复相同主题的项目式学习（当然，如果做成经典主题也未尝不可），而要汲取主题设计的经验，不断反思项目式学习的主题特征。

第一，梯度性，即项目式学习的主题是否可以延展出不同梯度的学习。首先，应该让学生有信心，"够得着"。这意味着项目式学习的主题与教材中所学的知识和技能应尽可能地紧密结合，以保证学生在项目式学习中依旧能够掌握基础知识与技能，并对学业考试成绩产生积极影响。其次，让学生完成"想体验"。当项目式学习的主题具备一定的挑战性时，更容易激发出学生主动探索的精神和学习动力。最后，要帮助学生"会迁移"，这也是传统单元教学中最薄弱的环节。如果为学生提供将所学知识运用到真实生活中的机会，这必然使其迁移能力的培养效果更明显。以统编语文教材八年级上册的新闻单元为例，该单元包括新闻阅读、新闻采访和新闻写作三个板块。除了学习新闻"六要素"、采访技巧、写作方法等基础知识之外，参与者还需要体会传播的价值感，建立传播的责任感。传统的新闻单元教学容易出现整体统筹失衡、教学关联性弱的问题，即新闻采访和新闻写作教学成为新闻阅读教学的附庸，两者经常被安排为阅读教学的课后作业，阅读、采访与写作之间相割裂，使学生的学习产生断层，不利于学生语文实践能力的培养。然而，在一次"走近普通人"的新闻单元项目式学习中，学生需要设计采访问题，确定采访对象，整理采访录音，拍摄新闻照片，撰写新闻稿并进行排版，整个学习过程变得更加立体化。[①]

第二，学科性，即项目式学习的主题是否能够反映学科的大概念。好的主题设计一定能涵盖学生现阶段所学或未来一段时间内将会学到的学科知识。换言之，有意义的项目式学习主题通常是突出和指向大概念并以此为基础展开，这使得学科知识不再以碎片化的方式呈现在学生面前。相反，它要求教师和学习者对知识做进一步的整合，将项目主题作为连接线，使原本分散的教学内容建立起紧密的联系。然而，大概念不会直接体现在教材或课程标准中，这意味着教师需要超越单元，甚至超越学科事实，去探索突破主题界限的问题。我们可以将大概念理解为一个"魔术贴"，它能将知识、经验、事实诸多要素黏合在一起，并帮助教师把教学内容聚焦于复杂问题的解决。与此同时，为了将项目式学习与教学内容联系在一起，教师需要将大概念进一步分解为学科核心概念。例如，在"如何分配学校公共卫生责任区域"这个项目中，大概念利用统筹思想来优化设计，为此，学生需要了解面积、平均数、倍数等知识，并建立它们与不同年级和班级分摊卫生区域的关系，同时不断优化设计，最终形成合理的区域分配方案。在整个过程中，学生不断建立优化意识，对公平与责任有了更加真切的感知。

第三，真实性，即项目式学习的主题是否能够连接真实的世界。真实性是项目式学习的本源特征，它不仅体现在主题的设计上，也体现在学习情境与学习评价中。在好主题的"四步生产法"中，首先要做的就是连接真实世界。（见表3-4）

---

① 周群：《初中语文新闻单元项目式学习设计与实施》，载《中小学信息技术教育》，2017(4)。

表 3-4　项目式学习常见主题一览表

①农业	⑬可持续发展	㉕运动、健康与休闲
②刻板印象	⑭空间设计	㉖选举
③饥饿与战争	⑮游戏设计	㉗历史与影像
④海洋环境	⑯动物与植物	㉘口述历史
⑤自然灾害	⑰生物多样性	㉙城市化发展
⑥空气质量	⑱天文	㉚改革与改变
⑦人口变化	⑲生活常识	㉛社区与共同体
⑧虚假信息	⑳安全教育	㉜摄影与记录
⑨网络欺凌	㉑民族文化	㉝商业策划与利润计算
⑩系统设计	㉒亲密关系	㉞校园参观
⑪新闻	㉓社会公平	㉟烘焙
⑫粉丝文化	㉔理想与乌托邦	㊱文学作品

第二节　确立学习目标

如果你苦恼于没有足够的课时开展项目式学习，那是因为你在潜意识里依旧将项目式学习视为一种活动，且这种活动并不能完成学科教学目标。可事实真的如此吗？根据分析结果，为了避免项目式学习成为华而不实的"甜品"，我们强烈建议教师在设计项目式学习的目标时，与课程标准对应起来。威金斯（Wiggins, G.）认为，传统的教学设计存在两种误区："覆盖教材内容"和"活动导向教学"，这两种设计共同的盲区在于缺乏对学习目标的澄清，最终只能获得"惰性知识"或"粗浅经验"。[①] 为了在项目式学习中实现理解性学习，基于学习目标和学习结果的逆向设计尤为关键。我们需要明确项目中每个环节的学习目标及最终的预期成果，并根据目标的优先次序，在有限的时间和资源内设计项目式学习的主题与驱动问题。简言之，在项目式学习的设计阶段，我们始终要具备"以终为始"的意识。

---

① ［美］格兰特·威金斯、杰伊·麦克泰：《理解为先模式——单元教学设计指南（一）》，盛群力等译，87 页，福州，福建教育出版社，2018。

　　在制定项目式学习的学习目标时，教师要思考的本质问题是"为什么要开展项目式学习"及"学生应该学到什么程度"。与此同时，还需要不断思考这样一些问题：第一，如何将项目式学习与学科教学进行深度融合？第二，如何通过项目式学习培育学生的核心素养？本节提供了项目式学习中学业发展目标与"CREATE"素养发展目标的基本依据（见图 3-2），并尽可能多地呈现出各类目标可以参照的标准，以期为设计项目式学习目标提供参考。需要说明的是，在设计自己的教学目标时，并非要将所有维度标准全部包含进来，而是根据项目主题的特点及相关背景，选择最为适切的目标。

图 3-2　项目式学习素养发展目标

一、学业发展目标

　　项目式学习的学业发展目标主要围绕课程标准和各学段学科核心素养展开（见表 3-5）。① 当项目式学习成为一种常规的学科教学方法时，必须将国家课程标准作为重要的依据，以学科的核心概念和原理、学科思想方法和学科

────────────

　　① 目前，我国小学、初中、高中学段正式出台了学科核心素养，幼儿园学段可以参照《3—6 岁儿童学习与发展指南》中的五大领域设计学业发展目标，包括语言领域、科学领域、健康领域、社会领域和艺术领域。

素养作为项目式学习的学业发展目标，这也是区别项目式学习与一般实践性活动的重要维度。

表 3-5 基于课程标准的学科核心素养汇总表(高中)

语文	数学	英语	物理	生物
语言建构与应用、思维发展与提升、审美鉴赏与创造、文化传承与理解	数学抽象、逻辑推理、数学推理、直观想象、数学运算、数据分析	语言能力、文化意识、思维品质、学习能力	物理观念、科学思维、科学探究、科学态度与责任	生命观念、科学思维、科学探究、社会责任
化学	历史	政治	地理	通用技术
宏观辨识与微观探析、变化观念与平衡思想、证据推理与模型认知、科学探究与创新意识、科学态度与社会责任	唯物史观、时空观念、史料实证、历史解释、家国情怀	政治认同、科学精神、法治意识、公共参与	人地协调观、综合思维、区域认知、地理实践力	技术意识、工程思维、创新设计、图样表达、物化能力
信息技术	体育与健康	音乐	美术	
信息意识、计算思维、数字化学习与创新、信息社会责任	运动能力、健康行为、体育品德	审美感知、艺术表现、文化理解	图像识图、美术表现、审美判断、创意实践、文化理解	

课程标准的更新在总体上呈现出从关注知识技能走向关注核心素养的改革趋势。[①] 需要注意的是从课程标准到学业发展目标，中间需要进行一定的转换，这是因为课程标准面向的是对学生的总体期望，而学业发展目标则需要考虑实际的教学情境。换言之，学业发展目标是对课程标准的解构与细化，学生学习的内容和程度需要综合考虑项目式学习的主题、时长、资源支持等因素。学科素养不仅关注知识本身，更关注学生在新情境

---

① 邵朝友、周文叶、崔允漷：《基于核心素养的课程标准研制：国际经验与启示》，载《全球教育展望》，2015(8)。

中应用知识的能力、对知识本身的反思及对学科的投入程度与兴趣,这与项目式学习的目标高度一致。我国目前已经明确了高中学段的学科核心素养要求,其他学段可以以国际通用的基础领域素养作为学业发展目标的参考。相关研究对全球核心素养框架的素养条目进行梳理,得出多项基础领域素养,分别为读写素养、数学素养、科技素养、人文与社会素养、艺术素养、运动与健康素养、信息素养、环境素养与财商素养。①

二、CREATE 素养发展目标

我国始终坚持"育人为本、德育为先、能力为重、全面发展"的教育理念。2017 年中共中央办公厅、国务院办公厅印发《关于深化教育体制机制改革的意见》,明确提出在培养学生基础知识和基本技能的过程中,要强化学生关键能力培养。② 2016 年,北京师范大学牵头的核心素养研究课题组发布了《中国学生发展核心素养》总体框架,框架以培养"全面发展的人"为核心,将核心素养分为文化基础、自主发展与社会参与,并将人文底蕴、科学精神、学会学习、健康生活、责任担当、实践创新作为综合表现。从内容可以看出,核心素养框架涵盖了学生应该具备的,能够适应终身发展和社会发展的必备品格和关键能力。③ 事实上,关键能力的专业概念最早出现于职业领域,它指胜任生活工作中不可预见的各种变化的能力。④ 为了更好地应对未来社会的挑战,适应产业结构的升级与终身学习的发展,我国对关键能力的重视已经逐渐渗透至普通教育领域。

21 世纪是聚焦能力培养的全球运动时期,这些能力被世界大多数国家的教育政策广泛认可。尽管如此,许多国家在培养 21 世纪的能力上仍然面临着严峻挑战,以学习者为中心的教学方法是培养 21 世纪的能力的重要基础。国际上对关键能力的解释和界定并不相同,但所强调的核心理念基本

---

① 师曼等:《21 世纪核心素养的框架及要素研究》,载《华东师范大学学报(教育科学版)》,2016(3)。

② 《中共中央办公厅 国务院办公厅印发〈关于深化教育体制机制改革的意见〉》,http://www.gov.cn/xinwen/2017-09/24/content_5227267.htm,2021-08-10。

③ 核心素养研究课题组:《中国学生发展核心素养》,载《中国教育学刊》,2016(10)。

④ 徐朔:《"关键能力"培养理念在德国的起源和发展》,载《外国教育研究》,2006(6)。

一致，即一种可迁移的、通用的跨学科能力，如沟通（Communication）能力、合作（Collaboration）能力、批判性思维（Critical Thinking）、创新创造（Creativity and Innovation）能力（简称 4C）。[①] 我们在 4C 的基础上，结合中国学生发展核心素养，设计了 CREATE 项目式学习素养发展目标模型（见图 3-2）：

（一）批判性思维

批判性思维是 21 世纪最为重要的学习能力之一，是培养创新人才的必然要求，并已成为国内外教育目标的共识。批判性思维的目的是帮助人们学会提问与辨别事件，其核心在于思考、求证与反思。"思考"蕴含着质疑与探究，质疑事件、知识的真实性与唯一性，挖掘"是什么"背后的"为什么"，由此可以看出，思考是提出问题的关键所在。"求证"是在质疑和探究的基础上，寻找可靠的信息来源，并从不同角度用多种证据支撑观点。"反思"是一种二次思维，是对已有思考的再思考。我们在提出自己的问题、阐明概念、得出结论后，需要再次思考上述思维，审思目的是否公正，证据是否充足，结论是否对应假设等。总而言之，培养批判性思维是增强学生学习主体性的关键所在。要做什么，为什么做，怎么做，做完后如何改善等，都需要学习者运用批判性思维。

项目式学习中批判性思维的培养以问题解决为线索，贯穿学习始终。在选择项目主题与提出核心驱动问题阶段，学生能够明确地表达自己的想法、原因，以及项目的目标与意义，对生活现象和学习过程中遇到的问题提出疑问，并建立事物间的关联。在分解项目驱动问题与计划项目任务阶段，学生的批判性思维体现在分析问题、界定与理解核心概念、提出假设等过程中。在解决问题与制作项目产品阶段，需要关注学生的信息收集与应用、推理和论证的能力，鼓励学生用证据支持观点，或在产品中呈现证据元素。在成果展示与总结阶段，关注学生在反思、改进、调整等方面的意识与能力。（见表 3-6）

---

① 艾兴、王坤：《"关键能力"的要义、逻辑及其培养》，载《课程·教材·教法》，2020(1)。

表 3-6 项目式学习中的批判性思维发展目标

项目式学习阶段	批判性思维发展目标
选择项目主题，提出核心驱动问题	①简明扼要地表达自己的想法和观点； ②阐明项目式学习的目标与意义； ③提出问题； ④建立事物间的关联； ⑤跳出常规思维，愿意选择挑战性高的主题和问题
分解项目驱动问题，计划项目任务	①界定与理解核心概念； ②明确核心问题； ③掌握逻辑思维，包括演绎思维和归纳思维； ④提出假设
解决问题，制作项目产品	①提出资料获取需求； ②对事实、信息和论点有独立的判断与评估； ③证据意识，即用证据支持观点，在产品中呈现证据元素； ④对知识进行意义建构； ⑤反思与调整自己的行动
成果展示与总结	①解释与回应质疑； ②反思与改进产品

（二）责任担当

责任担当是素养培育的重要构成，也是项目式学习素养发展目标的核心组成。中华民族传统文化中，有不少关于责任担当的论述，从《周易》的"天行健，君子以自强不息"，到范仲淹的"先天下之忧而忧，后天下之乐而乐"，再到顾炎武的"天下兴亡，匹夫有责"，无不体现中华民族勇于承担责任的优良品质。在学生核心素养的发展中，责任担当体现为社会责任、国家认同与国际理解，侧重于关注宏观层面的责任品质。考虑到项目式学习包含不同年龄层次的学习者，其身心发展状况与认知理解能力存在明显差异，因此我们在责任担当素养发展目标的解读中，增加了微观层面的责任品质，以便为低龄学习者确立学习目标。

具体而言，项目式学习中的责任担当素养发展目标包括生命责任担当、学习责任担当、集体责任担当与公民责任担当四方面。其中，生命责任担当强调对自己及他人的生命健康有担当，这在涉及心理、体育等学科的项目式学习中尤为关键；学习责任担当可以体现在具体的学习事务中，比如，养成良好的学习习惯，制定学习目标与计划，探索学习方法等；集体责任担当表现在集体荣誉意识、规则遵守等方面；公民责任担当强调作为公民所需要具备的素养。一方面，要对身边的环境有担当，例如，保护学校、社区或当地的自然环境与人文环境；另一方面，要在深入理解多元价值观和世界观的基础上思考宏观问题，以及影响人类可持续发展的问题。表 3-7 呈现了项目式学习中责任担当素养发展目标的详细内容。

表 3-7　项目式学习中的责任担当素养发展目标

类别	发展目标
生命责任担当	①树立正确的生命观念，树立人与自然和谐发展的观念； ②培养正确的安全意识和自我保护意识； ③养成健康文明的行为习惯和生活方式； ④加强自我管理，客观地认识自己的优点与缺点，悦纳自我； ⑤勇于迎接挑战，培养积极向上的心态； ⑥面对困难和挫折时能坚持不懈，持之以恒； ⑦积极应对压力和焦虑，以恰当的方式表达自己的情绪
学习责任担当	①端正学习态度，养成良好的学习习惯； ②制定项目式学习中的目标与计划，并积极执行； ③探索适合自己的学习方法
集体责任担当	①有集体荣誉意识，维护集体荣誉，对集体有归属感和认同感； ②有规则意识，遵守项目式学习中的纪律规则、时间规则与集体规则； ③有领导力，能参与集体决策，主动示范引领
公民责任担当	①关切身边环境，如学校、社区或当地的自然环境与人文环境，热爱家乡； ②在深入理解多元价值观和世界观的基础上思考宏观问题； ③有真正的兴趣和能力去解决在模糊和复杂的现实世界中影响人类和环境可持续发展的问题

（三）同理心

同理心是一个心理学的概念。从认知取向上看，它指能设身处地去理解他人想法、为他人着想的心理状态，也是一种角色选择的能力；从情感取向上看，它是一种体验他人情绪并对此做出反应的能力。为什么同理心是项目式学习的素养发展目标呢？

　　首先，同理心的基本动机是利他，即帮助他人且不期待获得奖励与回报，这在项目式学习前期的选择主题阶段十分重要。其次，同理心在交流沟通方面发挥着关键作用，项目式学习要求学生以项目为载体，回应真实的驱动问题，学生以小组合作的形式进行研究与讨论，并最终呈现公开的项目产品或作品作为解决方案。在整个过程中，学生会与不同的人群打交道，包括小组成员、教师与不同的社会群体。关于项目式学习中同理心发展目标的具体内容，可参见表 3-8。

表 3-8　项目式学习中的同理心发展目标

项目式学习过程	同理心发展目标
项目主题选择	①关怀身边的人； ②关怀正在经历苦难的人； ③关注灾难与灾害； ④关切身边不公平的现象
与人交往	①共情与移情，非暴力沟通； ②耐心倾听关于产品的质疑与意见； ③客观表达对他人及他人产品的评价与意见
产品设计与制作	①适应角色扮演，理解对方观点和角色的能力； ②运用设计思维，建立目标"用户"画像，了解真实需求； ③反思与调整意识，寻找消除产品缺陷的解决方案； ④学习相关示范性产品，树立风险意识

（四）真实合作问题解决

　　真实合作问题解决是一种同时包含社会技能（合作技能）和认知技能（问题解决技能）的高阶能力[1]，国际学生评价项目将其定义为个体有效参与到两个或更多行动者组成的团队中，通过分享理解、达成解决方案、发

---

　　① 冯婷婷、刘坚：《协作问题解决素养测评及启示》，载《中国考试》，2018(9)。

挥才智、施展技能，协同解决问题，在此过程中所涉及的一系列能力。其中，合作问题解决的表现方式包括建立与维持共同的理解，采取合适的行动解决问题，建立与维持团队组织；问题解决的过程体现在探究与理解、表征与形成、计划与执行、监控与反馈等认知过程中。[①]

　　事实上，问题解决一直是项目式学习的核心目标，也是部分人将基于问题的学习与基于项目的学习混淆的原因之一。二者的共同点在于，注重培养学生的探究能力，但基于项目的学习更加强调在真实情境中运用知识和技能来解决问题的能力，且在独立探究的基础上，必须通过合作的形式解决问题。这是因为项目式学习中的驱动问题通常会更加复杂，且学习周期相对较长。由此，我们将真实合作问题解决视为项目式学习素养发展目标，并贯穿于项目学习的不同环节中，如表 3-9 所示。

表 3-9　项目式学习中的真实合作问题解决素养发展目标

类别		真实合作问题解决维度		
		建立与维持共同的理解	采取合适的行动解决问题	建立与维持团队组织
项目学习流程	项目启动	了解团队成员的特质、兴趣与能力	学习必要知识，发现解决问题所需的合作交互类型	分配团队角色，建立小组公约
	项目计划与执行	与团队成员交流、讨论	创建任务清单，共同制定目标与计划，承担责任	遵守公约，分工合作，解决矛盾和争端
	项目终结	共同提高作品质量	共同完成产品展示工作	共同应对外界评价
	项目控制	资源管理与共享	阶段性反思	观众与发言意识

（五）技术运用

　　在当今时代，多元渠道增强了人们学习的主动权。但面对繁杂且不对称的信息，收集、整合并准确理解新信息的能力仍至关重要。今天的学生

---

① OECD，*PISA* 2015 *Results*（*Volume V*）：*Collaborative Problem Solving*，OECD Publishing，Paris，2015.

必须能够浏览和评估大量信息，这需要熟练地掌握搜索、阅读与整理技术。项目式学习不仅为学生提供了理解这些信息的机会，而且提供了用学生自己的贡献来扩展这些信息的机会。技术运用是项目式学习素养发展目标中不可或缺的要素，将技术的培养与真实问题紧密地结合在一起，有利于真正提高学生的技术运用能力。

项目式学习中的技术运用包括很多。在数字化时代，读写活动发生了许多变化，一方面，电子阅读使学生接触到更多除纸质文本以外的资料，如视频、音频、图片等。项目式学习的目标之一在于提升学生的读写动机，随着自媒体（如公众号、视频号、空间、微博等）的不断发展，学生可以尝试更多的读写形式与风格。另一方面，读写活动始终处于一种复杂的社会实践情境中，学习者需要依据所处场域决定如何利用技术手段和社会身份去获取信息和输出观点。学习者在项目式学习的过程中会频繁地使用一些信息工具，如文字处理工具、视频处理工具、网页制作工具等，对这些工具的运用能力也会直接影响项目式学习的成效。（见表 3-10）

表 3-10 项目式学习中的技术运用素养发展目标

类别	发展目标
信息技术	①借助自媒体进行个人写作与记录； ②掌握电子资料的整理与归纳方法； ③了解电子学习资源的获取渠道； ④学会使用项目式学习所需的相关软件，利用信息技术呈现学习成果； ⑤学会使用在线协作工具开展合作学习； ⑥具有信息安全常识，了解知识产权并遵守相关法律法规

（六）有效沟通

在现实社会中，任何领域的项目都存在沟通需求，有效沟通尤其重要。无论是言语沟通还是非言语沟通，其目的都是希望被接收，被理解，被接受，或使对方采取行动。沟通的有效性与人们对意义的诠释有关，而诠释意义取决于个人的经验。由于个体经验的差异，沟通中需要换位思考。当学生在团队沟通过程中发生矛盾时，教师不妨引导他们站在对方的角度思考问题。同时，非言语沟通也是印象沟通的重要因素，包括口头文字的非言语部分（如音量、语调、语速、音色等），书面文字的非言语部分

（如排版、字迹、视觉印象等），以及肢体语言、面部表情、外貌衣着等。

沟通素养是全球普遍重视的 21 世纪核心素养之一，几乎所有类型的素养框架都会提到沟通素养。沟通素养包含理解能力与表达能力两个要素，其中理解能力包括深度倾听与深度阅读两个子要素，表达能力包括确定预期目标、清晰组织信息、考虑接收者的特征、符合表达习惯、考虑社会和文化差异、选择合适的沟通途径等子要素。[①] 在欧盟的《面向终身学习的核心素养》中，沟通素养被划分为母语沟通素养与外语沟通素养，其中外语沟通素养是指欣赏文化多样性的能力，并对跨文化交际具有兴趣和好奇心。结合项目式学习的学习流程与特征，可以将有效沟通素养发展目标分为三方面。（见表 3-11）

表 3-11　项目式学习中的有效沟通素养发展目标

类别	发展目标
有效表达	①在讨论阶段和产品的公开展示阶段，能清晰组织信息，掌握演讲能力； ②学会换位思考，在考虑沟通对象的知识、信念和情绪的情况下采取不同的沟通内容与方式； ③提升非言语沟通能力，口头文字的非言语部分（如音量、语调、语速、音色等），书面文字的非言语部分（如排版、字迹、视觉印象等），以及肢体语言、面部表情、外貌衣着等； ④提升功能性写作能力
深度理解	①深度倾听，尊重他人，关注团队成员、教师、专业人员等外部人士发出的信息，并进行反思与反馈； ②深度阅读，仔细阅读指导性文本（如学生指导手册、教师评语等）与材料文本（如专业书籍、研究论文等），在反思的基础上做出适当回应
跨文化交际	①欣赏文化多样性，包容差异和多元，并对跨文化交际具有兴趣和好奇心； ②灵活应对沟通中的未知情形与不确定性； ③使用外语交流，了解不同国家的沟通与表达习惯，传播中国文化

综上，本部分对 CREATE 项目式学习素养发展目标的每个要素进行了详细的解读，呈现了项目式学习素养发展目标的内涵与特点。所有的素养发

---

①　康翠萍等：《沟通素养：21 世纪核心素养 5C 模型之四》，载《华东师范大学学报（教育科学版）》，2020(2)。

展目标要素，最终指向创新创造素养的提升。与传统学习相比，项目式学习为学生提供了更多发挥创新创造能力的空间。在项目式学习中，学生需要创造性地解决真实情境中的问题，这个过程需要他们调动所有的知识、能力与品质，提出有价值的问题，秉持着质疑精神与开放态度，与团队成员一起将想法变成行动，并最终产生原创的观点、方案或作品。（见表3-12）

表 3-12　驱动问题标准表示例

驱动问题	是否达到以下标准
我国地震多发带上的学校应该如何准备应急预案？	☑ 答案不唯一（开放性） ☑ 可提出更多问题（可持续性） ☑ 调动知识、综合能力与高阶思维（挑战性） ☑ 与真实世界相关联 ☑ 符合伦理
请为地震灾区的人们写一封慰问信	☑ 答案不唯一（开放性） ☐ 可提出更多问题（可持续性） ☐ 调动知识、综合能力与高阶思维（挑战性） ☑ 与真实世界相关联 ☑ 符合伦理
①我国的地震多发带涉及哪些省份？ ②地震的原因是什么？	☐ 答案不唯一（开放性） ☐ 可提出更多问题（可持续性） ☐ 调动知识、综合能力与高阶思维（挑战性） ☑ 与真实世界相关联 ☑ 符合伦理

第三节　拟定驱动问题

驱动问题是项目式学习的"灯塔"，好的驱动问题能够激发师生的学习兴趣与探究欲望。然而，提出一个问题有时比解决问题更加困难。尤其是对于一些刚刚接触项目式学习的新手教师而言，设计一个能贯穿项目始终的、兼具真实性和知识性的驱动问题，是整个设计过程中最为"烧脑"的环节。与项目式学习的主题设计一样，当在设计驱动问题时，我们同样需要考虑它是否能够连接真实世界，是否能够连接课程与概念，以及是否能在有限的时间与空间资源下完成学习。本节将着重阐述两方面的内容：第一，什么是高质量的驱动问题；第二，如何设计高质量的驱动问题。

一、何谓驱动问题

驱动问题是项目式学习设计的关键部分，所有的学习和评价环节都应该围绕驱动问题来进行组织，以此促进学生对现象的探索，实现课程的连贯性。为什么要高度重视项目式学习中的"驱动问题"？对于学生而言，驱动问题的主要作用在于帮助学生理解学习的意义，并促使其主动学习和探究。对于教师而言，驱动问题是项目式学习设计的核心，它可以将所有的教学设计串联起来。驱动问题的英文是 driving question，而不是 driving problem。在英文语境中，"question"通常代表主观层面的疑问、提问或质疑，是待回应的问题，而"problem"则代表客观存在的困难、困境、困惑，是待解决的问题。由此，我们也可以为驱动问题下一个简单的定义：驱动问题是引导学生学习和教师教学设计的，贯穿项目始终的回应性问题。

(一)高质量驱动问题的特点

高质量的驱动问题具有什么特点？事实上，已经有很多专业机构和专业人士给出了答案。例如，巴克教育研究所提出，好的驱动问题必须满足三个条件：吸引学生，开放式与契合学习目标。[1] 夏雪梅认为高质量的驱动问题应该指向学科本质，能够引发学生的高阶思考，兼具驱动性与挑战性。[2] 综合诸多观点，以及学校开展项目式学习的实际情况，我们认为高质量的驱动问题应该具备以下特征。

1. 开放性

驱动问题的作用之一在于激发学生强烈的好奇心、求知欲与反思动机，相较于事实性问题，开放性问题通常更容易实现这一目标。一个好的

---

① ［美］约翰·拉尔默等：《"PBL 项目学习黄金标准"——精准教学新方法》，胡静等译，91 页，北京，光明日报出版社，2019。

② 夏雪梅：《项目化学习设计：学习素养视角下的国际与本土实践》，53—57 页，北京，教育科学出版社，2018。

项目驱动问题，尽量不要设计成可以直接回答的问题，或可以通过搜索引擎一键找到答案的问题。如果您细心观察就会发现，开放性问题通常用"如何""怎样""为什么"作为句首，例如，如何帮助公众了解城市里的树木？但是，我们并不能用表述形式来判断问题的开放性，判断问题的开放性应该以是否具有不唯一的答案或表现形式来回应问题为标准，例如，《唐·吉诃德》是喜剧还是悲剧？拼音学习是必要的吗？需要说明的是，核心驱动问题通常不会选择事实性问题，但在问题链中可能会有所涉及。比如：

①哪些海洋生物会自己发光？（事实性问题）

②黑暗中的海洋生物为什么不迷路？（开放性问题）

③《唐·吉诃德》是喜剧还是悲剧？（开放性问题）

④食品添加剂是必要的吗？（开放性问题）

2. 可持续性

高质量的驱动问题一定是具有可持续性的问题，它的目的在于引领学习者进行深度学习和反思，且问题本身能够揭示出某一话题背后的真正价值，具有迁移的可能性。[①] 可持续性的驱动问题有利于培养学习者的"淘金式"思维，并促使学生自发地产生问题。如果按照问题深度进行等级划分，驱动问题应该处于中间的位置，它需要全体学生在自觉理解基础问题的基础上进行回应，对于那些有余力的学生，还可以自主探索迁移问题。比如：

①地球上的水能够让人存活多久？（驱动问题）

②全球的水资源现状如何？（基础问题）

③水对人体健康的作用是什么？（基础问题）

④缺水地区的人们是如何生活的？（迁移问题）

3. 挑战性

驱动问题的设计应该面向所有的学习者，这也是项目式学习与传统学习的重要区别之一。在最近发展区和多元智能理论的指导下，驱动问题的

①　［美］格兰特·威金斯、［美］杰伊·麦克泰格：《追求理解的教学设计》（第 2 版），闫寒冰、宋雪莲、赖平译，上海，华东师范大学出版社，2017。

设计可以更加多元。虽然驱动问题需要具备一定的挑战性，但这种挑战一定是适度的。换言之，驱动问题不能过于复杂或者不能太难回应，否则学生会认为整个项目超出了他们的能力范围，且很容易出现老师或者家长代替学生学习的情况。由于学生的知识基础、学习偏好和认知风格不同，因此他们对于驱动问题的挑战性边界也存在差异。因此，建议教师运用通用学习设计的思维，设计不同梯度的分解驱动问题来满足不同学生的学习需要，确保每个学生都能参与并投入项目式学习中，尤其是聚焦边缘学生的学习需求，帮助他们实现成功的学习体验。

> 对于同一个项目式学习主题，面对不同层次的学生，可以设置不同挑战性的驱动问题。以"垃圾分类"主题为例：
>
> 学前层次：如何呼吁幼儿园的老师和儿童进行垃圾分类？
>
> 小学层次：如何改善学校垃圾未完全分类的现象？
>
> 中学层次：如何设计一个方便盲人的无障碍智能垃圾分类桶？
>
> 大学层次：如何利用机械臂自动分拣垃圾？

4. 与真实世界相关联

处于现实生活中的问题往往能够增强学生学知识和寻求解决方案的动力。试想一下，当我们把驱动问题设置为"我们喜爱的产品，它们真实的价格是多少"时，学生的反应如何。班级同学可能会先热闹地讨论一阵子所喜爱的产品有哪些，并确定几种大家普遍喜爱的产品或品牌；接下来，教师会引导学生进入正式的学习环节：扮演调查记者或研究者的角色，去探究产品的起源、生产、运输等一系列过程；根据产品目标，学生会以研究报告的形式呈现学习成果，并最终制成一本面向公众的科普杂志，报告中包括数学推算、新闻纪实、历史分析等内容。

5. 符合伦理

任何驱动问题都应该是合乎道德的，换言之，回应驱动问题不能对任何人或者事物造成伤害。教师可以借此机会，培养学生的同理心。

表3-12是一个驱动问题的标准表，可以对照表格初步衡量驱动问题的质量。

（二）驱动问题的设计导向分类

驱动问题包含三种主要的设计导向：角色—产品导向、真实场景导向和思辨导向。尽管这些设计导向在表述方式上存在一定差异，但它们都致力于帮助学生将学习与现实世界产生联结：思辨导向引导学生认知和反思世界，角色—产品导向和真实场景导向引导学生去影响世界。下面将分别呈现三种设计导向，以拓展思路。

1. 角色—产品导向

角色扮演容易将学习者带入真实情境中，使其体现出专业性。角色—产品导向的驱动问题习惯于从职业角色的角度出发，引导学生解决不同专业领域中可能面临的问题，如作家、历史学家、艺术家、科研人员、IT 人员等。表 3-13 提供了一些项目式学习中的角色参考。这类驱动问题，通常也会描述产品目标，经常会用到生成、设计、创作、制作等表述。这类驱动问题的任务指向更加明确，往往更容易被年纪较小的孩子接受。下面是一些角色—产品导向的驱动问题举例：

①如何制作一本图文并茂的地方史日历，并推销给当地博物馆用于义卖？

②我们可以为儿童诗集《很黑与很白》设计一个怎样的封面？

③如何创建一个为年轻人所喜欢的图书网站？

④如何制作一份对用户友好的《电流表（操作）说明书》？

⑤如果你是一家之主，如何制作家庭的财务计划来提升生活质量？

⑥如何让漫画动起来？

⑦如何写一本畅销小说？

⑧如何制作一份鸟类科普材料以吸引更多公众参与鸟类保护协会的筹款活动？

⑨作为历史学家，我们如何发现和分享关于家乡的故事，并将它传播给更多的人？

表 3-13　项目式学习角色参考表

□ 教师	□ 教练	□ 历史学家
□ 医生	□ 会计	□ 统计学家
□ 律师	□ 演员	□ 生物学家
□ 记者	□ 运动员	□ 地质学家
□ 社会工作者	□ 安全员	□ 气象学家
□ 导游	□ 程序员	□ 经济学家
□ 编辑	□ 摄影师	□ 动物学家
□ 工程师	□ 电影制片人	□ 插画家
□ 厨师	□ 主持人	□ 评论家
□ 外交官	□ 网页设计师	□ 作家
□ 警察	□ 空间设计师	□ 音乐家
□ 公益人士	□ 政府工作人员	□ ……

2. 真实场景导向

真实场景导向的驱动问题需要更多地依托在地化资源或研学旅行，这类驱动问题的优点在于，学生能置身于熟悉的生活场景中学习与实践，许多活动主题的项目式学习也倾向于选择这种以真实场景为导向的驱动问题。但是，这类问题也存在着明显的局限，需要我们进一步思考该如何修改设计：一是如何将身边的问题与更广阔的世界联系起来，即如何扩大驱动问题的世界视野与社会视野；二是如何将真实场景中的要素与课程标准进行结合。比如：

①如何慰问失独老人？

②如何利用好班级的种植基地？

③如何在学校举办一次有意义的趣味运动会？

④如何成为家乡红色旅游胜地——毛泽东故居的小导游？

⑤如何为国家博物馆设计一条参观线路？

⑥如何帮助外国友人了解我们的学校？

⑦如何向不能来北京实地参观的边远山区小朋友身临其境地介绍故宫？

⑧如何给学校食堂提出优化建议和方案？

3. 思辨导向

在布鲁姆认知目标分类体系中，认知过程从低阶到高阶分为"识记、理解、运用、分析、评价和创造"六个阶段。金塞拉（Kinsella）在此基础上提出了问题认知的七个层级，分别是识记问题、理解问题、应用问题、推论问题、分析问题、综合问题和评价问题（见表 3-14）。根据不同层级的定义，思辨导向的驱动问题指向推论问题、分析问题与综合问题，蕴含着预测、发现、对比、组合、迁移等深层次认知，这要求学生站在更多的角度和立场来思考现实生活中的问题。[①]

表 3-14　问题认知层级及定义

问题层级	定义	举例
识记问题	能够引发事实回答的记忆性问题	辛亥革命发生在哪一年？
理解问题	用于解释和迁移的问题	《纪念刘和珍君》表达的主旨内容是什么？
应用问题	在新的情境中产生的问题	庄子思想在现代社会还适用吗？
推论问题	形成创新结论的问题	一周五天的工作日是必要的吗？
分析问题	整体与部分相互关联的问题	《唐·吉诃德》是喜剧还是悲剧？
综合问题	将多种元素进行重新组合的问题	校服和传统文化之间有联系吗？
评价问题	能够做出评判并给出标准的问题	什么样的书更容易销售？

在真实场景导向中，核心驱动问题的表述主要侧重于应用，但在思辨导向和角色—产品导向的驱动问题，以及驱动性问题链和项目任务的表述中，会涉及洞察、移情与解释。为了丰富教师在设计驱动问题（链）时的语言表述，可以参考追求理解的教学设计（Understanding by Design）所提出的基于理解的表现动词：[②]

①应用层面：构建，创造，消除漏洞，计划，决定，设计，发明，表演，生产，解决，使用等。

---

① 刘浩、孟亚茹、邱鹄：《所提问题认知层级与思辨能力关系的研究》，载《外语教学理论与实践》，2016(2)。

② [美]杰伊·麦克泰、[美]格兰特·威金斯：《理解为先，单元教学设计实例——教师专业发展工具书》，盛群力等译，163 页，宁波，宁波出版社，2020。

②移情层面：假设，想象，开放，考虑，认同，角色扮演等。

③洞察层面：分析，辩论，比较，对照，批判，推论等。

④解释层面：获取，描述，论证，表达，证明，预测，展示，综合等。

二、如何设计驱动问题

设计驱动问题并非易事，若想设计能够满足前文中提到的所有特征的驱动问题，更是难上加难。但如果这些标准让您对设计驱动问题有了"敬畏感"而不愿意动笔，这就违背了我们制定高质量驱动问题标准的初衷。如果您已经有了确定的主题，不妨先"拍"出几个驱动问题，拿给身边的同事和专家看看，或直接将主题情境呈现在学生面前，并与他们一起共创驱动问题，这也是一种重要的驱动问题设计思路，下文会进一步详细地讲解。

如何快速"拍"出初始驱动问题？

①思考确定主题下的核心概念与对应课标；

②结合已有的时空资源；

③查阅近期国内外热点事件；

④模仿案例驱动问题的表述；

⑤与同事、专家商讨。

(一)驱动问题设计的思路

驱动问题是否具有吸引力的关键在于，学生是否能够理解并认同问题。因此，在设计驱动问题时，不妨听听学生的声音，而不是一味地凭借教师的主观意志来设计。当然，我们也不能简单地把学生提出的问题直接作为驱动问题。因为有些问题只是他们一闪而过的想法（例如，怎样帮助蚂蚁搬家），或非常具有个性化的问题。并不是这些问题没有意义，而是它们不适用于作为一个项目式学习的驱动问题来进行探究。

尽管我们一直强调项目式学习中的驱动问题必须和真实世界产生联结，但这并不意味着在真实生活中遇到的所有问题都适合用来做驱动问题。因此，要想设计高质量的驱动问题，关键在于如何将真实生活中的问题转化为驱动问题。在常规教学任务日益繁重的现实情况下，如何基于单元学习提出驱动问题是诸多教师在设计学科项目式学习时的难点所在。接下来，我们将为大家提供驱动问题设计的两种思路：第一种思路是将真实生活中的问题转化为驱动问题；第二种思路是将学科基本问题转化为驱动问题。

1. 将真实生活中的问题转化为驱动问题

正如前文所言，如果想使驱动问题更有吸引力，应该多听听学生的声音，因为他们是学习的主体，而他们自己提出的问题也更能反映出知识盲区。但是，令很多教师困惑的点在于：学生提出的很多真实生活中的问题，似乎很难与教学目标结合在一起，这也是学科项目式学习的难点之一。事实上，驱动问题的提出是一个发散思维与收敛思维交汇的过程。当教师把主题情境抛出来后，学生可能会提出五花八门的问题，这些问题在很多情况下是发散的，没有结构和体系。我们将穿插一个案例来更好地说明这个过程。

在选定主题后，教师设置了一个主题情境，并调查学生感兴趣的真实生活问题。

主题情境：部分同学纪律松散，缺乏团队精神，导致班级连续两周没评上"三优班级"，班级的士气也很低迷。对此，你有什么想法？

> 收集到的学生想法包括：
> ①为什么有些同学总是调皮捣蛋？
> ②纪律松散体现在哪些地方？
> ③哪些纪律应该遵守？哪些纪律是不合适的？
> ④该怎样对待那些没有团队精神的同学？
> ⑤"三优班级"的评选标准是谁定的？
> ⑥士气低迷的原因有哪些？
> ……

对这些真实问题进行梳理，可以发现学生提出的问题主要围绕"纪律"和"团队"而展开，但并没有《制定班级公约》来建立直接联系，也缺乏一个可以行动的抓手。为此，教师可以进一步提出引导性问题："想知道哪些纪律不合适吗？士气低迷的原因有哪些？可以采用什么方法呢？"此时，学生的思路会进一步收敛到调查和统计中，这已经与四年级的数学课程内容"条形统计图"建立了联系。接着，教师提出了第二个引导性的问题："我们应该怎样优化班级的纪律，增加班级的士气呢？"这时，学生可能会提出各种优化方案，比如，制定规章制度，加强学生自治管理，开展团建活动等。

通过两次引导性问题的收集，教师将碎片化的问题整合成核心驱动问题：如何制定一份班级公约，提升班级士气呢？在这个驱动问题里，既联系了统编教材五年级上册《语文》第一单元口语交际"制定班级公约"，统编教材四年级上册《道德与法治》第一单元"我们的班规我们订"，以及统编教材四年级下册《数学》第八单元"条形统计图"中的课标内容，又兼顾了学生探究精神、合作精神、动手能力、信息技术等方面的素养培育，且最终的产品也指向解决真实班级生活中的问题。更为重要的一点是，整个驱动问题的制定过程是学生和教师共同完成的，这对于学生理解项目意义很有帮助。（见图 3-3）

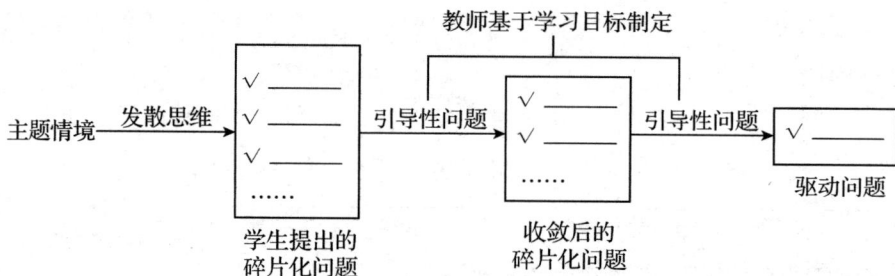

图 3-3　驱动问题设计思路

2. 将学科基本问题转化为驱动问题

在追求理解的教学设计中，大概念与基本问题总是配套出现的。从学习内容的角度来看，大概念指跨学科或学科中"核心的概括性知识"，即依赖于事实性知识与概念性知识相互作用的，能够跨时间、跨文化、跨情境、可迁移的知识。① 按照学科属性划分，我们可以将大概念分为两类：

———————————

① 王荣生：《事实性知识、概括性知识与"大概念"——以语文学科为背景》，载《课程·教材·教法》，2020(4)。

学科性大概念和跨学科性大概念。学科性大概念关照学科本质和单元主题，跨学科性大概念则是对知识的一种综合性理解，且跨学科性大概念可以通过学科性大概念交叉来获得。因此，我们建议教师从擅长的学科入手，寻找学科性大概念与配套的基本问题。为了更好地理解大概念，教师应该掌握大概念的具体描述。

对于学生而言，大概念是较抽象的，基本问题则是对大概念的揭示和理解，以帮助学生进行持续探究。尽管基本问题指向学科的核心思想和核心内容，但它却是一个相对的概念，因为它取决于教师的使用意图与学生的接纳程度。因此，一些在教师看起来是"显而易见的事实"，可能成为学生愿意持续探究的"大概念"。表 3-15 是对部分学科的大概念（具体描述）与基本问题的举例。

表 3-15　学科大概念的具体描述与基本问题示例

类别	语言	STEM	艺术	社会科学
大概念的具体描述	非连续性文本阅读是一种实用性阅读	正确的数学答案并不一定是解决现实问题的最好方法	设计是创造的过程	在自由市场中，价格会受到供需关系的影响
基本问题	非连续性文本在当代社会具有怎样的应用价值	如何确定最大收益	在我们的世界中，如何创造秩序和美	如何合理定价
大概念的具体描述	说理要有针对性	利用"场"可以解释物体对周围一定距离的物体产生作用	艺术源于生活	科技是第一生产力
基本问题	如何做到以理服人	如何用引力场解释行星运行轨迹	怎样从自然中获得艺术灵感	新一轮科技革命是如何影响人类生活的
大概念的具体描述	理解文化是学习语言的基础	生物的本能是生存	故事反映出情感	中华民族具有"多元一体"的特征
基本问题	如何透过语言了解文化	离开人类同胞，我们还可以生存吗	在生活中，为什么故事很重要	如何促进民族团结

如果说项目式学习的主题选择是基于大概念设计的，那么驱动问题则可以基于大概念延展出来的基本问题进行设计。对于高年级的学生而言，一些基本问题也可以直接作为驱动问题，例如，"如何从自然中获得艺术灵感？""如何用引力场解释行星运行轨迹？"由于基本问题较为抽象和深奥，因此，在很多时候并不能直接拿来作为驱动问题，尤其是对于低年级的学生而言。此时，教师可以通过对基本问题进行"包装"，来增强驱动问题对学生的吸引力。以表中的基本问题为例，若将"如何确定最大收益？""新一轮科技革命是如何影响人类生活的？""在我们的世界中，如何创造秩序和美？"等基本问题综合，结合身边的真实情境，可以将驱动问题设计为："港珠澳大桥建得值吗？"这里的"值"成为一个新的概念，它会涉及数学、地理、政治、历史等学科中多个核心概念，进而开展跨学科的项目式学习。

> 如何增强驱动问题的吸引力？
> ①强化问题的真实感与意义感；
> ②让学生跳起来能"够得着"的问题；
> ③基于学生原有的学习经验或实践经历；
> ④与时代热点紧密相关；
> ⑤对问题的描述清晰和具体；
> ⑥问题的答案或表现形式不唯一；
> ⑦为公平而设计，满足不同学生的学习需求。

（二）驱动性问题链设计：核心驱动问题的分解

驱动性问题链的意义在于揭示学习过程，引导学生养成回应问题的逻辑思维，掌握获取知识的方法，并不断提出新的问题。项目式学习在本质上是一种任务驱动的学习，这意味着教师可以将教学内容隐含在一个或几个有代表性的任务中，每项任务对应一个子问题。由于子问题具备更多的引导功能，所以子问题的设计会更加贴近具体情境和学习者的角色身份。尽管在前文中，我们多次提到，高质量的驱动问题一定是师生共创的，但驱动性问题链的设计，却更多地落在了教师身上。这是因为在设计问题链时，教师需要对学生的学情和教学内容做详尽的分析，包括学生的学习能力和已经掌握的知识技能、教学价值、课堂教学限制因素、情境信息开放度，以及问题的顺序、结构和水平。

我们可以把驱动性问题链理解为核心驱动问题的具体化过程，可以包含导入式问题、展开式问题、总结式问题、反思性问题等多种问题类型。对于产品导向的核心驱动问题（驱动性问题链示例中的例1、例2），可以先设置一些认知层面的问题，只有在理解"是什么"和"为什么"的基础上，才能更好地思考"如何做"的问题。后期的问题则可以围绕产品及公开方式来展开，为学生提供参考性的学习方案。在分解真实场景导向和思辨导向的核心驱动问题时，还需要设计引导学生完成产品的问题，如例3。[①]

驱动性问题链示例

例1　核心驱动问题：如何以匹诺曹为原型，策划一出戏剧?（小学）

分解驱动问题1：匹诺曹都经历了哪些有趣的故事?

分解驱动问题2：如何为演员分配角色和台词?

分解驱动问题3：如何通过表演展现戏剧中的张力?

分解驱动问题4：如何利用有限的材料完成道具制作?

分解驱动问题5：如何制作宣传方案，吸引更多的人来观看戏剧?

例2　核心驱动问题：如何编写一则读者喜欢的推理故事?（初中）

分解驱动问题1：为什么很多人喜欢推理故事?

分解驱动问题2：好的推理故事是怎样的?

分解驱动问题3：我们怎样才能写出读者喜欢的推理故事?

分解驱动问题4：如何有效地与社区成员分享我们所写的推理故事?

例3　核心驱动问题：国际媒体能告诉我们世界上正在发生什么吗?（初中）

分解驱动问题1：世界正在发生什么?其中哪些是我们想更多了解的?

分解驱动问题2：关于这个问题，新闻媒体告诉了我们什么?

---

① 胡久华、郇乐：《促进学生认识发展的驱动性问题链的设计》，载《教育科学研究》，2012(9)。

分解驱动问题 3：世界各地对这一问题的报道有何不同？为什么？

分解驱动问题 4：我们如何用一种吸引人的形式，对这个问题进行深入、全面的报道？

例 4　核心驱动问题：我们如何呼吁大家保护当地的水域？（高中）

分解驱动问题 1：水域中有什么？

分解驱动问题 2：我们可以收集何种数据来了解水域？

分解驱动问题 3：当地水域的实验结果告诉了我们什么？

分解驱动问题 4：我们如何有效地呈现所有结果？

分解驱动问题 5：我们能做些什么来提升汇报水平？

第四节　设计实施方案

在设计项目式学习实施方案时，请务必记住以下两条原则：

第一，完备原则。尽管项目式学习重视培养学生的自主学习能力，但这并不意味着教师可以"完全放手"。相反，在我们的观察中，教师在设计项目式学习实施方案时的工作量通常要远大于平时的备课量。这是因为，项目式学习的实施方案，不仅要提供充足且适宜的学习支架与资料包，还需要考虑时间进程、人员安排、学习场地、外部对接支持、沟通成本、产品形式等多种因素。为了保证项目式学习在实施过程中能够有序推进，制订尽可能详细和完备的项目式学习实施方案十分必要。

第二，灵活原则。项目式学习的实施方案设计是一个动态调整的过程。在项目式学习中，学生有可能生成很多新问题，在时间和其他条件允许的情况下，教师也可以适当调整学习方向和内容，或将反思记录在下一次的迭代方案中。那些涉及研学旅行或需要外出的项目式学习，还可能会受到一些外部因素的影响，如天气因素、安全因素、人为因素等。因此，我们在全力以赴地设计主方案的同时，对于一些容易出现问题的环节，也要做好备选方案的准备。

> 由于场地的限制，Y校的集体入项活动安排了一部分学生在学生活动中心现场参与，一部分学生在教室看实时直播。在直播过程中，设备突然损坏，年级组决定实施应急方案，为在班级的孩子替换成观看内容相近的纪录片，这有效地解决了由外部因素导致的入项活动缺失问题。

一、设计项目任务

为了帮助学生回应富有挑战性的驱动问题，我们可以将一次完整的项目式学习分解成若干任务。基于驱动问题的项目分解任务，能够进一步降低学习的难度与问题的复杂程度，提升实施中的可操作性。因此，在项目式学习实施方案中，项目任务的分解是不可或缺的一环。

(一)项目式学习与任务学习

事实上，项目式学习和任务驱动学习都是建立在建构主义理论基础上的教学模式。从概念上来看，项目式学习以整体性的项目为主线，其教学活动配合项目执行的过程而开展，最终成果以产品的形式来呈现，任务驱动教学以完成任务作为教学活动的中心，学习目标明确，有利于学生形成完成任务的动机驱动。从组织形式来看，项目式学习倾向于以团队的形式开展学习活动，鼓励学生通过小组合作和合理分工完成项目，而任务驱动可以让学生以小组或者个人的形式来进行学习，有些任务不会要求小组有明确分工，即小组成员可以共同进行相同操作或技能的学习。在学习周期方面，项目式学习的周期相对较长，通常持续一周以上，多则数周、一个学期或一个学年，这取决于项目的复杂程度，但任务通常对应具体的知识点，小型的任务或许在一课时或几课时内就能完成。在实施步骤上，项目式学习在任务驱动的基础上还涉及学习计划的制订，以及学习成果的展示。[①]

尽管项目式学习与任务驱动教学在核心概念、培养目标、组织形式、学习周期、实施步骤等方面存在一定的差异，但两种模式的有机融合有利于形成优势互补，这既提升了在课时内完成课标学习任务的可操作性，也引导学生自主设置学习计划，在充满挑战的项目中实现知识的自主建构。基于驱动问题的项目任务分解是一种有效的融合策略，基于学生认知程度

---

① 董艳、杜宣萱、郭育晖：《项目学习与任务驱动之差异分析》，载《教育》，2019(13)。

和项目式学习目标的不同，项目式学习中的任务比重可以灵活调整。在前文中，我们谈到了"驱动性问题链设计"，而项目任务则是对每个分解驱动问题的进一步描述，它能帮助教师和学生对具体要做的事情有更加清晰的认知。接下来，我们结合具体的案例来理解：如何基于驱动问题进行项目任务的分解。

（二）基于驱动问题的项目任务分解

在时间有限、人数规模较大的情况下，有时需要将学生划分成不同角色的组别（具体的分组策略将在后文呈现）。相对于驱动问题，任务的描述一般会更加具体，例如，通过完成整本书的阅读来回应匹诺曹都经历了哪些有趣的故事；为了展现匹诺曹的形象，可以通过剧本创作的形式来更好地实现目的。学生的年龄越小，任务的描述就要越具体。反之，当学生已经具备了一定的设计和规划能力时，应该在任务内容和时间安排等方面给予他们更大的自由度。细心的教师或许会发现，我们在陈述项目的主任务时，尽可能采用对于学习者而言具有创造性行为的表述，为激发学习者的创造性留出空间。（见表 3-16）

表 3-16　"一出好戏"项目式学习（小学二年级）

核心驱动问题	最终产品		总时长
如何策划一出戏剧，演出我心中的匹诺曹	《木偶奇遇记》戏剧表演		5 周
分解驱动问题	主任务	具体任务	时长
匹诺曹都经历了哪些有趣的故事	完成整本书阅读	①发布共读任务，形成阅读小组；②指导学生完成整本书的阅读	3 周
如何展现我心中的匹诺曹形象	完成剧本创作	①学习剧本撰写；②形成通用剧本	1 周
①导演组：如何为演员分配角色和台词？②演员组：如何通过表演展现戏剧中的张力？③道具组：如何利用有限的材料完成道具制作？④宣传组：如何吸引更多的人来观看戏剧	策划一次有吸引力的戏剧表演	①开展入项活动，通过角色竞选，将学生分成导演组、演员组、道具组和宣传组；②分组学习、练习，并形成相应的作品；③制作海报，个性化门票	1 周

对于那些十分贴近真实生活的项目式学习，任务的分解逻辑会更加贴近现实的工作逻辑。对于"如何开一家满足父母需要的咖啡厅"这样一个项目（见表 3-17），主任务包含了选址、装修、收集设备材料、制作产品、运营等环节。项目式学习的周期较长，学生有充足的时间完成对应的任务，并学习相匹配的内容。这是一个包容性很强的项目，涉及教学统计、思维导图、艺术设计、汉字认知、3D 打印笔的运用、蒙氏分数的概念、前书写、认识符号等多种学生在日常课程中接触过的知识与技能，每一个任务都对应着不同的学习目标。

表 3-17 "荣鼎咖啡厅"项目式学习（幼儿园大班）

核心驱动问题	最终产品		总时长
幼儿园附近没有咖啡厅，可是老师和爸爸妈妈们总是习惯每天喝一杯咖啡提神，怎样才能开一间咖啡厅满足他们的需要呢	咖啡厅开业运营		3 个月
分解驱动问题	主任务	主产品或成果	时长
咖啡厅需要哪些前期投入	选址与装修；收集设备与材料	设计招牌，软装涂鸦，设计装饰画，收集园内已有设备	4 周
咖啡厅应该生产哪些产品	制作咖啡厅产品	整理配方表，制定菜单，学习果茶制作	2 周
咖啡厅运营时的工作有哪些	运营咖啡厅	点单服务，送外卖，记账，算账	4 周

二、设计学习支架

我们在设计项目式学习实施方案时，必须要思考，甚至预见自己和学生可能会遇到哪些挑战，会在哪个环节遇到阻碍。试想一下，当项目的引入是一些晦涩难懂的知识时，会有多少学生对此产生兴趣；当项目产品建议的展示方式是学生从未接触过的时，又有多少学生能够自信从容地完成项目式学习。作为一名项目式学习教师，有必要为学生提供获得知识和方法的脚手架。

为什么要在项目式学习、任务驱动教学等基于建构主义理论的教学中提供学习支架？这是因为主动学习和问题解决的过程需要消耗认知资源，教师设计学习支架的直接目的就在于降低学生的内、外认知负荷。基于斯威勒(Sweller)的认知负荷理论，学习者会在理解学习任务中不同要素及要素之间的关系时产生认知负荷，包括内在认知负荷、外在认知负荷和关联认知负荷。[①] 学生在学习过程中的认知负荷是其对学习任务、时间压力及责任的一种知觉与体验。认知负荷的高低取决于教学元素与学习无关的程度，当元素与学习的关联程度越高时，加工时需要耗费的多于认知的资源就越少，且图文结合的呈现有利于降低认知负荷。[②]

(一)支架设计原则

为了降低学习者的认知负荷，在设计项目式学习的学习支架时，应该注意以下几点：

第一，避免冗余材料和信息。许多教师希望为学生提供尽可能丰富的拓展材料，将"学习线"作为完全主导，而忽视了"项目线"的作用。那些不能直接帮助学生完成项目的材料有时可能会阻碍他们实现目标，也会影响学生项目参与的积极性。因此，我们建议教师避免为学生提供过于烦冗的、内容重复的学习支架。

第二，合理排序材料和信息。材料和信息能够在不同阶段分批呈现，有利于降低学习者的内在认知负荷。因此，在项目式学习的不同实施环节中应分别设计和呈现相对应的学习支架，最大限度地降低学生的内在认知负荷。同时，将关联信息捆绑也有利于降低学习者的注意分散。

第三，要考虑学习者的最近发展区和认知发展特征。学习者的专长水平是影响其认知负荷量的直接因素。学习支架的设计应该建立在学习者原有认知结构的基础上，并适当呈现学习者已经熟悉的元素。教师在设计学

---

① Sweller J., "Element Interactivity and Intrinsic, Extraneous, and Germane Cognitive Load," *Educational Psychology Review*, 2010, 22(2)。

② Deason R. G., Nadkarni N. A., Tat M. J., et al., "The Use of Metacognitive Strategies to Decrease False Memories in Source Monitoring in Patients with Mild Cognitive Impairment," *Cortex*, 2017, p. 91。

习支架时，应善于利用先行组织者，即学习任务之前呈现给学习者的引导性材料，以帮助学生利用熟悉的材料来解释、整合和联系当前材料。一般而言，先行组织者包括定义、概括和类推三种类型，教师可以根据学习者的实际水平提供不同类型的先行组织者，以帮助学生理解和完成项目式学习的每个环节。

第四，设计多通道的学习支架。感觉通道效应表明，不同感觉通道的信息加工可以减少外在的认知负荷。在项目式学习中应设计多通道（包括视觉通道、听觉通道、运动觉通道等）的学习支架，如文字、图片、视频、讲座、亲身体验，使学习者通过多种感官接收有效信息。

看到这里，或许一些教师已经了解在设计项目式学习的学习支架时应该注意些什么。但是，究竟该搭建哪些支架？请继续往下看。

（二）支架类型及示例

项目式学习的过程就像爬山，选择不同的路线和时间，看到的风景也会不同，登山的高度也会有差异。为了帮助大家在终点集合，设计师应该提供景点介绍、路线图、登山工具，以帮助爬山者既能根据自己的喜好和能力选择合适的路线和工具，又能最终顺利到达山顶。比喻中提到的景点介绍、路线图和登山工具可以对应为项目式学习支架的三种表现形式：范例支架、内容支架与方法支架。

范例支架是向学生提供符合学习目标的产品（或阶段性成果）的例子，例如，在《未来教室设计师》的项目式学习中，教师要求学生提供未来教室的设计方案。在学生进行设计之前，教师呈现了一个"空间设计"的范例，包括平面图、设计理念说明、空间功能说明、经济成本估算等内容。相信学生通过这个范例，能够清楚地理解自己的产品应该包含哪些内容。

在内容支架方面，如果想将项目式学习作为"主菜"而非"甜点"，教师必须将学科知识、学科思维与方法嵌入项目式学习中。在项目式学习的实施过程中，入项启动和知识准备阶段需要教师提供大量的知识支架，目的是帮助学生进行学科知识的整合，加强解决问题的针对性。知识支架的类型有很多，既包含知识本身，如原理解释、概念界定等，也包含潜在的知识资源库，如相关的网站、书籍，可访谈的专家等。在一次"跨文化交流"主题的项目式学习中，学生在项目中需要反复使用对比的方法。因此，教师为学生提供了多种对比的思路，如求同法、求异法、纵向对比、横向对比、相对对比等，且不同材料的对比点也有所差异，例如，在文字材料中，对比点可以是文章内容、语言表达、写作技巧等；在数据材料中，对比可以涉及同比、环比等概念，或相对数与升降趋势等。

此外，专业思维亦可作为一种重要的知识支架。当我们面对的驱动问题直接以专业身份展开时（例如，作为历史学家，我们如何发现和分享关于家乡的故事，并将它传播给更多的人？），不妨为学生提供一种专业上的思路，帮助学生尝试开展专业性的行动，这甚至可能对他们未来的专业选择和职业规划产生影响。在上面的例子中，教师引领学生用历史思维和历史方法开展行动，其中历史思维包含着对过去的反思性思维、对现实的辩护与批判性思维、面向未来的创新性思维；历史方法则包括考据法、计量史学、口述史学、比较史学、心理史学、跨学科史学等。这些知识支架拓宽了学生对历史的认识，从思维到方法不再局限于学生的课本所学，能有力地支持学生回应驱动问题。

在方法支架方面，项目式学习经常会涉及问卷调查、访谈、查阅资料等活动，教师应该根据学生的实际情况提供相适应的方法支架。对于不同认知发展阶段的学习者而言，同一活动的支架内容存在明显区别。以访谈为例，对于中低年级的学生而言，教师可能需要帮助学生澄清访谈目的，为学生提供参考性的访谈提纲、帮助选择和确定受访对象与受访时间等；对于高年级的学生而言，教师提供的方法支架将会更加具体，以帮助学生更好地应对访谈情境中容易出现的细节性问题，例如，访谈者可涉及的隐私限度应该在哪里？访谈时是否要注意受访对象的肢体语言？

为了帮助大家打开设计方法支架的思路，我们来介绍一些关于合作的方法支架，这些支架具有很强的通用性，希望能对教师实施方案设计提供帮助。需要说明的是，这些方法支架并不一定要在项目实施过程中都提供给学生。教师可以在日常教学中有意识地培养学生在这些方面的能力，以节省学生在项目式学习过程中的训练时间。

项目式学习要合作完成。基于塔克曼（Tuckman）的合作学习小组生命周期模型，小组学习一般要经历组建期、震荡期、规范期、成效期与休整期五个阶段，处于不同阶段的项目小组可能会遇到不同的问题。在组建期，教师应该为学生提供任务职责和行为规则导向的支持；震荡期的群体成员可能会出现受支配或沉默现象，群体成员只有在一致转移到问题解决时，才能顺利过渡到下一阶段，此时教师应适时提供一些情绪应对和冲突处理策略，如尊重、共情、倾听等；在规范期，成员关系具有了更强的凝聚力，这个阶段是观点表达和交换的最佳时期，有效的沟通技巧能够增加交互质量；成效期的成员已经有了很大自信，更加投入问题解决中，教师可以进一步引导项目小组开展建设性行动，确保项目式学习能够顺利完成；至于休整期，小组成员需要应对终止的情感和对团队的反思与评价。（见图 3-4）[①]由此，教师可以在基本交互、建组技术、过程激励、交互技能、冲突处理等方面给予合作学习的方法支架支持。在后文，我们还将具体介绍一些促进合作和沟通的实用性工具。

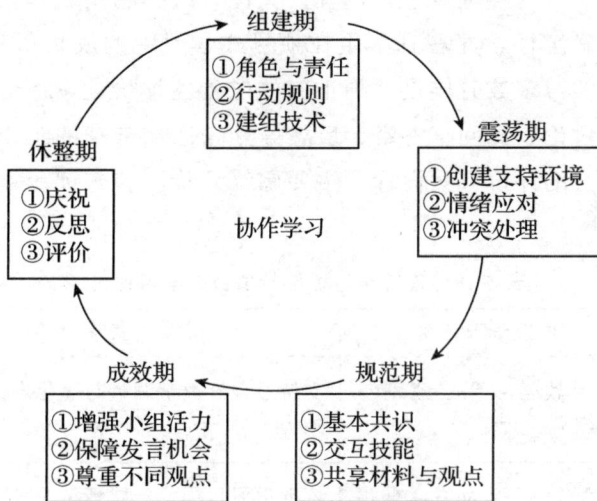

图 3-4　协作学习的五周期

---

① Tuckman，B. W.，Jensen，M. A. C.，"Stages of Small-Group Development Revisited,"*Group and Organization Studies*，1977(2)。

第五节　设计评价方案

在项目式学习中，评价的目的是让教师获得"教到什么程度"的证据，它与学习目标是紧密相连的。对于学生而言，评价的意义在于帮助学习者从不同的角度看待他正在做的事情，学习者期待通过评价获得更多的反馈。为了保证学生能够实现学习目标，教师必须清楚地意识到教学过程中应该关注学生哪些方面的表现，以及关注设计何种项目任务来提升学生的素养。

与传统评价不同的一点在于，项目式学习的评价融入整个项目中，即对学习进度和学习内容进行一种过程性关注，这有利于教师及时应对项目式学习中的不确定性，并看到学生在项目式学习中的成长历程（表 3-18）。同时，项目式学习多数时候是一种正向的改善性评价，它不会否定任何工作，而会通过讨论、提问、答辩、反思等方法优化未来的工作。本节内容指向项目式学习的评价方案设计，主要围绕评价内容与评价量规等方面进行阐述。

表 3-18　传统学习评价与项目式学习评价

评价项目	传统学习评价	项目式学习评价
评价目的	检测教学效果；甄别与选拔	支持过程性教学调整与优化，提升学生学习动力
评价方式	以纸笔测验为主，重视等级、排名等量化评价	依据学习目标，开展真实的表现性评价、过程性评价等多元评价
评价内容	知识的记忆、理解与运用	对学科知识的掌握与理解程度、核心素养发展水平、社会情感品质、项目产品质量等
评价主体	以单一的教师评价为主	多元评价主体，如学生、教师、家庭、专业人士、社区人员等

一、评价量规如何设计

在项目式学习中，量规是使用频率较高的重要评价工具。作为一种结构化的评价工具，量规具有重要的评价、指导、管控和改善学习行为的作用。与标准化测试不同，量规的描述一般更加准确、清晰，量规的公开呈现通常出现在学习之前，以评促学。

(一)量规基本要素

一个完整的项目式学习量规应该包括以下要素：

评价主题：围绕学生、教学或产品选择相对应的评价主题。

评价内容：或称评价指标，指对学习目标、课程标准等内容做出进一步细化的衡量。

权重设置：如果评价内容包含多方面，则需要对不同评价内容设置权重，以此凸显项目式学习目标的侧重点。

评价等级：在同一个评价指标中，针对不同的程度描述，设置评价等级。等级表述的方式可以用优秀、良好、中等等词汇表示，亦可选择用字母、图表等形式表达。

评价主体：设计量规时应充分考虑使用量规的评价主体，如果量规用于学生自评或互评，则应充分考虑评价内容和等级程度描述的易理解性，结合项目式学习中的真实事件，避免评价量规过于抽象。

评价方法：简要说明量规的使用阶段及如何确立评价等级。

在设计项目式学习的评价量规时，可以遵循一个基本思路：首先，明确项目式学习的学习目标，包括课程教学目标、核心素养目标、社会情感目标、产品目标等。其次，针对不同学习目标和内容，选择适切的评价方式，评价量规通常更适用于表现性评价与过程性评价。然后，选择学习目标中的内容作为评价指标，并根据重要内容确定指标的权重。例如，在学科性较强的项目式学习中，如果着重关注课程教学目标的完成情况，则应在量表评价指标中凸显核心知识概念等方面的内容。在确定完评价指标与权重后，可用尽可能详细的、可操作性的语言说明每个评价指标的具体评价标准。最后，根据量规的使用情况对其进行反馈与迭代。

（二）常见量规类型

项目式学习的评价量规主要用于对学生的学习表现、学习成果以及项目式学习的整个过程进行评价，主要包括四种类型：第一类为学科量规，该类量规旨在了解学生对相关学科核心概念的理解程度、对学科结构的把握程度以及学科思维的发展水平等；第二类是素养量规，旨在对学生的批判性思维、沟通技能、团队合作能力、创造力与创新力、跨文化理解力、问题解决能力、社会情感品质等方面进行考察；第三类是产品量规，这类量规既可以对产品本身进行评价，也可以对产品的公开展示成效进行评估，在必要的情况下，产品量规可以与专业人士一起共同设计；第四类是项目量规，这是一种整体性的量规，用于系统性地评价项目式学习的各个环节，包括教师的教学设计与实施，以及学生的学习效果等。（见表 3-19）根据量规的详尽程度，一般可以分为整体性量规和特征法量规，二者的区别主要在于是否对评价指标进行二级指标的区分。整体性量规直接生成分数或等级，用于简单评判产品或表现；特征法量规则适用于分析复杂维度，帮助学生理解评价的依据，以期在后期做进一步的改进，故而特征法量规具有重要的反馈作用。

表 3-19　项目式学习评价量规分类表

量规类型	性质	内容
学科量规	特征法量规、整体性量规	了解学生对学科核心概念的理解程度、对学科结构的把握程度，以及学科思维发展水平等
素养量规	整体性量规	了解学生的 6C 素养、问题解决能力、社会情感品质等方面的能力水平
产品量规	特征法量规	以与产品对应专业的视角制定量规，旨在帮助学生发现自己的特长，提升学习动力
项目量规	整体性量规、特征法量规	对项目式学习中的全要素和全流程进行评价

二、评价什么

随着评价理念的发展，教学、评价与标准的一致性越发受到重视，课程标准是教学与评价的依据，亦可通过评价来判断教学是否基于课程标准，最终的目的指向学生的学习成绩提升。在以终为始的项目式学习设计中，评价内容与学习目标内容必须保持高度一致。项目式学习的评价方案可以涉及学生表现、阶段性产品、教师表现、项目运行等方面，对学生的评价应该与学习目标对接，对项目的评价应该与学习环节对接，对产品的评价则可适当借助专业支持。至于评价工具和评价方法的使用，则需要根据具体的评价目的和实施情况来决定。项目式学习的评价方法是多元化的，一个完整的项目式学习评价可以由多种评价方式组成。许多好的评分标准通常简单明了，尤其是在表现性评价的过程中，此时的评价标准只有两个："做到了"或"没做到"。[①]

(一)评学生：与学习目标对接

回顾本章第一节关于项目主题的选择和第二节关于项目式学习目标的确立，可以发现项目式学习的本质特征之一就是将学科课程目标中的知识与能力培育嵌入项目式学习中，这种学科特性使项目式学习区别于单纯的综合实践活动。因此，在评价项目式学习中的学生表现时，首先要关注的是学生学业发展目标的达成，这部分的评价内容通常与课程标准结合在一起，如表 3-20 所示。在这部分，我们建议教师将该表与课程标准中的学业质量标准进行匹配，该标准依据学科核心素养将学业质量划分为不同水平，并描述了不同水平学习结果的具体表现。

表 3-20　项目式学习学生学业发展目标评价内容

项目主题	课程标准	学习目标	评价内容
揭秘非法"校园贷"	数学:[②] 1. 通过生活中的实例，理解等比数列的概念和通项公式的意义。 2. 能在具体的问题情境中，发现数列的等	1. 掌握并灵活应用等比数列通项公式等有关知识，能用函数的观点去研究等比数列的性质，并能从实际问题中抽象出等比数列模型进行研	1. 等比数列的概念、等比数列通项公式的原理、等比数列的性质和其与指数函数的关系的掌握程度。

[①] ［美］鲍勃·伦兹、［美］贾斯汀·威尔士、［美］莎莉·金斯敦：《变革学校：项目式学习、表现性评价和共同核心标准》，周文叶、盛慧晓译，76 页，长沙，湖南教育出版社，2020。

[②] 中华人民共和国教育部：《普通高中数学课程标准(2017 年版 2020 年修订)》，38 页，北京，人民教育出版社，2020。

续表

项目主题	课程标准	学习目标	评价内容
揭秘非法"校园贷"	比关系，并解决相应的问题。 3. 体会等比数列与指数函数的关系。 政治：① 比较各种常见的投资理财方式；探讨投资理财风险的管控与规避，合理确定投资理财组合，树立正确的财富积累观念	究，以解决实际问题，并进行数据分析，以说明问题。 2. 了解贷款的基本原理，培养学生的理财能力。 3. 培养学生理性消费观念，树立"天上不会掉馅饼"的价值观，提高对非法校园贷的防范意识	2. 对贷款基本原理的理解程度。 3. 理性的理财和消费决策观念。 4. 对"校园贷"受害案例和防范手段的了解程度
设计室内自动浇花装置	物理： 1. 探究并了解液体压强与哪些因素有关。知道大气压强及其与人类生活的关系。② 2. 观察并能识别常见的电路元器件，了解它们在电路中的作用。 3. 能分析和解决家庭电路中的简单问题。③ 生物： 探究和认识植物的光合作用、呼吸作用、蒸腾作用④	1. 了解虹吸现象及其原理和实质：由液体压强和大气压强将开口高一端的液体压入开口低的一端。 2. 连接电路，了解电动机的功能、电子式定时开关的功能。 3. 理解植物根部吸水作用，理解植物蒸腾作用原理。 4. 掌握基本程序设计技术	1. 对虹吸现象、液体压强和气体压强的理解程度。 2. 对电路图与电子式定时开关使用的掌握程度。 3. 对教室植物需水属性的了解程度。 4. 对算法和计算机程序的基本概念的理解程度。 5. 对程序执行结构的理解程度

---

　　① 中华人民共和国教育部：《普通高中思想政治课程标准(2017年版2020年修订)》，33页，北京，人民教育出版社，2020。

　　② 中华人民共和国教育部：《义务教育物理课程标准(2022版)》，16页，北京，北京师范大学出版社，2022。

　　③ 中华人民共和国教育部：《普通高中物理课程标准(2017年版2020年修订)》，19页，北京，北京师范大学出版社，2022。

　　④ 中华人民共和国教育部：《义务教育生物学课程标准(2022年版)》，19页，北京，北京师范大学出版社，2022。

续表

项目主题	课程标准	学习目标	评价内容
	信息技术： 对简单的数据问题进行分析，选择恰当的数据结构，并用一种程序设计语言编程实现，在问题解决过程中对数据抽象、数据结构的思想与方法有初步的认识①		

与此同时，我们还需要对学习者的素养发展进行评价。下面，我们将结合现有的国内外学者开发出的教育测评工具，介绍"CREATE"素养发展目标中每个要素的项目式学习评价的内容与标准。

1. 批判性思维的评价

批判性思维测试工具可以参照美国教育考试服务中心开发的 HEIghten Critical Thinking 和符合中国特点的批判性思维能力测试（ETS Proficiency Profile，EPP）。前者由三个维度组成：第一，分析维度（评估证据及其使用；分析论证）；第二，综合维度（评价学生理解意涵和后果的能力，以及生成自己论证的能力）；第三，与所有分析和综合相关的维度——理解因果关系和说明。② 后者主要包括七方面：第一，分析、衡量矛盾的因果解释；第二，评估假设与已知事实的一致性；第三，为分析一项争论或结论而判断信息的相关性；第四，判断一项感性理解是否被材料中的证据所支持；第五，判断调查因果关系的程序是否合适；第六，评估信息与已知事实、假设和方法的一致性；第七，识别论据中的缺陷与矛盾。③ 由此可以看出，在评价批判性思维时应着重关注学生在分析、假设、综合、解释、论证、评估与判断等方面的能力，并对照批判性思维学习目标

① 中华人民共和国教育部：《普通高中信息技术课程标准（2017 年版 2020 年修订）》，18 页，北京，人民教育出版社，2020。

② Liu O. L., Frankel L., Roohr K. C., "Assessing Critical Thinking in Higher Education: Current State and Directions for Next-Generation Assessment," *Ets Research Report*, 2014(1), pp. 1-23.

③ 赵婷婷等：《大学生学习成果评价的新途径——EPP（中国）批判性思维能力试测报告》，载《教育研究》，2015(9)。

的评价标准进行评价。(见表 3-21)

表 3-21　批判性思维学习目标的评价标准①

标准	问题列举
清晰性 (Clarity)	可以更详细地说明吗？可以举例说明吗？可以进一步例证解说吗
相关性 (Relevance)	这个问题和那个问题有什么关系？如何涉及那个问题呢？这如何帮助我们面对目前的问题
逻辑性 (Logicalness)	这一切有意义吗？这和前面的实证相符合吗
真实性 (Accuracy)	是真的吗？我们如何知道它是真的？怎样证明或验证它
深度 (Depth)	什么因素使这个问题成为困难？这个问题有哪些复杂性？将面对的困难是什么？如何对待该问题中最重要的因素
重要性 (Significance)	这是不是该思考的最重要的问题？这是问题的中心焦点吗？这些事实中哪些是最重要的
精准性或严谨性 (Precision)	可以再明确些吗？可以再提供一些细节吗？可以再准确些吗
广度 (Breadth)	需要从另一个角度去看吗？是否需要考虑另一个观点？需要用不同的方式去看待它吗
公正性 (Fairness)	在这个问题上，我有没有既定的立场？是否以同理心去表达他人的观点

　　为了判断事实性声明的可信度，需要运用证据证明观点，或在产品与成果中体现证据元素。在评价学生的批判性思维发展情况时，我们可以考查学生是否具备"证据意识"，并向学生提问"你的证据是什么?""你如何知道它是真实的?""你能证明它吗?""你为什么相信它?"等一系列问题。② 常见的证据类型往往包括：直觉，个人经验，个人观察，他人证词，权威意见，案例，科学研究等。

---

① ［美］理查德·保罗、［美］琳达·埃尔德：《批判性思维：思维、写作、沟通、应变、解决问题的根本技巧》，乔苒、徐笑春译，94 页，北京，新星出版社，2006。

② ［美］M. Nell Browne, Stuart M. Keeley：《学会提问——批判性思维指南》(第七版)，赵玉芳、向晋辉等译，137—140 页，北京，中国轻工业出版社，2006。

2. 责任担当的评价

责任担当素养包括四部分，分别是生命责任担当、学习责任担当、集体责任担当与公民责任担当。前面三个部分，可以依据学习目标内容，采用学生自评、互评及教师观察的方法进行直接评价。关于公民责任担当部分的评价，我们可以参考国际上已有的公民素养测评项目，如国际教育成绩评估协会(IEA)的国际公民及素养调查研究(ICCS)测评框架、欧洲中小学公民教育评估、澳大利亚的全国公民教育考评(NAP－CC)、上海绿色指标等。有研究者基于上述测评项目，提出了中小学生公民素养的测评指标框架，其中，小学生公民素养测评指标包括校内外公共生活的规则意识和行为、对校园公共生活的认知和态度、对校园公共生活的参与行为、参与校外社会生活情况；中学生公民素养包括对校园公共生活的认知，学校、社区活动参与度，公民权利、义务、平等意识，国情、国家、政府和市民生活，参政、议政意识和态度行为倾向。[①]

3. 同理心的评价

相较于评价本身，通过评价的方式引导学生在项目式学习中重视同理心的养成是一件更加重要的事情。教师可以在教学过程中使用同理心画布(Empathy Map)，来帮助学生树立同理心。在同理心画布中，可以探索对象或"用户"的外部、可观察的世界和内部心态，如对象在做什么，看到什么，听到什么，思考什么，感觉什么(见表 3-22)。与此同时，教师可以通过提出引导性问题，帮助学生理解同理心画布的内容。

表 3-22　同理心画布的引导性问题[②]

领域	引导性问题
做	他通常会说什么？他通常表现如何？他的爱好是什么？他生活的世界是怎样的？他周围的人是做什么的？谁是他的朋友？在他的日常生活中，什么是受欢迎的？什么样的人和想法影响他？在他的生活中，重要的人说了什么？
想	他认为重要而没有说出来的观点是什么？

① 秦建平、张惠、陈飞鹏：《中小学生公民素养测评工具研究》，载《上海教育科研》，2018(7)。

② Feneira B., Silua W., Oliveira E, et al., *Designing Personas with Empathy Map*, SEKE, 2015。

领域	引导性问题
感受	他对生活有什么感觉？最近什么事困扰着他？为什么？
痛点	他不喜欢什么？他害怕什么？是什么让他不安？
需求	他需要什么才能感觉好一点？他想要达到什么目标？他做了什么来使自己快乐？怎样才能结束他的痛苦？他的梦想是什么？

4. 有效合作问题解决素养的评价

项目式学习的最终成果展现一定需要通过合作的方式进行创造，为了实现有效的问题解决，合作也是必不可少的要素。因此，在项目式学习的学生评价中，对于合作的评价不可忽略。当团队合作出现问题时，容易出现无法在截止时间内完成项目、无法解决问题的情况。在有效合作问题解决中，学生个体的主体性、成员之间的相互信任、有共同的愿景与目标等，都是在评价过程中需要关注的内容。参照 ATC21S 合作问题解决能力测评框架[①]，在合作中应该关注参与（行动、交互、任务完成），观点获取（适应性相应、观众意识）和社会调节（协商、元记忆、交互记忆、责任主动性），在问题解决中应该关注任务调节（问题分析、设置目标、资源管理、灵活性与模糊性、收集信息元素、系统性）和学习与知识建立（关系与模式、因果规则、监控与反馈）等方面的内容。小组讨论是合作问题解决的重要过程，我们亦可通过对小组讨论的评价来反映学生合作问题解决素养的水平。表 3-23 和表 3-24 分别呈现了学生自评和教师评价的小组讨论评价量规的内容。

---

① Hesse F., Care E., Buder J., et al., "A Framework for Teachable Collaborative Problem Solving Skills," from Griffin, P., Care, E., *Assessment and Teaching of 21st Century Skills: Methods and Approach*, Dordrecht, Springer, 2015.

表 3-23 小组讨论评价量规(学生自评)①

评价指标	水平 1	水平 2	水平 3	学生评分
专注与倾听	我觉得讨论比较乏味，浪费时间；同学在说话时，我容易走神。	我通常期待从讨论中获得乐趣；我能认真地倾听同学观点，并认真记录。	总是期待从讨论中学到一些东西；我能认真地倾听同学的观点，并认真记录；我对部分观点，进行回应性思考。	
贡献与参与	我有时一言不发，有时又说得太多。	我会分享个人看法，并适当补充和完善他人发言。	我积极分享个人看法，并适当补充和完善他人发言；我在努力地推进讨论进程，把握讨论方向。	
接受	有人批评我的观点时，很容易情绪激动。	我通常会接受对我的观点的批评意见，但有时与其他人不统一时，我会情绪激动。	我会认真考虑其他人在尊重我的基础上，对我的观点提出的明智的批评意见，如果需要，我会改变观点。	

表 3-24 小组讨论评分标准(教师评价)

评价指标	铜牌团队（6分）	银牌团队（8分）	金牌团队（10分）	教师评分
讨论过程	只有少数学生参与组内讨论，个别学生注意力不集中，游离于小组讨论之外。(3分)	大部分学生认真倾听并积极讨论，但是不能很好地解决彼此之间的问题。(4分)	组内所有成员积极讨论交流，针对彼此的问题能够发表自己的观点，基本可以解决组内成员的全部问题。(5分)	

① 高志芳等：《基于 UbD 理论的评价量规设计与实施——以"地图的阅读"为例》，载《地理教学》，2021(12)。

续表

评价指标	铜牌团队（6分）	银牌团队（8分）	金牌团队（10分）	教师评分
讨论结果	在规定时间内将本节课的基础知识进行了简单的罗列，解决了部分同学的问题。(3分)	在规定时间内将本节课的基础知识按一定条理进行了整理，并解决了大部分同学的问题，或经老师引导解决了组内同学的所有问题。(4分)	在规定时间内将本节课的基础知识完整并很有条理地进行了整理归纳，以及未经老师引导便解决了组内同学的所有问题。(5分)	

5. 技术运用的评价

项目式学习中的技术运用主要体现在信息技术上，这类评价可以通过观察学生的学习过程，以及通过对产品本身的评价来反观学生的技术运用水平。例如，在学生展示的过程中，教师可以通过观察学生是否通过制作影像资源或其他多媒体资源来加强结果，或以可视化的方式呈现过程证据来对学生的信息技术运用水平进行评价。对于那些以网页制作、视频制作、编程游戏等本身以数字化形式呈现的产品，也可以在信息技术教师或专业人员的支持下，设计专业性更强、内容更加细致的评价内容与评价标准。

6. 有效沟通的评价

学生在项目式学习中的沟通主要体现在小组讨论与产品公开展示环节。由于沟通能力直接影响合作效果，因此在前文中提到的真实合作问题解决和同理心素养中，我们已经探讨了关于深度理解的部分评价内容，如"具备良好的倾听技能，让沟通对象感受到尊重和关注"，"理解沟通对象所表达的内容和观点"等。除此之外，深度理解还包括对信息的来源、观点的可信度、论证的充分性等进行反思与评价，以及避免做出没有根据的假设等。表达作为沟通的一种重要形式，也应作为评价内容。

(二)评教学：与学习环节对接

余明华等人基于学生画像设计了项目式学习评价指标体系，该项研究基于表现性评价的理念和方法，从表现性任务的角度出发，将项目式学习行为分为提出问题、理解问题、收集资源、分析推理和总结呈现五个一级指标。由于该研究的数据来源于上海市电化教育馆的研究性学习行为记录库，所以二级指标的描述着重关注学生的问题解决、批判性思维与创造性思维。[①] 强枫和张文兰通过文献分析法与德尔菲法对项目式学习评价进行了系统分析，旨在关注项目式学习中"教—学"过程情境的教育因素。[②]

结合近年项目式学习评价研究成果，我们构建出了项目式学习教学评价指标体系参考框架（表 3-25），该框架涵盖了项目式学习的全过程，适用于教师自评与外部评价。

表 3-25 项目式学习教学评价指标体系参考框架

一级指标	二级指标	三级指标
项目设计	项目主题	①与真实世界的关联性； ②与现行课程标准的一致性； ③与学校课时计划的匹配性； ④对优势资源的利用程度
	学习目标	①是否围绕学科知识和内容设计学习目标； ②是否体现核心素养的能力要求； ③是否关注社会情感的培养； ④是否有清晰、准确的产品目标描述； ⑤是否关注到不同层次学生的学习需求
	驱动问题	①与课程标准的匹配度； ②是否涵盖学科单元知识的关键知识点； ③驱动性程度； ④驱动性问题链是否提供了足够的线索和提示； ⑤是否包括具有开放性和挑战性的真实问题
	评价工具	①评价工具的表达与不同年龄段学生的能力适配性； ②评价工具的内容与学习目标的一致性； ③基于多主体的评价工具设计

---

① 余明华、张治、祝智庭：《基于学生画像的项目式学习评价指标体系研究》，载《电化教育研究》，2021(3)。

② 强枫、张文兰：《基于课程重构的项目式学习评价指标体系探究》，载《现代教育技术》，2018(11)。

续表

一级指标	二级指标	三级指标
项目实施	入项活动	①是否能够调动学生的兴趣； ②是否能够让学生明确项目式学习的目的、意义和目标； ③是否能够让教师和学生清楚了解后续的项目流程； ④是否为每位组员分配了具体的任务
	项目环境	①软环境； ②硬件设施与场地； ③情境设置的合理性
	管理策略	①是否提供了完整、可行的项目计划书和任务清单； ②是否构建了学习共同体； ③是否能让学生从多种渠道获取资源，如课堂、网络、专家等； ④是否记录了小组讨论表现
	评价效果	①是否引入外部评价，如相关领域专家、真实世界的用户和观众等； ②过程性评价是否起到及时反馈与调整的作用
	反思与迭代	①项目式学习目标的实现程度； ②是否使用丰富的形式来展示学习成果； ③是否熟练地使用精确的图、表组织和呈现相关"证据"

如果你是一名准备开展或已经开展过项目式学习的教师，可以通过自我评估表（见表 3-26）来判断你自己在项目式学习中的专业化程度。

表 3-26　项目式学习教师自我评估表

	新手————————专家			
选择项目主题	□	□	□	□
提出明确的项目式学习目标	□	□	□	□
设计核心驱动问题、驱动性问题链及项目任务	□	□	□	□
设计项目式学习支架	□	□	□	□

续表

	新手—————————专家			
设计与使用表现性评价	☐	☐	☐	☐
设计与使用评价量规	☐	☐	☐	☐
项目教学与课程标准对接	☐	☐	☐	☐
实施入项活动计划	☐	☐	☐	☐
对项目式学习进行过程性管理	☐	☐	☐	☐
设计项目式学习产品展示形式	☐	☐	☐	☐

第四章 项目式学习如何实施

经过漫长又精心的设计，终于到了令人激动的实施环节。准备了这么多工具和资料，到底如何在教学中使用呢？作为一种教学方法，项目式学习在实施过程中需要充分调动教师的原有经验。本章旨在帮助教师更好地理解项目式学习实施的全过程，包括项目启动、项目计划、项目执行、项目控制、项目终结等环节。（见图 4-1）

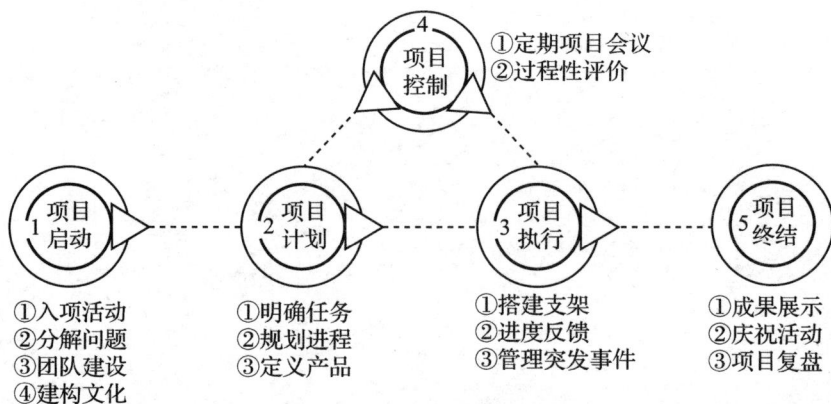

图 4-1 项目式学习实施流程

阅读本章后，您会对下列问题有进一步的认识：

(1)如何带领学生一起分解项目驱动问题与任务？

(2)如何布置项目式学习教室？

(3)项目式学习的产品形式有哪些？

(4)如何处理项目式学习中的突发事件？

(5)过程性学习评价如何开展？

(6)项目复盘中的常见问题有哪些？

第一节　项目启动

如果用价值、热情和能力来判断做一件事情的状态，那么在凭借能力做事情，但缺乏热情和价值时，我们就会感觉是在打苦工；只有当我们既有热情，又有能力来完成一件有价值的工作时，我们才感觉到甜蜜。学生的学习亦是如此，当学生对所要开展的项目充满兴趣和自信，且项目本身具有重要的现实意义时，他才能真正体会到学习中的"甜蜜"。我们可以把项目启动理解为常规教学中的导入环节，这个环节有三个主要目的：一是激发学生的学习兴趣，建立学习效能感，这个目的应该贯穿项目式学习始终；二是建立学习的价值感，帮助学生思考根本性的问题——"我为什么要学习这些知识？它能帮助我解决什么问题？"；三是建立学习的规则意识，包括时间管理、学习纪律、小组合作公约等方面。

一、入项活动

我们应该通过入项活动引导学生对项目式学习的主题树立一种整体的意识，这种大局观有利于学生将碎片的知识纳入一个有逻辑的体系中。这样一来，当他们在面临真实情境中的问题时，就能自如地调度已有的知识来解决问题，并不断将新的知识纳入自己已有的认知结构中。

在实践中，入项活动的形式是丰富多样的，可能是一次导入课，一次校外参观，一次集体讲座，甚至是一次家庭作业的延展。我国有学者将入项活动分成了三个类别，分别是真实体验类、模拟体验类和阅读体验类。其中，真实体验类包括实地参观和实践体验，如参观博物馆、工厂等实践基地；模拟体验类包括嘉宾演讲、特定人群项目需求书、桌游、角色扮演等；阅读体验类包括阅读文本资料、观看视听资料和新闻事件等。[①] 通过总结项目式学习案例中的入项活动，我们发现我国中小学教师在开展项目

---

① 夏雪梅：《项目化学习的实施：学习素养视角下的中国建构》，27页，北京，教育科学出版社，2020。

式学习时习惯于用模拟体验或阅读体验的形式来开展入项活动，并在之后的学习过程中为学生提供真实的体验机会。

通过入项活动构建同理心和责任感

在一次根据听障人群的需求设计产品的项目中，如何让健全的孩子体会听障人群的真实需求是项目的难点。教师通过播放动画片的方式引发学生的兴趣，接下来播放消音后的动画片，又播放网络售卖场景的视频，接下来播放消音后的售卖场景，让同学们体会生活在无声世界的感觉。通过任务单——"用三个关键词或绘画形容你心中的无声世界"引导学生输出自己的感受。

接着，教师又出示了关于听障人群的数字，这样的信息展示，让学生觉得自己做的事情很有社会价值，提升其社会责任感。

通过这样的入项活动，学生被真正代入真实的问题情境中，不仅了解了项目的受众对象，还体会到了项目的意义和必要性。

通过制造认知冲突来入项

在一次"设计学校图书角"的项目式学习中，教师先向学生出示一些网红图书馆的照片和视频，了解优质的阅读空间给读者带来的阅读体验，引导学生思考优质阅读空间的特质，如灯光的设计、色彩的搭配，座椅、书桌的排列和摆放等。再请学生去学校的图书馆、图书角去调研，发现它们与优质阅读空间的距离还非常远。接下来引入要开展的图书角改造项目。

通过游戏化教学来入项

在一次开展深度阅读的项目式学习中，语文老师为了让同学们体会推理小说带给读者的奇妙感受，用脑筋急转弯、密室逃脱、角色扮演等方式，在游戏中进行探究和体验。同学们对接下来要创作推理小说的项目充满了期待。

用一次参观来入项

在一年级学生开展动物主题探究的项目式学习中，学校将动物园的研学活动作为入项。入项活动之前，同学们列举了自己感兴趣的关于动物的探究性问题，并到动物园去寻找答案。当然，他们还有很多问题找不到答案，那就通过项目式学习来探究吧。

通过观看演出来入项

在戏剧主题的项目式学习中，为了让学生了解表演和说话的不同，老师请全体同学先观看了一场话剧，体会演员的声音、语调、肢体语言。幽默风趣的表演让学生对戏剧演出充满了期待，同时教师还提出了一个很有悬念的问题，鼓励同学们只要优质地完成项目任务，就可以找到答案！入项活动和项目进程自然过渡，并和项目成果遥相呼应，是一次质量非常高的入项活动。

入项活动的目的是激发学生的学习兴趣！因此我们不仅要重视入项活动的形式，还要重视入项活动的内容本身。无论是模拟体验还是阅读体验，我们所提供的资源一定要让学生感受到真实问题的存在，并亟待通过项目式学习去解决它。如果您选择了以嘉宾演讲作为入项活动，尤其是校外专业人士的嘉宾演讲，请注意嘉宾分享的内容和项目式学习的关联性。以一次动物主题的项目式学习为例，某学校邀请了当地动物园的专家作为演讲嘉宾，在介绍每种动物时都会涉及其生长环境、地理分布、历史起源、科属特点等要素，孩子们听得很认真。但这个过程仍然存在一些不足：首先，专家的讲解和 PPT 中涉及一些专有名词，如"亚科""黔南"等，这对于低年级的学生来说理解起来难度较大。在入项活动中，我们应该尽量呈现学生容易理解的知识，避免造成学生的畏难情绪。其次，虽然专家从多个方面介绍了动物，但是却没有强调对动物进行研究的维度。作为引导，入项活动要为后续的学习和探究奠定思维基础，因此体系性的知识框架比零散的知识点更加重要。最后，关于学生在嘉宾演讲中的参与度问题，学生被动接收较多，主动思考较少，演讲没有给学生提供更多提问与反思的时间和机会。

二、分解问题

入项活动结束后，教师会抛出核心驱动问题。接下来的任务是组织学生进行项目讨论与组建，讨论的内容主要是核心驱动问题的分解。在第三章的第三节中，我们介绍了驱动性问题链的设计。在实施环节，我们要做的是引导学生基于核心驱动问题自主提出分解驱动问题。尽管前期教师可能已经设计出分解驱动问题，但具体的实施环节仍然有一定的变数。讨论环节是培养学生问题提出能力的关键环节，教师在这个环节应给予学生充分的自主性(尤其是高学段的学生)，充分尊重学生的想法，并及时调整补充分解驱动问题和项目任务。

给幼儿园和小学低年级教师的建议

可以尝试借助绘本或少儿读物带领学生走入主题情境，与学生一起探索驱动问题。

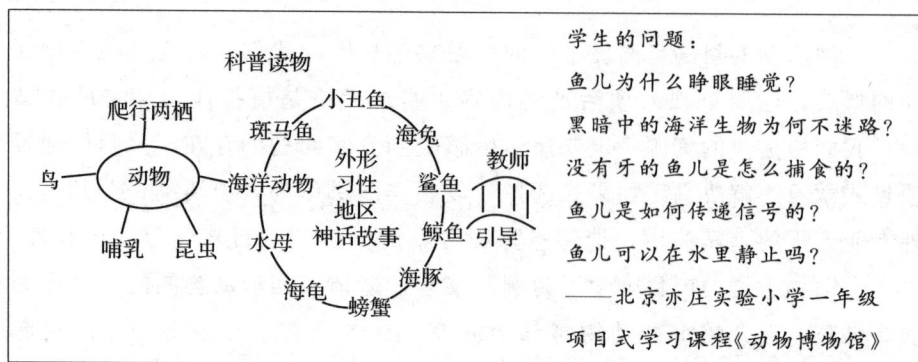

在分解问题的环节，教师可以鼓励学生用环形思考代替线性思考。从线性思考到环形思考是一种从静态思考方式向动态思考方式的转变。在传统的线性思考链中，人们倾向于按照"情境——问题——对策——结果"的顺序来思考问题，因此当教师提出情境和问题后，学生条件反射式地去思考对策和结果，却容易忽视造成问题的原因，以及问题与问题之间、问题与结果之间的相互作用与影响。然而，在真实的世界中，问题往往是非常复杂的。回到项目式学习中，教师通常首先会提出核心驱动问题，并在入项活动中引导学生思考分解驱动问题及项目任务，这种系统思考的过程对于学生的思维训练具有非常重要的意义。在具体的实施过程中，我们可以通过贴纸活动、景观地图、点点贴投票、"五个为什么"法、环形视角、头脑风暴等活动或方法来引导学生思考。下面将分别介绍上述提到的活动与方法。

（一）贴纸活动、景观地图与点点贴投票

贴纸活动描述：在便签条上写下对核心驱动问题的想法。

目标：收集并公开学习者的意见和原有知识。（见图 4-2）

景观地图描述：以某种顺序（时间轴、矩阵、象限、分层等）填充空白画布，或把现有的便签纸转移到画布上。一般是按照时间或优先级来排序。

目标：弄清关系和趋势，或定义好优先级。（见图 4-3）

点点贴投票描述：用点点贴对便签上面的想法进行投票。视投票的分布和投票顺序不同，点点贴投票会有不同的结果。点点贴投票的意义在于避免失去讨论的焦点。

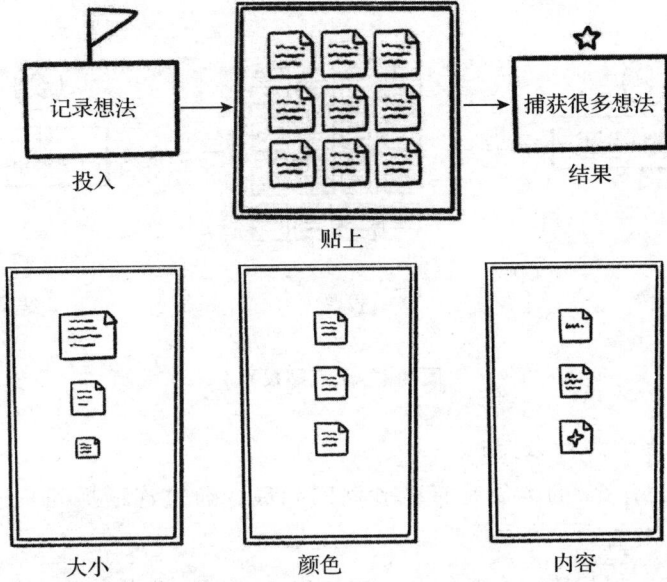

记录想法

投入

贴上

捕获很多想法

结果

大小

颜色

内容

图 4-2　贴纸活动

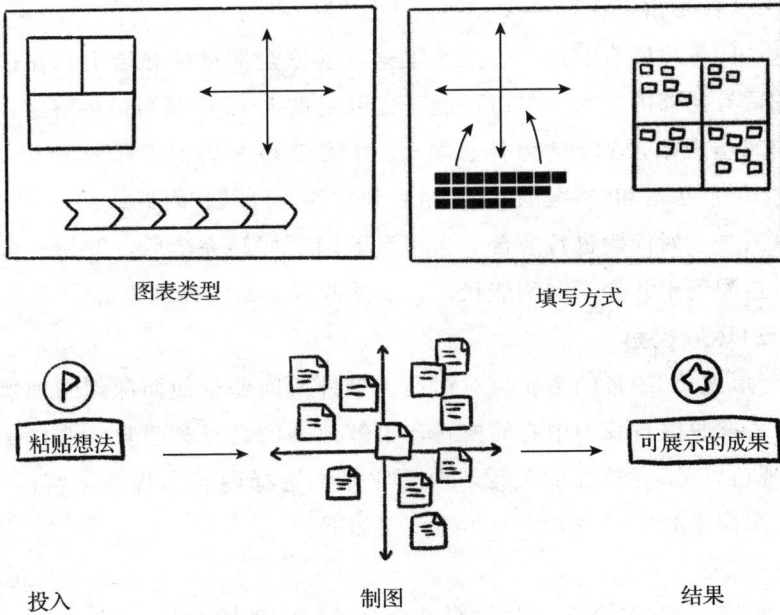

图表类型

填写方式

粘贴想法

投入

制图

可展示的成果

结果

图 4-3　景观地图

目标：挑选出最有价值或优先级最高的分解驱动问题。（见图 4-4）

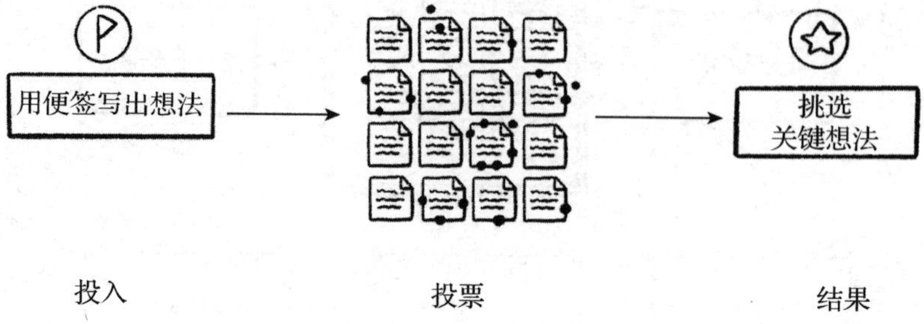

投入　　　　　　　　投票　　　　　　　　结果

图 4-4　点点贴投票

(二)"五个为什么"法

"五个为什么"的本质是打破砂锅问到底，通过连续提问来追根溯源。这个方法一共有三个步骤。

第一步，提问第一个为什么。挑选出一个问题症状作为开端，同时选出你希望可以利用其解开症结的线索，然后问小组成员第一个为什么："为什么这件事情正在发生?"

这个问题可能有三四个答案。把这些答案全部粘贴在墙上，在这些答案周围留有足够的空间。如有可能，也可聚焦 1—2 个最可能的答案。

第二步，依次追问"为什么"。重复墙上每个答案，依次追问"为什么"。把每个答案和"答案的答案"粘贴到它的"母问题"附近。

第三步，对问题进行整合。当所有的问题回答完毕后，开始整合一些问题，追溯到十几个不同的症状，并发觉两三个系统性的根源。[1]

(三)环形视角

"环形视角"的目的是获得对话题、事件或问题全面而深刻的理解，帮助学习者摆脱以自我为中心的模式，了解他人的观点和感觉。选材是提高"环形视角思考"有效性的关键，教师应尽量选择内容和视角丰富的主题、问题、图像或故事，该方法的实施步骤如下。[2]

---

① 邱昭良：《如何系统思考》，54—55 页，北京，机械工业出版社，2018。
② [美]罗恩·理查德、马克·丘奇、卡琳·莫里森：《哈佛大学教育学院思维训练课——让学生学会思考的 20 个方法》，于璐译，178—180 页，北京，中国青年出版社，2014。

第一步，安排计划。在介绍"环形视角"的取材（图像、故事、问题、事件或话题等）时，教师应为学生提供充足的时间进行仔细观察和分析。之后，公布学生将要理解的话题并把它在黑板上或表格中记录下来（注意：教师需提前决定讨论形式，假如进行口头讨论，那么只需简单记录学生的观点；否则，需要详细记录。不过，对于低年级学生来说，非正式的讨论比书面形式效果更好）。

第二步，确定视角。注意收集学生的观点，过程中引导学生换位思考。另外，学生可以分析故事或图像中没有立即出现但受其影响的人物和事件，包括对现在和未来的思考。最后，将观点记录在话题周围。

第三步，挑选角度。要求学生选择一个探讨的角度，假如将学生分成几个小组，那么要求每位小组成员各选择一个角度，从而保证对主题或问题探讨的完整性和充分性（注意：教师也可以自己挑选一个角度，要求全班学生共同分析）。

如果是直接进行小组讨论，也可以将下方简洁版的步骤直接告诉学生：

根据阅读、观察和倾听过的材料所包含的角度思考问题，围绕话题或事件进行分析，选择其中一个视角深入探讨并完成下列回应：

（1）我从……角度思考……（事件/现象/问题）

（2）在我看来（站在自己或固定人物角色的角度进行分析），因为……（解释原因）

（3）从这个角度分析，存在的问题是……

（四）头脑风暴

头脑风暴的用意是为了从集体中收集更多的想法，而且并不会过滤掉那些看似不着边际的想法。事实上，头脑风暴的目的就是跳出既定框架。因此，在进行头脑风暴时，可以遵循以下原则：[①]

（1）想到什么说什么；

（2）不要评价和否定；

---

① ［美］David Sibbet：《视觉会议——应用视觉思维工具提高团队生产力》，臧贤凯译，136 页，北京，电子工业出版社，2013。

（3）不做修改，接受不完整的想法；

（4）把所有的想法都记下来；

（5）要快。

当然，头脑风暴本身无法保证能得到突破性的思考，它还需要其他努力，如隔天再来回顾这些想法，让你的潜意识开始工作。常见的头脑风暴法包括旋转木马头脑风暴、小组头脑风暴以及三步头脑风暴法等。下面以"旋转木马头脑风暴"为例进行具体阐述。

旋转木马头脑风暴

1. 张贴问题板

老师在张贴板上写下不同问题或话题，并围绕教室将张贴板贴上墙。

2. 分组

学生分成小组，每组被分配一支不同颜色的记号笔及一块张贴板。

3. 记录想法

每组用记号笔在张贴板上不限条目地写下自己的意见或想法。

4. 转动旋转木马

每组就是一匹小木马，在教室里旋转起来，到达下一块张贴板时，用记号笔记录下意见或想法，直到回到最开始的那块张贴板。

5. 阅读张贴板

小组各自阅读张贴板上的所有意见或想法，并标出最重要的条目。

三、团队建设

在进行分组的时候，教师可以根据学生的特点提前建组，也可以根据学生的意愿按照不同的项目任务分组，或是在课堂上采用随机方法分组，这几种做法各有优势：提前建组有利于优化成员组合，保障每个小组中都有不同特质的学生，且能够有效避免"拉帮结派"或"被孤立"的现象出现，增加同学的合作学习机会；按照学生的自主意愿进行分组，适用于能够平行分解出不同项目任务的学习主题；采用一些团建中常用的趣味分组游戏进行随机分组，这样做的好处在于调动学习气氛，增加同学的熟悉度（尤其适用于跨班级、跨年级或跨社团开展的项目式学习）。

团队成员确定后，我们要引导学生团队进一步明确团队成员的角色分工。团队角色是个体在群体中的行为表现、做出的贡献以及与他人互动的倾向性。贝尔宾团队角色理论认为，一个好的团队需要团队成员具备多样化的能力，团队中的每个成员都具有双重角色，即职能角色（Functional role）和团队角色（Team role）。贝尔宾通过对团队成员的不同行为进行归

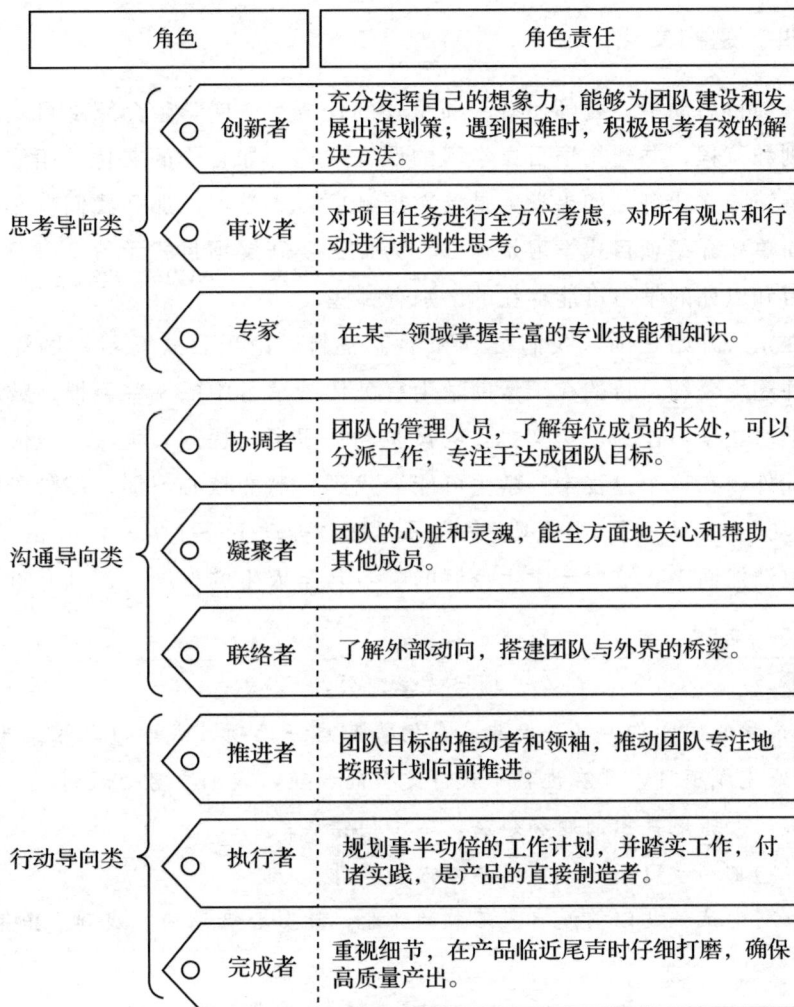

角色	角色责任
思考导向类 创新者	充分发挥自己的想象力，能够为团队建设和发展出谋划策；遇到困难时，积极思考有效的解决方法。
审议者	对项目任务进行全方位考虑，对所有观点和行动进行批判性思考。
专家	在某一领域掌握丰富的专业技能和知识。
沟通导向类 协调者	团队的管理人员，了解每位成员的长处，可以分派工作，专注于达成团队目标。
凝聚者	团队的心脏和灵魂，能全方面地关心和帮助其他成员。
联络者	了解外部动向，搭建团队与外界的桥梁。
行动导向类 推进者	团队目标的推动者和领袖，推动团队专注地按照计划向前推进。
执行者	规划事半功倍的工作计划，并踏实工作，付诸实践，是产品的直接制造者。
完成者	重视细节，在产品临近尾声时仔细打磨，确保高质量产出。

图 4-5　贝尔宾团队角色

类，将团队角色划分为三个类别的九种角色，分别是思考导向类（创新者、审议者、专家），沟通导向类（协调者、凝聚者、外交者），行动导向类（推进者、执行者和完成者）（见图 4-5）。[①] 需要说明的是，这九种角色与团队规模无关，在很多情况下一个成员要承担多种角色，或者多个成员承担一个角色。教师在安排项目式学习团队角色时，可以参考这九种角色，并尽量让每个学生都兼任到三个类别的角色中，以实现学习目标。

四、建构文化

在项目启动中，教师还有一项重要的任务——向学生介绍项目式学习的规则和流程，并建构项目式学习的课程文化，如合作的文化、相信的文化、反馈的文化等。如果学生是首次接触项目式学习，那么我们有必要向学生简单地介绍项目式学习是什么，为什么要开展项目式学习，以及项目式学习和以往的学习可能存在的区别有哪些。

在正式开始之前，我们可以和学生一起讨论项目式学习中的注意事项，并建立公约，目的在于帮助学生打破传统学习中的一些习惯，鼓励他们将项目式学习作为一个契机，尝试主动去思考，提问，学习，交流与反思。此外，在这个过程中，学生可能会找到自己的核心习惯，即阶段中的"小成功"。一旦一个"小成功"完成了，就会推动下一个"小成功"的出现，自信也油然而来，这对于学生今后的学习乃至人生的发展，都具有重要的意义。

项目式学习公约

亲爱的同学们，从今天起，我们将开启一段项目式学习之旅。为了更好地完成项目，并在过程中获得更多的收获，我们要努力做到：

（1）大胆地提出问题和想法，不害怕错误；

（2）主动学习新知识，包括课内和课外；

（3）尝试一些以前没有或不敢的体验，比如公开演讲、戏剧演出等；

---

① ［英］R. 梅雷迪思·贝尔宾：《团队角色在工作中的应用》，李和庆、蔺红云译，86—98 页，北京，机械工业出版社，2017。

（4）遇到问题，首先要自己思考解决，可以通过查阅书籍或上网的方式；其次可以与同学、老师和家长等身边的人进行交流；

（5）角色没有好坏之分，选择适合自己的角色，并为团队贡献力量；

（6）学会倾听，看到其他同学身上的优点和长处；

（7）每天回顾自己的学习体验，并记录在项目日志中；

（8）当产品完成后，再问一遍自己"我还能做得更好吗？"

教室环境布置也是课程文化建设的一部分，具有隐性的教育功能，我们应该设计一个便于讨论的入项空间。从物理层面来看，包括声、光、气、温、色、物理摆设、工具用品、装饰等，共同整合成一个"课程场"，这会对学生的学习情绪与情感产生影响。为了营造轻松、平等的讨论环境，我们可以按照讨论空间准备清单，提前做好相应的教室环境布置。在项目式学习空间里，我们可以设置项目墙、公约墙、成果展示区、成果收集区等。

讨论空间准备清单

□ 综合讨论区
地垫（可根据教室大小和班级人数选择是否需要）

□ 小组讨论区
①便于分组讨论的课桌摆放
②姓名桌牌、小组桌牌

□ 项目工具区
①白纸（不同尺寸）
②打印机
③马克笔、水笔、铅笔
④不干胶喷、胶带、剪刀
⑤订书机、订书针
⑥便利贴、回形针
⑦写字板

项目学习墙体组建

产品清单
1.播客
2.现场抄写员
3.文章
4.诗歌
5.小品

题目：
核心驱动问题

小组成员
1
2
3
4

项目概况

项目日历

小组角色
1
2
3
4

具体的项目标题
1.播客的标题
2.现场抄写员的标题
3.文章的标题
4.诗歌的大标题
5.小品的标题

入项活动
描述

任务清单

小组契约

可信的专家
背景

可信的专家
问题

散发材料

问题和答案

展示时间表
1.第一小组
2.第二小组
3.第三小组
4.第四小组

□ 电子设备(根据学段调整)

① 笔记本电脑

② 平板电脑

③ 电子书

④ 手机

□ 墙面布置

① 项目式学习须知

② 项目日历

③ 小组记录表

④ 概念板

⑤ 指导教师时间表

⑥ 成果展示栏

四年级运动会项目式学习课程

6月2日 前期调研发放有关运动会的问卷	6月4日 上午 入项开启	6月4日 下午 班级讨论形成问卷	6月7日 上午 呈现方案组织竞选
6月7日 下午 分组合作运动筹备	6月8日 运动会相关事宜	6月9日 上午 运动竞技参与体验	6月9日 下午 颁奖仪式项目总结

核心驱动问题

如何策划并实施一场主题运动会

具体任务

1. 开展入项活动：指导形成班级主题运动会方案。制作竞选PPT。
2. 进行主题运动会竞选演讲，分组完成相关任务。
3. 运动员组进行运动项目的训练，完成比赛项目的动作讲解与示范视频录制。
4. 宣传组完成主题运动会的海报。
5. 后勤保障组完成运动会时间安排，号码牌制作和场地布置。
6. 啦啦队组进行运动会开幕式和闭幕式的节目编排。

所需资源

1. 运动项目的规范讲解、视频资源包；
2. 各班运动会报名信息表；
3. 号码牌制作底板、笔、号码布等；
4. 场地布置的物资。

设计思路

本项目旨在通过项目式学习的方式，聚焦如何策划一场主题运动会这一核心问题，结合调研数据，运动小组合作的学习方式，自主策划一场主题运动会，形成运动会策划方案，并基于方案开展筹备主题运动会。

第二节　项目计划

凡事预则立，不预则废。好的计划，是成功的一半。项目计划是项目启动后的首要任务，也是项目开始的关键。这个环节需要教师和学生一起，基于核心驱动问题和分解驱动问题将整个项目分解成小的任务，系统地构思项目中每个任务的流程、关键节点以及人员配合与接洽，以便及时准备学习所需的支架和资源，尽量避免过程中可能出现的问题，以保障项目式学习能够按期、高质量地完成。与此同时，项目计划需要具备一定的动态性，这由项目式学习相对较长的学习周期所决定。随着学生学情、环境与条件的变化，项目计划也需要随之调整和修改。制订一份详细、可执行的项目式学习计划需要关注三方面。首先是明确任务，将驱动问题和任务进行对应；其次是规划进程，通过时间轴、项目日历等形式，将项目式学习的日程、人员分工、资源准备等要素清晰地呈现出来；最后是定义产品，基于项目式学习产品的特征与分类，制定合适的产品目标。(见图4-6)

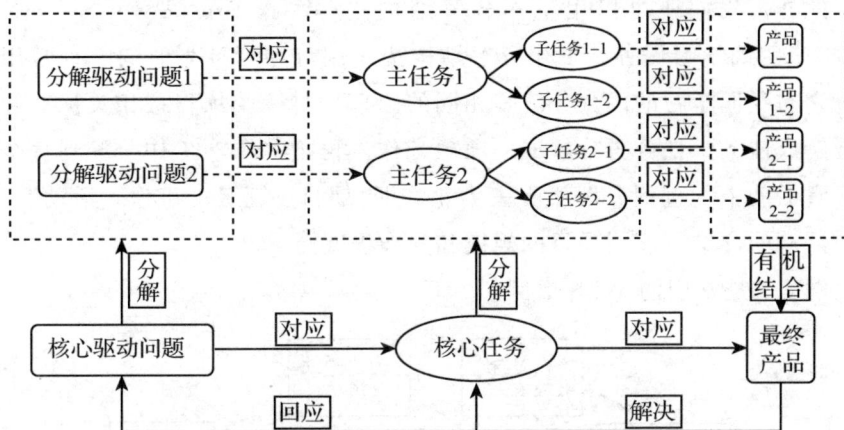

图 4-6 驱动问题、任务与产品间的关系

一、明确任务

项目启动中，我们已经带领学生对核心驱动问题进行了分解。接下来，需要做的是将驱动问题分解对应具体的任务。这个过程可以采用与分解问题环节类似的一些方法，如头脑风暴、贴纸活动、环形视角等。首先，通过发散思维，鼓励学生自主思考并讨论回应驱动问题的举措；其次，结合项目周期与资源条件，通过收敛思维，将驱动问题分解并明确为可执行的任务。在分解问题与明确任务的环节，培养学习者发散和收敛思维的过程十分关键，这是引导他们明确项目意义的有效方法，也是区别于传统教学中教师直接布置任务、学生被动接受任务的最为明显的特征。我们可以将分解问题和明确任务环节视为"双钻模型"。（见图 4-7）

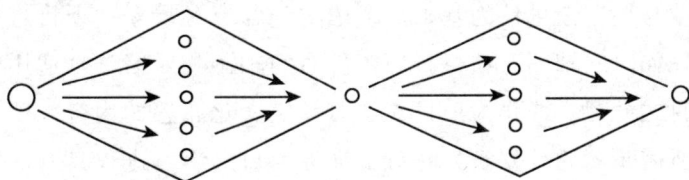

主题　现实问题或需求　分解驱动问题　角色与产品　项目任务

图 4-7 项目式学习中的"双钻模型"

此外，我们还可以用工作分解结构法（Work Breakdown Structure，WBS）来明确学习任务。工作分解结构法是制订项目计划时的一种常用方法，它与我们学习的因数分解是相同的原理：将一个项目按相关标准和原则分解成任务，任务再分解成一项项工作，再把一项项工作分配到每个人的日常活动中，直到分解不下去为止，即"项目—任务—工作—活动"。工作与活动的详细程度因项目的规模和复杂程度而异。[①]

图 4-8 是常用的 WBS 举例。

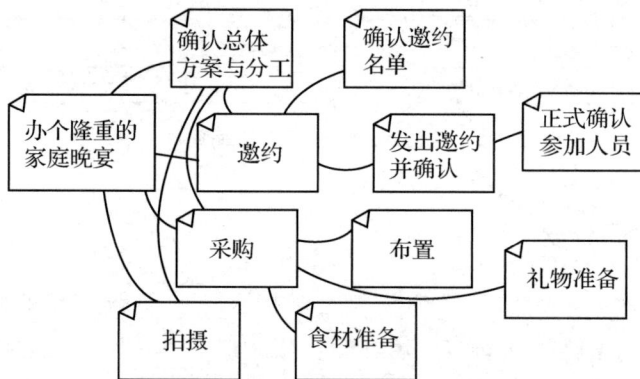

图 4-8　基于 WBS 的任务分解示例

二、规划进程

进程规划是否合理，直接影响着项目式学习是否能按期完成，也决定了项目式学习完成的质量。很多人容易将项目进程规划等同于时间表，事实上，时间是进程中的一个因素，除此之外，在规划进程时，还应该以学习的连续性与循序渐进性为基础，考虑空间与资源要素。项目进程有多种表现形式，如时间轴图、项目日历等。时间轴图相对简洁，适用于小规模的班级项目式学习，或作为项目式学习教室文化布置的内容。项目日历是项目完成所需步骤的计划表，它对于推进项目式学习进程具有决定性的意义。项目日历主要包括日程安排、地点、资源筹备、形成的产品及评估标

---

① ［美］项目管理协会：《PMBOK GUIDE 项目管理知识体系指南》（第 6 版），533—536 页，北京，电子工业出版社，2018。

准、负责人等要素。项目日历的详尽程度取决于其他支架的准备充分度，我们建议教师制定尽可能细致的项目日历。时间轴图的例子可见图 4-9 所示。

图 4-9 项目进程规划时间轴图

三、定义产品

产品定义应与学习目标紧密结合，这既是学业发展目标的一种情境性的延展，亦是一种基于素养导向的学习成果呈现。在一些特定的情况下，产品目标的制定需要与外界的专业人士进行对接。一个好的产品目标定义应该包括产品类型、产品特征、产品展现形式等内容。

> 这是一个产品目标的示例。[①]
>
> 请利用并结合程序功能的交互式多媒体作品来展现未来教室里的学习与生活，具体要求如下：
>
> (1)利用计算机语言编写面向对象角色的程序脚本，通过程序设计技术实现功能的独特性。
>
> (2)作品中应包含"动作""控制""画笔""外观""侦测""数字逻辑"等积木指令的运用，并使用"变量""链表"等常见的数据结构类型。
>
> (3)请撰写一份产品设计说明，并分享自己的设计思路与设计方法。

(一)项目式学习产品的特征

产品是项目式学习的一个重要的可视化学习成果，对产品进行公开展示和评价，对于学习者而言是重要的驱动力。项目式学习的最终目的是借

---

① 2017 年，国务院发布的《新一代人工智能发展规划》提出，要广泛开展人工智能科普活动，在中小学阶段设置人工智能相关课程，逐步推广编程教育。

助项目的载体——产品，使学习真正发生并深度实现。项目式学习不等于做项目，其最终产品应该反映出学习者的个体价值，充分展现学习者的想法及学习思路。在制定项目式学习的产品目标时，应该遵循"适度挑战"的原则。项目式学习制定的产品目标需要通过学生的努力和思考才能实现，且透过产品能够看出学生对重要学科内容、概念和技能的掌握，体现知识建构的过程。另外，产品的难度应与学生能力相匹配，学生能自主地讲述完成产品的过程，并解释产品设计的原因，这样在一定程度上能够避免教师或家长代替学生做产品。以下内容是在制定项目式学习的产品目标时需要特别关注的。

1. 指向学习的真实产品

还记得第三章提到的学习目标吗？当我们在制定项目式学习的产品时，应该和学习目标对应起来，换言之，当学习目标的侧重点不同时，产品的属性也存在较大差异。如果侧重于实现项目式学习的知识目标，我们应该尽量选择同种类的产品，这样有利于教师对学生的具体知识掌握情况进行评估，并对容易出现错误的地方及时回应。举个例子，小学教师基于五年级下册的折线统计图单元，设计了以"心灵窗户，用心呵护"为主题的项目式学习，该项目的学习目标是让学生学会根据相关数据绘制出相应的折线图，提升合作能力，了解影响视力的因素，增强视力保护意识（涉及健康素养）。首先，教师组织班级同学对不同年级学生进行抽样视力测试与记录，并制作了视力统计图表（产品 1）。此外，教师还指导学生设计了问卷并进行数据分析（产品 2），用以调查学生学习时长、用眼时长、使用电子产品时长等数据。最后，通过班级分享会（产品 3）的形式，分享了日常生活中损害视力的行为、护眼策略等。

当然，如果侧重于实现项目式学习的能力目标，则可以更多地考虑不同的产品形式，或是同一产品的不同主题分类。正如下面这个项目式学习的例子：关于战争的知识，历史课上已经讲述得较为详尽，为了让学生进一步思考技术在战争中的作用，教师设计了一个初中历史项目式学习，驱动问题被定为"科学技术如何改变战争？"这是一个以调查为形式的项目式学习，学生根据兴趣分成了不同的小组，如医学、交通、通信、食物等，每组可以根据自己的主题自主选择产品。到了结项的时候，学生们的产品天马行空，有的制作了一艘船的模型，有的排练了一部短剧，有的编了一首歌曲……但无论是何种产品，学生们都在尽可能地展现他们眼中的技术对战争的影响，如果不是深入调查和查阅资料，或许很难有学生关注到食物中的罐头技术对战争的影响。

2. 主产品与子产品

尽管产品是项目式学习成果的重要呈现形式，但我们也不能陷入"唯产品论"的误区里。这是因为项目式学习最终的目的指向核心知识的学习与高阶思维的训练。因此，我们除了呈现最终产品之外，还需要关注过程性的"半成品"。这意味着当一个驱动问题被分解为多个子问题时，每个对应的子问题都可以有相应的学习成果呈现，这也为项目式学习的过程性评价做了良好的铺垫。因此，在一个项目式学习中，通常会有多个产品，我们可以将其分为主产品和子产品。一般而言，主产品具有更强的完整性，适用于公开的展示与呈现，是团体合作的学习成果。而子产品有可能是主产品中的部分关键"零件"，或者是产品的制作记录或使用说明书。尽管很多时候，我们看到的都是最后呈现的主产品，但我们不能忽视子产品的设计。这是因为子产品具有一个重要的功能，即为项目式学习的过程性评价提供重要依据。作为阶段性产品，子产品的完成质量将直接反映学生对驱动问题的理解程度以及相关知识概念的掌握情况。

3. 充分利用技术来制作和呈现产品

在项目式学习中，宣传、记录和展示的环节都应该尽可能地融入现代科技。许多项目式学习，都会设计海报类的产品，如果仍然单一地采用手抄报（或手绘）的形式，未免过于单调。更关键的是，这可能会占用学生过多的时间（对于低年级而言，还可能增加家长的负担），拉长项目周期。此时，引导学生使用在线工具设计海报，也许是一个不错的选择。自媒体时代，分享是一件轻而易举的事情。如果你想尝试拓展项目式学习与真实世界的交流，不妨借助技术手段进行产品的制作与发布。一方面，我们可以鼓励学生进行纪录片的录制、配文与剪辑，而不是每次都写研究报告或心得。另一方面，以在线平台、网站、应用程序或直播的形式进行产品发布，吸引更多校外人士（如同行、专业人士、同龄人等）进行交流与互动。总而言之，我们期待学生通过项目式学习提升数字素养与信息素养，学会使用技术工具，帮助他们更好地应对未来的生活和学习。需要说明的是，所有技术都只是用来辅助探究和创新的工具，并非只有与技术沾边的产品才是好产品。是否利用技术来制作或呈现产品，完全取决于项目本身以及时间、资源等客观条件的支持程度。

4. 使产品充满艺术色彩

将艺术运用于学科学习中，对于学生而言，是一件有趣且充满挑战的事情。事实上，项目式学习的产品并不一定是书面产品或实体产品，亦可以为戏剧、音乐、舞蹈等形式。学生将自己对现象的感知和对知识的理解以艺术的形式进行表达，有利于他们提升抽取意义信息的能力与审美的品质。以教育戏剧为例，它通过身体雕塑和身体动画的形式，让学生将抽象的意义感知进行具象化表达，这种超出语言表征的概念表达形式充分尊重了知识的具身特征，帮助学生构建兼具明述知识和默会知识特征的统整性知识体系。[①]

(二)常见产品分类

正如《所有人都可以学习：个性化教学指南》的作者麦卡锡所言，"给学生一些产品选项，更有利于他们找到展现自己的最好方式"。[②] 产品形式的多元化不是为了"变换花样"图好看，从本质上看，过程产品与结果产品要具有一致性。为了打开思路，可参考杰伊·麦克泰格、格兰特·威金斯《重理解的课程设计——专业发展实用手册》一书中产品和实际作品表现的样式[③]，具体如下。

书面形式的有广告、自传、新书介绍或书评、小册子、总集、纵横字谜、社论、小论文、实验记录、历史小说、日记、实验报告、书信、日志、杂志报道、备忘录、新闻报道、报纸报道、戏剧、诗歌、立场声明、提案、研究报告、剧本、故事、测验、网站。

口头的形式有录音带、对话、辩论、讨论、读剧本、戏剧化、晤谈、

---

① 付钰：《中小学教育戏剧的理论与实践研究》，101 页，北京，中国戏剧出版社，2020。

② J. McCarthy, *So All Can Learn：A Practical Guide to Differentiation*, Lanham, MD, Rowman & Littlefield, 2017, p. 9.

③ Jay McTighe, Grant Wiggins：《重理解的课程设计——专业发展实用手册》，赖丽珍译，135 页，台北，心理出版社股份有限公司，2008。

口头简报、口头报告、朗读诗歌、偶戏、广播剧本、饶舌歌、滑稽短剧、歌曲、演说、教学。

视觉的形式有广告、横幅标语、漫画、拼贴画、电脑绘图、资料展示、设计图、图解、背景模型、展示、绘图、幻灯片、传单、游戏、图表、地图、模型、绘画、摄影、海报、问卷、剪贴簿、雕塑、幻灯片播放、情节串联图板、网站。

事实上，教师并不一定对项目产品进行过多的限制，这取决于项目式学习的目标设定。换言之，我们也可以将项目产品的内容、方向以及范围的部分选择权交到学生手中，但尽可能让所有产品都接受相同规则的评价。当然，这也对教师如何在加强学生自主权的基础上进行管理提出了更高的要求。

项目启动和项目计划结束后，为了让学生清楚地了解项目式学习的时间进程、表现性评价任务以及自己在项目式学习中承担的职责（角色），我们建议在项目启动环节为学生发放"项目式学习学生指南"（见表4-1），指南中应包含核心驱动问题、分解驱动问题、项目任务、学习日程、角色分工等要素。

表 4-1　项目式学习学生指南

姓名：_____	角色：_____	职责：_____
小组公约： 其他成员角色： 		
项目主题：_____ 核心驱动问题：_____ 		

续表

1. 关于××主题，你已经知道了哪些知识？	2. 关于××主题，你还想提出哪些问题？	3. 你想产出哪些项目式学习成果？如何分享？	4. 在本次项目中，你可能需要哪些方面的资源支持？
与小组成员交流后的补充：	与小组成员交流后的补充：	与小组成员交流后的补充：	与小组成员交流后的补充：
分解驱动问题1	项目任务1： 项目任务2： 项目任务3：	阶段性产品1： 阶段性产品2： 阶段性产品3：	时间点1： 时间点2： 时间点3：
分解驱动问题2	项目任务4： 项目任务5： 项目任务6：	阶段性产品4： 阶段性产品5： 阶段性产品6：	时间点4： 时间点5： 时间点6：
分解驱动问题3	……	……	……
最终产品及展示方式			时间点：

学习日程				
日期	时间	学习安排	地点	参与人员
周一	9:00—12:00	入项、分组	教室	X老师
周四	8:00—16:00	历史资料研读	博物馆	Y老师、博物馆讲解员
……				

续表

每日反思	
日期	反思内容
……	

第三节 项目执行

项目执行的目的是集中推进项目进程，保证项目产品能够按照预期计划产出。本节中，我们列举了一些实用的资源获取途径与方法，希望能为教师在实施项目式学习的过程中提供便利。

一、搭建支架

在第三章，我们已经介绍了项目式学习中的支架设计原则、支架类型及示例。本节中，我们将主要围绕基于技术支持的课程学习、资源获取、协作交流、产品展示平台等支架搭建而展开。

人工智能、大数据、区块链等技术迅猛发展，将深刻改变人才需求和教育形态。智能环境不仅改变了教与学的方式，而且已经深刻影响到教育的理念。教师通过项目式学习的方式突破课堂时空的局限，利用网络学习空间进行学习评价与问题诊断，有利于开展差异性和个性化的教学与指导，促进教育公平，提高教育质量。不断发展的网络信息技术和多媒体技术为项目式学习提供了丰富的学习资料和技术支持，技术工具在项目式学习中发挥的功能体现在以下方面。

首先，利用技术来支持课程学习与资源获取。在信息社会，知识的共建与共享变得越发重要。在疫情防控期间，很多学校组织教师录制微课和短视频，尽管"制作"本身的行为值得肯定，但这将耗费教师大量的时间和精力，且部分课程由于录制时间仓促，质量堪忧，存在形式主义的嫌疑。因此，我们建议教师充分利用国家金课资源，并将重心转移到如何利用已有资源辅助教学，以及如何引导学生开展自主学习。在实施项目式学习的过程中，教师经常遇到的问题是，学生提出的问题，教师自己也不懂。其实，这是一个非常正常且普遍的现象，项目式学习在本质上就是一个师生共同探索未知的过程。为此，教师可以和学生一起，充分利用数字图书馆和网络上的高质量课程、讲座与视频资源等共同学习。现阶段，中小学可以充分利用官方学习平台，如国家智慧教育学习平台、学习强国等，亦可以和高校一起利用在线课程平台的开放教育资源。

其次，利用技术来支持协作交流与过程评价。在线沟通与写作工具有利于提高学生在团队中的合作学习效率，促进语言或书面的沟通交流与及时反馈。比较常见的沟通工具包括微信、QQ、钉钉、金山会议、腾讯会议等软件。随着面向社群的合作式写作的兴起，在线文档（如金山文档、腾讯文档、石墨文档等）在项目式学习中的使用越发频繁，这一类的工具是在 Web 的基础上对文本进行浏览、创建和修改的，具有明显的便捷和开放的优点。随着 5G 技术、人工智能、大数据库等技术在校园中的应用，智慧校园环境下的学习行为将更加智能化，包括学习过程中的行为、经验和感知等将更加个性化和智能化，这对于辅助教师开展项目式学习过程评价具有建设性的意义，在条件允许的情况下，学校还可以为每位学生建立电子档案袋。此外，城市智慧学习环境将学习环境场域进一步扩大，以学校、家庭、社区、单位和公共场所（场馆）为主。技术为学生打开了学校的大门，使他们有更多的机会接触社会中的真实项目。

最后，利用技术制作数字化产品，或将产品内容以可视化的方式公开呈现。数字化产品比较容易理解，如微电影、小程序、网站、电子海报等，制作这些产品可能需要得到学校信息技术老师的支持，学生进一步学习编程、影片剪辑、图片编辑等技术。另外，可以借助自媒体平台和社交媒体将学生的项目产品以可视化的方式公开呈现，如现场直播、网上短视频以及图文推送等。

二、进度反馈

设置检查点（checkpoints）与里程碑（milestones）是进度反馈的一种重要形式。它可以让教师更加清楚该在什么时候对项目进行监测与评估，以及具体的评估内容和评估方式，这与项目（子）任务与项目（子）产品有密切的关联。表 4-2 展现了不同时段教师开展过程性评价与监控的方法。在项目执行中，学生可能会出现一些常见问题，如学习动力不足，学习进度拖延，小组合作出现矛盾等，这时教师就需要通过增加任务的挑战性、组织讲座、鼓励同伴互助、介绍合作的方法与策略等手段，来解决这些问题。

表 4-2 项目式学习的检查点与里程碑

每天	每周	定期（阶段性）
①教师观察（进步与不足）	①学习进展报告	①表现性评估量规
②非正式交流（师生、生生）	②任务检查单	②定期项目会议
③学生反思日记	③小组合作周记	③学习成果与产品

例如，在四年级项目"低碳生日会"的执行过程中，生日会时间节点由于其特殊性，只能在月末的周四班会课上举行，不能提前，也不能推后。在这一类项目中，时间管理就显得极其重要。根据项目计划，该项目分为四个阶段，每个阶段为期一周，里程碑事件分别为发布项目计划书、探讨低碳生日会环节和元素、准备生日会必需的材料、组织低碳生日会。教师将每个周四下午的班会课作为项目检查点，确认里程碑事件的完成情况。

与此同时，我们可以充分利用进度图将进度反馈进行视觉化处理。甘特图和仪表盘是项目管理中最为常见的进度反馈，甘特图是通过活动列表和时间跨度来表示出项目任务的顺序与持续时间的（见图 4-10）。甘特图的使用范围非常广泛，可以依据不同任务进行划分，即同时呈现计划图和进度图；也可以根据不同组别进行划分，此时甘特图的功能与仪表盘类似。至于甘特图的制作，我们可以在白纸或白板上进行手绘，也可以借助办公软件制作电子版的甘特图。

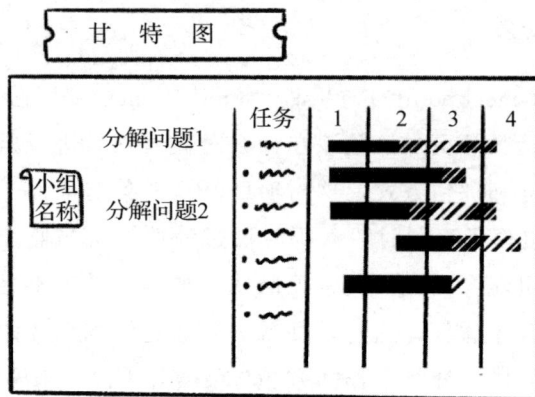

图 4-10　甘特图

在一次大学生的批判性思维课上，教师以某市地铁上发生的社会热点问题为蓝本，请学生来分析这个问题中的各方立场和处理方式，并引入批判性思维工具作为支架，支持学生的学习过程。本项目须有课前学生准备和学习的时间，因为课上时间只有 90 分钟。故而教师采用甘特图工具对项目进程进行了精细化的安排。

三、突发事件管理

项目式学习不同于常规教学，常规教学课堂的每一分钟都已经被规定好，而项目式学习有大量协作和发挥的时间和空间。突发事件管理，经常是一个项目成败的关键，教师如果经验不足，容易因突发事件浪费大量时间，或影响项目进度和团队情绪。下面从突发事件的时间管理、进度管理和情绪管理三方面来进行讨论。

时间管理其实是对事件的管理，根据"要事第一"的原则，我们可以把事件分为四类（见图 4-11）：位于第一象限的是重要且紧急的事件，例如，在成果汇报日，原定的演讲者突然生病无法上台，一个重要且紧急的危机就出现了。在项目准备阶段，考验的就是团队对第二象限事件的管理，是否有备选演讲人？这是重要但不紧急的事件。如果团队可以将第二象限的事件做好充足的准备，那么第一象限的事件就会越来越少。当第二象限的事件出现突发情况时，教师应当引导学生对此加以重视，例如，一个关键产品的制作缺乏原材料，就应该尽快找到替代物品。如果第三象限的事件出现问题，教师应当引导学生不必关注，例如，学生在排练戏剧的过程中，看到幕布有一点破损，不断关注，教师应当适度引导。若是第四象限的突发事件，例如，因为抢夺彩笔、文具出现的小摩擦，对于项目整体来说虽然不重要，但属于需要当下处理的事件，教师应当辅助学生快速处理，将精力放在重要的事情上。

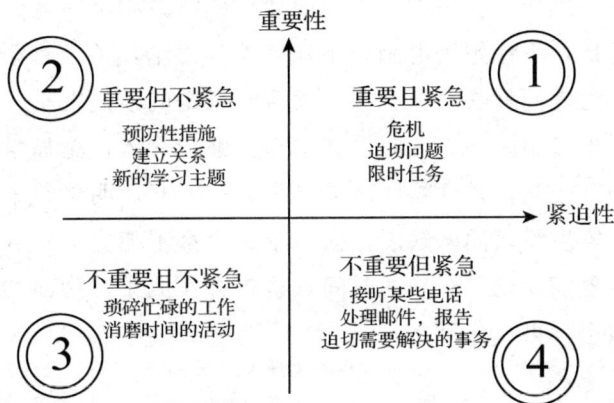

图 4-11 "要事第一"原则

在进度管理方面，教师可以参考自己的项目甘特图，从突发事件对进度的影响进行评估。例如，在新生体验营项目中，有一个环节是学生要去学校的各个空间进行空间探索。但是天气预报说活动当天有暴雨，无法进行室外活动。此时需要有两套预案：第一，活动是否可以推迟或和别的环节互换？如果可以，那么就对项目的环节做出调整，项目进度就发生了延期；第二，如果时间不能更改，必须是这一天，那么就需要有第二套方案，项目进度不变，这个活动安排在室内进行。教师需要紧急准备室内探索活动的视频资源、教材资源和道具。

在更多情况下，教师需要处理的是情绪管理。学生在团队合作中经常出现冲突，这是项目式学习中很正常的现象，如何处理冲突恰恰是学生缺乏的、需要锻炼的能力。教师应当引导学生从两方面考虑。一方面，正视冲突，正视情绪，例如，在一次四年级的项目式学习中，一名同学因为团队没有采纳他的意见而号啕大哭，老师屡次劝说也没有用。我们在与学生进行交流后，了解到最令他难过的原因是他没有被接纳。这位学生说："我在的时候，他们都不干活，我走了，他们却合作得很好！"后半句才是真正的原因，他觉得自己不被需要。此时老师带领小组开了临时会议，向小组其他成员转达了这位同学的心情，其实其他组员并没有不需要他的意思，只是太投入在项目工作中，没有顾及他的感受。这是一次非常成功的引导，团队一起解决问题，误会很快就被化解。另一方面，要对不合理的行为坚决说不。例如，在一次五年级的项目式学习中，一名女孩屡次被团队里的男孩排挤，不让她用电脑，不让她参与讨论，甚至有语言攻击。教师了解到，平时他们就喜欢孤立这名女孩，只是同学们把平日的合作方式和情绪带到了项目团队中。此时，教师需要强力介入，单靠学生是无法解决这个问题的。于是，教师将团队成员集合在一起，明确每个人的分工和职责，引导大家思考，团队缺了任何一个成员都不能完成任务，而需要通力合作，并给他们规定了明确的时间点检查合作成果，后面的合作变得非常顺利，女孩也不再受到排挤。

第四节　项目管理

在开车上班的路上，我们会实时关注交通情况，以及时调整路线最快到达目的地。项目控制的作用是通过评价或复盘来监测学生的学习情况和教师的开展项目情况。通过密切监控项目式学习的进程，教师可以了解学生个体与团队的学习进展如何，学习目标是否达到，以及小组合作是否有效。为了防止项目式学习的进程偏离轨道，需要开展过程性评价，并定期组织召开项目会议。基于过程性评价与项目会议结果，可能需要对项目计划进行调整或重新规划，这个过程本身是一种迭代。

评价是项目式学习质量控制的重要手段，您通常会使用哪些方法和手段来收集证据或直接作为评估证据呢？如果您想到的是下面这些证据（见表4-3），这说明您已经对项目式学习的评价形式有了基本的感知。需要强调的是，项目式学习的评价并不唯一，您可以根据项目开展时长、项目参与的教师人数与学生人数等具体条件，选择最为适切的评价方式。事实上，您也可以根据不同的学习目标采取不同的评价方法。对于学业发展目标，我们可以采用学习单和探究单的方式让学生进行自评，也可以通过阶段性产品或测试等表现性评价来反映学生对相关核心知识的掌握情况。关于能力发展目标，应着重关注学生在问题解决、团队协作、沟通能力、创新力与批判性思维等方面的情况，可以采用传统的观察、档案袋记录、量规评价、真实评价等方法，也可以利用信息化平台，通过对大数据的分析，对学生的行为表现进行评价。

表 4-3　项目式学习中的评价证据

① 口头表现（如汇报、对话、辩论、表演、朗读等）；

② 肢体展示（如表演、戏剧、运动技能等）；

③ 视觉产品（如海报、视频、绘画、微信推文等）；

④ 扩展性书面成果（如研究报告、实验报告、小论文、专题手册、诗歌等）；

⑤ 思维过程（流程图、思维导图、概念图）；

⑥ 自我反思日志、学习日记；

⑦ 非正式持续观察；

⑧ 量规与调查问卷；

⑨ 测验（如选择题、判断题、填空题、简答题等）；

⑩ 社会专家评议；

⑪ 其他……

一、学习评价

学习成果通常可以分为四个层次：第一层次为特性与特质，人的个性与潜能，在适当条件下便能被激发出来，是个体学习的基础；第二层次是知识、技能与能力，可通过学校、家庭、社会中的学习经历发展而来，亦属于可直接获得的学习成果；第三层次为素养，是个人特质与知识、技能和能力的整合；学习成果的最后一个层次为表现，是素养在现实情境中的结果。[1]

项目式学习主张采用表现性评价，即测量学习者运用先前所获得的知

---

[1]　林崇德：《21 世纪学生发展核心素养研究》，29 页，北京，北京师范大学出版社，2016。

识来解决新异问题或完成特定任务的能力的一系列尝试。具体而言，它是指运用真实的生活或模拟的评价练习来引发学习者最初的反应，并由高水平评定者通过多种形式，按照一定标准进行直接的观察和评判，其形式主要包括建构式反应题目、书面报告、作文、演说、操作、实验等。[①] 从这个有代表性的表现性评价定义中，我们可以获取两个关键信息：第一，表现性评价可以蕴含在项目式学习的阶段性过程中，即过程性地测量学生回应分解驱动问题或完成项目任务的水平；第二，在项目产品的展示中开展表现性评价，这是因为部分表现性评价的形式与产品之间能够建立直接的联系。

此外，表现性评价的设计应根据学习环境和学习目标进行侧重性的选择，这类似于研究者进入现场后会聚焦于他的研究主题与研究对象，而非现场发生的事件，我们也可以简单地理解为"寻找焦点"。因此，在表现性评价中，评价的标准尽量简洁（最好不超过五条），只选取那些能够集中反映学习目标的标准，过多的评价标准加重教师的设计负担和学生的学习负担，图 4-12 展示的是一种简洁的评价标准。

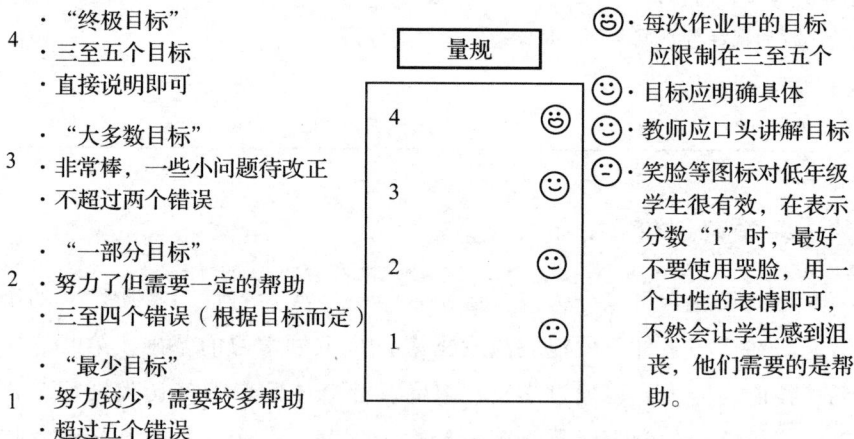

图 4-12　简洁的评价标准[②]

[①]　[美]Richard J. Stiggins：《促进学习的学生参与式课堂评价》（第 4 版），199 页，国家基础教育课程改革、"促进教师发展与学生成长的评价研究"项目组译，北京，中国轻工业出版社，2005。

[②]　[美]史蒂夫·斯普林格、[美]布兰迪·亚历山大、[美]金伯莉·伯斯安尼：《智能课堂设计清单——帮助教师建立一套规范程序和做事方法》，180 页，张月佳译，北京，中国青年出版社，2018。

由于表现性评价蕴含在项目式学习的阶段性过程中，因此我们从项目式学习的环节出发，进一步阐述如何在项目式学习中进行针对学生的表现性评价。表现性评价不仅涉及教师，更重要的是引导学生在学习过程中开展自我评价与反思。因此本节的示例以整体性量规为主，是对不同环节的整体质量的评价或成就快照，多数可直接由学习者自主填写，至于教师及其他人使用的评价量规设计，已经在前文进行了描述。

（一）启动环节

选择主题与提出问题的环节通常发生在项目启动环节，此时的表现性评价可以围绕主题本身展开，包含主题的驱动性、可操作性等。在选择主题与驱动问题后，可以设计一个问卷，考查学生对主题与驱动问题的理解程度与兴趣状况，由此来判断学生在此环节的学习状态。（见表 4-4）

表 4-4　启动环节的表现性评价参考项目

评价项	完全符合	一般	不符合
我认为这个主题十分有趣	☐	☐	☐
我参与了驱动问题和项目任务的设计	☐	☐	☐
我在提出问题时调动了之前的学习经验	☐	☐	☐
我能理解驱动问题的含义	☐	☐	☐
我觉得驱动问题有一定的难度和挑战性	☐	☐	☐
我有足够的信心完成项目产品	☐	☐	☐

在问题提出环节，教师也可以通过 KWSS（Know-Want-Share-Support，知道—想要—分享—支持）引导学生思考核心驱动问题及驱动性问题链。KWSS 表是基于 KWL 表①的一种调整，目的在于帮助教师更好地了解学生在项目开始前的学习需求。与 KWL 表一样，KWSS 表同样包括知道（Know）和想要（Want）的部分。其中，第一栏的知道引导学生回忆与主题相关的先前学习经验，从知道和了解的知识入手，可以降低学生的畏难情绪，同时帮助教师发现学生的知识漏洞与盲区。第二栏的想要部分是引

---

① "Know-Want-Learned Chart"（KWL）表由 Donna Ogle 于 1986 年创建，是一种有效的学习工具，强调以学生为中心，有利于促进学生思考，让学生自主搭建个性化的学习框架。

导学生提出问题的关键，学生在填写表格时应尽可能地保持开放，并将自主思考的结果与小组讨论的结果均记录在表格中。在第三栏和第四栏中，我们用分享（Share）和支持（Support）替换了原有的学到的（Learned），这是由于在项目启动之初，学生并不清楚能够获得的知识，但他们能预设出最终的学习产品、产品展示方式以及项目式学习过程中需要教师和社会支持所提供的资源。在某种程度上，KWSS 表（见表 4-5）是教师进行过程性教学调整的重要工具。

表 4-5　KWSS 表

主题：

驱动问题：

关于××主题，你已经知道了哪些知识？	关于××主题，你还想提出哪些问题？	你想产出哪些项目式学习成果？如何分享？	在本次项目中，你可能需要哪些方面的资源支持？
与小组成员交流后的补充	与小组成员交流后的补充	与小组成员交流后的补充	与小组成员交流后的补充

（二）计划与执行环节

学生在探索实践环节，需要充分调动自身能动性，在与小组成员合作的基础上，于规定时间内完成分解后的项目任务。依据学习目标，我们可以围绕学业发展、能力发展和身心发展等方面进行表现性评价。表 4-6 中的内容可以作为本环节的参考评价项，您可以依据实际开展情况进行补充和调整。

表 4-6　计划与执行环节的表现性评价参考项目

评价项	完全符合	一般	不符合
我阅读了与项目主题相关的背景知识	☐	☐	☐
我理解了××原理和概念	☐	☐	☐
我找到了完成项目所需的(部分)资源	☐	☐	☐
我运用了多种查找资料的方法	☐	☐	☐
我在领导小组成员展开学习和讨论	☐	☐	☐
我积极参与了小组的讨论	☐	☐	☐
我喜欢现在的小组,它有凝聚力	☐	☐	☐
我经常在讨论和发言中清楚地表达个人观点	☐	☐	☐
我在学习中使用了信息技术工具,如思维导图、Excel、Word、PPT 等	☐	☐	☐
我享受项目式学习的过程	☐	☐	☐
我在项目式学习中感到疲倦和焦虑	☐	☐	☐
我在遇到问题的时候,及时地寻求到了教师或同学的帮助	☐	☐	☐
我还想继续寻找一些问题的答案	☐	☐	☐

当项目式学习成为教学过程中的一道主菜时,不可避免地会涉及对于知识点的考查,项目式学习的表现性评价同样可以涉及对知识与能力的评价。在 2021 年浙江省初中毕业生学业水平考试(嘉兴卷)的语文试题中,直接将项目式学习的活动方案作为考查试题,既考查学生对项目式学习本身的理解,也考查学生对与主题相关知识的掌握程度和基础素养的提升。

> **评价例题**
>
> 例 1:项目方案可以从驱动性问题与成果的一致性来评价,请你根据这个原则,判断评价方案中"个人成果"的制定是否合理。
>
> 例 2:我们的项目活动到了呈现成果的时候,根据项目的方案,我们要完成《水——让生活更美好》成果集的制作。本集设"智者乐水""源远流长"两个篇章。请你根据活动体验,任选一个篇章,按要求写一篇作

文；或者，可以为本书写一个"序言"，与组内其他成员共同完成这本书的制作。自拟标题，不少于 600 字，不得抄袭，不得套作。

序言：说明本书编写意图、内容重点及特色，提出阅读建议等。

智者乐水篇：结合自己的体验，或叙事或抒情，表达对水文化的理解。

源远流长篇：运用议论等表达方式对水文化的保护和传承提出自己的观点，要求有理有据。

——2021 年浙江省初中毕业生学业水平考试（嘉兴卷）的语文试题

（三）成果展示环节

由于成果展示的形式较为多样，我们从中选取了较为通用的评价项作为参考。（见表 4-7）教师在进行成果展示环节的表现性评价时，可以根据具体的成果形式（如演讲、辩论、教育戏剧、媒体艺术作品、视觉艺术作品等）来增加专业性更强的评价项。

表 4-7　成果展示评价量规①

请选择符合实际情况的评价项，并计算总分	优秀	一般	中等
创意与信息组织			
用细节、例子、轶事和经历来强化信息	3	2	1
陈述信息的条理清楚，有过程、结果、观点和支持性证据等	3	2	1
演示时间把握得当，时间分配合理	3	2	1
使用笔记和大纲，而不是逐字稿	3	2	1
换位思考			
从众多资源中挑选最贴切的信息来吸引听众的兴趣，迎合其背景知识	3	2	1
演讲形式有针对性，如为了介绍、解释或说服	3	2	1
根据听众的不同，会选择使用非正式或正式的语言，例如，同伴对同伴或小组对大组	3	2	1

---

① ［美］阿弗雷德·索利斯、［美］约翰·拉尔默、［美］吉娜·奥拉布纳加：《PBL 项目学习——101 工作手册》，胡英、乔长红译，79—81 页，北京，光明日报出版社，2019。

续表

请选择符合实际情况的评价项，并计算总分	优秀	一般	中等
非言语沟通（表情、声音、肢体语言等）			
声音清晰洪亮，语速适中	3	2	1
通过改变音量、语调和语速，使听众全神贯注	3	2	1
用姿势、肢体语言、手势来增强和强调信息	3	2	1
与观众有眼神交流，沉稳自信	3	2	1
着装适当	3	2	1
工具使用			
使用视听媒介、道具、艺术品或素描等来强化信息	3	2	1
工具与展示成果匹配	3	2	1
回应问题			
清晰、充分地解答观众的提问	3	2	1
面对评价与反馈，能正面管理情绪	3	2	1
勇于承认无法回应的问题，或提出寻找答案的可能途径	3	2	1
总分：			

对成果本身的评价，也是需要衡量的因素，这里需要考虑的是成果与学习目标的一致性问题。例如，我们的学习目标设定为，了解兔子的形状及外貌特征；学习产品为用超轻黏土制作一只兔子。此时，我们要考察的是这只黏土兔子的形状、颜色，以及各部位之间的比例是否合适，而不单纯从美观与艺术的角度对其进行评价。常见的项目式学习成果包括记录型成果（访谈记录、照片、视频等），研究型成果（调研报告、研究论文等）与展示型成果（手工制品、出版物等）。简言之，可从学业发展、素养发展与成果专业要素角度，进行成果评价。

与传统学习评价的区别在于，项目式学习的评价并非仅由自己班级的教师主导，而是倾向于多元化的评价主体。这个特征在成果评价的环节尤为明显。我们可以将项目式学习的评价主体分成两类：一类是局内人，包括参与项目式学习的学生、教师和过程性支持人员；另一类是局外人，如其他教师、家长、社区人员、领域内的专家学者等。

一方面，"局内人"仍然是评价主体的主力军，也就是开展学生自评、学生互评与教师评价。自评的意义在于，帮助学生对项目式学习整个过程进行反思，当学生由"被评价者"转变为评价主体时，他们的主体意识将得到很大程度的激发，且由评价带来的压力感会随之降低。学生自评的时机一般会设置在每日反思或项目复盘的时候。由于教师在实施项目式学习时很难全程兼顾每个学生的表现，此时不妨开展小组内的学生互评，这种互评的结果通常较为客观。在组织学生进行组内互评时，教师应提前说明评价的规则，并设计相应的互评工具。由于这份评价工具是直接交给学生来使用，所以具体的评价标准在描述上应尽可能简单，易懂，尤其是对于低年级的学生。在项目式学习中，一些学生可能会展现出从未表现过的优势，比如，很强的动手能力，会进行系统规划，善于协调同学间的关系等，而一些学生也可能会表现出薄弱的一面。因此，对于教师评价而言，重要的一点是不带有"偏见"和"印象"来进行评价。

另一方面，为了增强学生的学习驱动力，我们可以在项目式学习中适当引入"局外人"的评价，这里的"局外人"既可以是其他班级或年级的老师和同学，也可以是在某一领域具有专长的专业人士，还可以是和学生亲近的家人、邻居、社区伙伴等。据我们的观察，"局外人"的评价通常以激励性评价为主，这种评价可以关注到学生的个体差异，即以学生个体的发展变化作为评价参照，有利于激发学生的内在需要和动机。但是，开放的评价仍然面临着未知风险，当学生遇到负面评价时，教师应该引导学生进行建设性反馈，即在感知评价后对自我学习和产品做出合理判断，并在积极管理情绪的状态下采取相应的行动。

总而言之，实施有效的过程性评价还需要做到以下两点：第一，评价先行。让学生事先知道标准，并且学生要充分地理解标准，以便在开展项目式学习的过程中自觉向标准看齐。第二，合理使用评价量规。评价量规不单纯是评价最终作品的工具，也是在整个项目式学习过程中可以用到的、为学生提供多种学习机会的工具。

二、项目会议

在项目管理的过程中，沟通不可或缺。项目会议是项目执行中一种常见的沟通方式，能够更好地达成会议目标。由于项目会议的内容涉及对前期的回顾与后期计划的调整，因此，我们可以将定期项目会议作为项目监控的重要手段。作为项目会议的组织者或筹备者，教师应该如何准备高效的项目会议呢？

首先，教师要明确项目会议的核心目标是什么。与一些传统的行政会议不同，项目会议不是"为了开而开"，而是为了实现某一目标而组织会议。在一线教学中，教师的时间与精力已经被多种事务占据。因此，在召开会议之前，请务必确认会议的必要性，避免发起不必要的会议。在制定会议目标的时候，应考虑事情的重要性与紧急程度，在时间有限的情况下明确目标的优先级。

接着，教师要进一步确定项目会议的时间、地点、参与人员和待讨论的事项。依据参会人员的不同，可以将项目会议分为四种类型：第一种是教师与全体同学开展的会议，这种会议需要讨论与所有人相关的话题，避免讨论个别小组或个人遇到的问题，适合在项目中的关键环节使用，同时也是师生集体反思的过程；第二种是教师与个别小组开展的会议，这种会议有助于教师了解团队内部的合作情况，共同解决团队合作中可能出现的问题，以及小组在学习过程中遇到的个别问题；第三种是教师之间的会议，同行间的会议助于教师发现项目中存在的问题，并获取更多的经验和建议；第四种是学生之间的会议，这种团队内部的沟通在项目式学习中十分常见，对于提升学生的团队协作与沟通能力具有重要的意义。当学生在召开内部会议方面缺乏经验时，教师可以帮助学生建立会议制度，如常见的会议流程、需要讨论的话题、会议记录模板等。

在时间方面，如果是全体成员参与的定期项目会议，需要提前将时间写入工作计划中，方便所有人预留出参会时间，并准备好会议所需的相关材料。还有一种项目会议相对灵活，也并不一定需要全体成员参加，这种会议通常具有更高的灵活性，可能是为了解决突发问题。如果是跨团队的会议，可能需要提供几个备选的时间选项给参会者，以确保会议不会耽误其他工作的时间。至于项目会议的地点，则可以根据会议的重要程度、讨论内容量以及参会者的实际情况，选择合适的会议空间。如果是相对正式的会议，如启动会议、复盘会议等，尽可能选择会议室或者研讨室，并准备好相关资源，如投屏、白板、录像、同步远程连线等；如果是临时会议，也可以选择办公室、教室等空间，开展小范围的项目会议。此外，明确会议的核心目标后，教师尽量把会议的议题列表也提前列出，以帮助师生合理规划整体会议的进程和会议时长，一般而言，议题＝待讨论事项＋期望目标。

项目会议中经常讨论的问题列表

（1）项目进展是否顺利？

（2）我们已经到达了项目的哪个步骤？项目的主任务完成情况是什么？

（3）项目是否按期进行？

（4）项目中遇到了什么问题？有解决方案吗？需要什么资源？

（5）团队合作的情况怎么样？

（6）项目有哪些做得好的地方？

（7）项目有哪些做得不好的地方？

第五节　项目终结

项目式学习强调"以终为始"，可见"终"对于整个项目的意义所在。作为一种产品与成果导向的学习，项目式学习的成果展示与评价很必要。在实践中，我们发现很多教师将成果与成果展示混为一谈，因此，这里有必要先区分这两个概念。所谓成果，指的是产品本身，表现为具体的制品和实作表现（关于产品的内容可参考本书第四章第二节"定义产品"）。而成果展示，则是将成果以及学习的过程和收获通过多种渠道和形式展现出来。当然，成果与成果展示在某种特定的情况下也有融合的情况，例如，当驱动问题是举办一次主题展览时，展览本身就是一种成果，同时也是成果展示的方式。本节将会进一步探讨项目终结中的成果展示、成果评价、庆祝活动、项目复盘等环节。

一、成果展示

成果展示是对项目式学习过程的一种终结性总结，展示学习成果在三方面具有重要意义。首先，展示学习成果可以提升学习的驱动力，可以适当增强压力。对于多数学生而言，面向公众的展示会让他们感到些许紧张和激动，进而花费更多的时间和精力完善作品，并准备好可能面对质疑的回应，这个过程也帮助他们提前反思成果的不足与缺点。其次，展示学习成果可以启发学习者的思路。面对相同的驱动问题，不同小组可能从不同的角度或形式给予回应，此时展示的过程就成为另一种学习的过程。最后，项目式学习成果的展示具备承载校园文化的功能，通过展览、书籍、电子推介，可以将学习成果进行固化保留，也可以供后来的学生和校园参观者学习和欣赏。关于公开成果展示的方法，常见的有演讲与汇报展示、画廊漫步、辩论会、作品展览馆、电子网页与海报等。

画廊漫步①

画廊漫步(见图 4-13)是一种鼓励学生位置移动、促进学生以口头或者书面形式讨论与反思既定问题或话题的合作学习策略。学生把成果写在一张大纸上，然后贴在教室墙面的不同位置。学生以个人或小组形式在不同成果面前，仔细观看和思考后，使用便利贴将自己的评论贴在大纸上，并移动到其他组继续重复上述行为。最终，学生返回到自己的成果面前，阅读其他学生给出的评论意见。

图 4-13

---

① Megawati F., *Gallery Walk: A Fascinating Technique for Publishing Texts*, The First International Conference on Language Development，17-19 June，2016，Ton Duc Thang University，Vietnam.

二、庆祝活动

在一个项目式学习完成后，庆祝活动是很有必要的。一次完整的项目式学习通常会经历一周至数周不等，学生在过程中会付出大量的时间精力（包括课堂外的时间），这种学习体验或许会在学生的成长中留下深刻的印象。至于庆祝活动的形式，倒是不必过于介意，在条件允许的情况下，可以邀请官方的电视台或报社记者来宣传你们所开展的项目式学习，或展示学生的项目产品。在多数情况下，庆祝活动是以非正式的形式开展的，一次集体的聚餐、一次简单的颁奖、一次作品前的合影留念等都可以作为庆祝活动的形式。总而言之，庆祝活动是一种仪式，更是师生共同享受丰收的过程，还是增进师生关系的好契机。

三、项目复盘

在项目管理中，复盘也被称为行动后反思，是一个不断学习、总结、反思、提炼和持续提高的过程，也是提升工作绩效和成长速度的有效方法。对于项目式学习而言，复盘的意义在于强化学习目标，对学生和项目教学进行终结性评价，从中发现亮点及需要改善的地方，总结相关经验为后来的项目式学习做铺垫。项目式学习复盘主要包括四个步骤：第一步，回顾学习目标；第二步，评估学习结果；第三步，分析过程原因；第四步，总结经验，设计后续行动计划（见图 4-14）。在具体实施的过程中，可以根据复盘规模对相关步骤进行适当增减，例如，每日学习复盘、项目任务阶段性复盘、项目完成后全面复盘等。[①] 接下来，本部分将分别从学生和教师的角度，介绍具体的复盘方法。

（一）学生复盘

阶段性学习任务或整个项目在即将结束之际，有一个重要却容易被忽视的环节，就是项目复盘。那么，学生在复盘时可以做哪些事情（活动）呢？对于学生而言，撰写项目日记是一种重要的自我反思与评价方法。认

---

① 刘永中：《行动学习使用手册：一本书讲透行动学习如何落地》，195—198 页，北京，北京联合出版公司，2015。

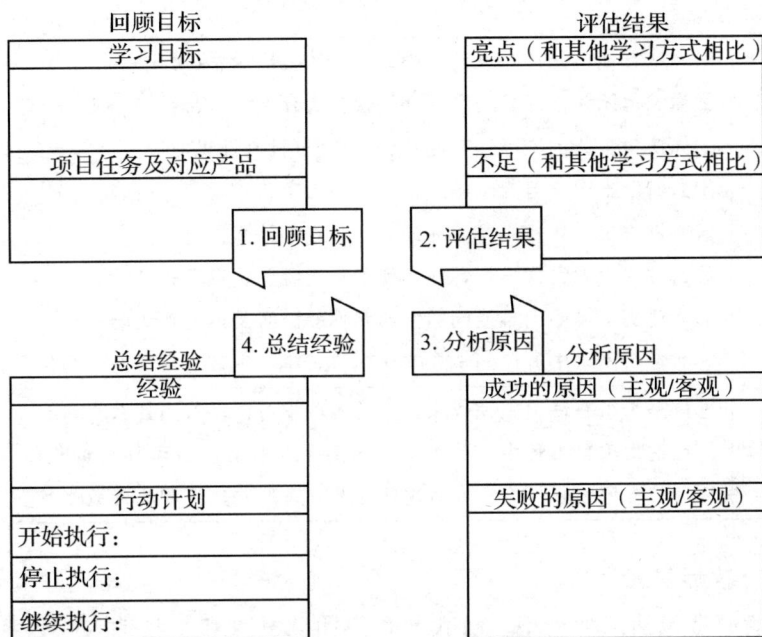

图 4-14　通用复盘步骤

知自我是每个学生的必修课，也是复盘的主要目的之一。学生在缺乏自我认知时，容易看不到自身的优点，进而产生自卑的心理，做事情也畏缩不前，抑或过高地估计自己，盲目乐观，忽略了很多学习中的细节问题，或习惯于将出现的错误和问题归结于外部因素。反思就是学习能力的一种体现，学生通过回顾之前的认知过程，再次内化基础知识，系统整合知识网络，同时反思自己在项目式学习中的行为表现，开展自我评价。除了引导学生填写反思单与评价量规之外（在第三章的"设计项目式学习评价方案"中已经提及），教师也可以通过鱼缸会议、真人图书馆等形式开展学生的自我认知活动。表 4-8 列举了学生复盘中常见的反思问题。

表 4-8　学生复盘中的常见反思问题

学业发展	①你能否用自己的语言解释××概念或原理？ ②可否陈述更多关于这个主题的事实？ ③你还想进一步学习什么内容或方法？ ……

续表

素养发展	①你从其他组的产品或工作中获得了哪些启示？（协作） ②你觉得团队沟通是否高效和愉快？为什么？（沟通） ③你认为自己的产品还存在什么问题？（批判性思考） ④如何以本次学习为基础，拓展下一次项目式学习？（创新） ⑤通过这次项目式学习，你最大的收获是什么？ ⑥通过这次项目式学习，你发现了自己哪些优点和长处？ ⑦你遇到了哪些困难或问题？你和你的团队是如何解决的？ ⑧你觉得团队中哪位同学在本次项目式学习中表现得最好，为什么？
项目整体	①你是否很有动力去完成项目中的各种学习活动？为什么？ ②在这次项目过程中，是否有你不喜欢或不满意的环节？如果有，是哪些环节？原因是什么？针对这些环节，有哪些建议和改善策略？

（二）教师复盘

复盘通常包括三种类型：自我复盘、团队复盘和复盘他人。自我复盘可以随时进行，促使个人成长；团队复盘需要在约定的时间集体开展，可以促使负责人和成员发挥集体的智慧，共同优化项目；复盘他人的一种重要类型是复盘标杆，即利用他人的经验获得自身成长。[①] 受到条件的限制，目前的项目式学习教师复盘，仍然以自我复盘和团队复盘为主。其中，自我复盘以教学反思为主，可以基于学生的反馈、学生的作品和成果等相关信息进行反思。

在团队复盘中，教师可以通过"未来探索"的会议形式，帮助教师团队在面临复杂和变化的情境时，快速制定行动策略。"未来探索"的应用场景十分广泛，团队在致力于形成共同愿景、强化内在动力、激发正能量、形成行动计划，或是确保项目执行力度时，都可以运用这种方法。开展"未来探索"有五个关键步骤：第一，回顾过去，教师可以回顾曾经的项目教学经历——有哪些令人印象深刻的人或事，以及学生的个体特质和在某一段时间内的变化。第二，分析现在，教师在开展项目式学习过程中有哪些惊喜的发现？遇到了哪些问题？造成这些问题的原因是什？这个阶段的复

---

① 陈中：《复盘：对过去的事情做思维演练》，53 页，北京，机械工业出版社，2013。

盘具有"评估"的性质，您可以参考项目式学习教学评价指标体系参考框架（见表3-25）。第三，展望未来，教师可以将理想的学习场景和成果展示场景用图画或文字的形式描绘出来，对未来的设想越具体，下一次实现的可能性也越大。第四，形成共识，经过前面几个阶段的复盘后，教师已经有了很多想法和认识，接下来是形成共同的愿景，以及达成愿景的系统化对策。第五，将对策变成具体、可操作的行动计划。[①]

鱼缸讨论（见图4-15）是一种非常独特的讨论会议类型。它是一种组织演讲和小组讨论的方法。它提供了在大型环境中进行小组讨论的好处。通常由6到8名与会者在台上或教室中间围成一圈，圈子中间留有一个空座。其他与会者只能作为观众坐在周围旁听，不能发言，只有那些坐在圈子里的人才可以发言。如果有观众想发言，他必须进入圈子（鱼缸）里，坐在最中间的那个空座上，发言完毕再回到原座位。玻璃鱼缸式会议通常有主持人参加。主持人可以参加玻璃鱼缸的讨论，也可以只负责维持会议按程序进行。[②]

图 4-15

① 刘永中：《行动学习使用手册：一本书讲透行动学习如何落地》，148—151页，北京，北京联合出版公司，2015。

② 源自名古屋外国语大学迈克尔·乔莱温斯基（Michael Cholewinski）的《鱼缸：演讲活动》（Fishbowl：A Speaking Activity），1999年1月。

第五章　项目式学习案例集锦

第一节　幼儿园案例：环保校园之定格动画[①]

一、项目简述

项目基本信息卡

项目名称	环保校园之定格动画
核心驱动问题	如何增强人们的环保意识？
项目时长	6周
学生年龄段	5—6岁
涉及学科	学前五大领域
项目最终成果	环保定格动画
成果展示方式	在校园环保展中播放环保定格动画
学校	南京荣鼎幼儿园
指导教师	刘静雯

我们在经历了一个月的前期准备，学习了垃圾分类，培训了校园里的师生，完成了垃圾分类处和可回收垃圾分类站的设计后，终于初步建成了环保校园。但在日常维护中，我们发现了一些问题，有人分错了垃圾，可回收垃圾站中的可回收物经常会"爆仓"，为什么会这样呢？

小朋友们变身环保小卫士，从做好垃圾分类、节约资源、减少浪费等不同角度宣传我们的环保理念，并录制宣传视频，制作定格动画，完善环

---

① 项目案例来自南京荣鼎幼儿园。

保校园的建设。在校园环保展中，我们邀请老师、爸爸妈妈、社区叔叔阿姨一起观看宣传视频及环保定格动画，并用行动盒子来表明我们的决心。我们一起加入环保的队伍吧！

二、项目目标

表 5-1 环保校园之定格动画项目目标

培养目标	对应标准	具体要求
学业发展目标	语言表达与读写	①能够理解垃圾分类的方式和意义，愿意和别人分享这一理念；认识垃圾分类中四类垃圾的汉字：可回收垃圾、易腐垃圾、有害垃圾、其他垃圾； ②了解定格动画的含义，并能通过思维导图——树形图的方式，创编定格动画故事； ③可以根据自己了解的垃圾分类与可回收垃圾的知识，积极思考，将自己可以实施的行动，做成行动标语。
	艺术表达与设计	①可以利用可回收材料设计、装饰行动盒子； ②可以利用可回收材料，设计和制作定格动画里需要的道具或背景； ③可以根据定格动画的故事情节，选择合适的音乐，进行配音、配乐工作。
	科学与数学	①了解正确的垃圾分类方式； ②了解可回收垃圾的种类：纸类、塑料、金属、玻璃、织物； ③明白每种可回收垃圾的正确处理方式，并正确投放； ④能够理解乱扔垃圾对环境的危害，了解人们的行为对自然环境所产生的影响； ⑤利用思维导图——树形图，了解纸制品和塑料制品的特点和用处； ⑥了解定格动画的含义，学会使用手机、云台等工具，拍摄定格动画； ⑦可以根据故事给定格动画配音； ⑧可以用数字、图形和符号等记录出可回收垃圾站中垃圾的数量； ⑨可以利用统计表，分析出数量最多的垃圾种类； ⑩可以用2个一数、5个一数的方式统计数据。

三、核心驱动问题与分解驱动问题

表 5-2　环保校园之定格动画项目驱动问题

核心驱动问题	项目成果		总时长
如何增强人们的环保意识	环保定格动画		6 周
分解驱动问题	主任务	主产品	时长
为什么我们的可回收垃圾站每天都"爆仓"呢？	了解什么种类的可回收物品最多，导致"爆仓"。	①制作可回收垃圾调查表，统计每日可回收垃圾数量，确定最多的种类；②通过思维导图——树形图的方式，探究纸和塑料的特点、来源、用途等，并反思为什么这两种可回收垃圾最多。	1 周
我们怎样才能让大家明白，垃圾分类、减少塑料制品和纸制品的使用很重要呢？	制作环保定格动画。	①创编定格动画故事，并制作故事道具或背景；②学习定格动画拍摄工具、软件的使用，拍摄定格动画，并在老师的协助下剪辑，配音，配音乐。	4 周
我们怎样才能让大家行动起来，做好垃圾分类，少用塑料制品和纸制品呢？	做行动盒子和标语。	①了解什么是行动盒子，自己制作装饰环保行动盒子；②思考自己需要为垃圾分类、减少纸制品和塑料用品的使用实施的行动是什么，并完成行动标语的制作。	1 周

四、项目式学习实施过程

（一）入项活动

采访活动：你了解垃圾分类吗？

持续时间： 2 节课

教学活动

教师帮助学生准备访谈提纲，几个适合幼儿提问的简单问题即可，采访对象可以是同伴，可以是教师。

(二)分解驱动问题 1

为什么我们的可回收垃圾站每天都"爆仓"呢？

持续时间：1 周

教学活动

1. 统计可回收垃圾站的物品数量

(1)制作可回收垃圾站统计表，每日统计其中的物品数量。

(2)累加三天的数量，了解哪类物品最多，导致可回收垃圾站"爆仓"。

(3)学习思维导图——树形图。

2. 探究塑料制品和纸制品的数量

(1)学习思维导图——树形图，了解图表的含义。

(2)利用树形图来探究塑料制品和纸制品的数量，并讨论过多使用的原因。

设计思路

在学校的可回收垃圾分类站的每日管理中，小朋友们经常发现，我们的回收筐"爆"掉了，虽然每日都在整理，但是到了第二天，回收筐还是会满到装不下，为什么会发生这样的情况呢？我们抓住这一现实情况，进行数据统计与分析研究，发现人们在生活中用了太多的塑料制品和纸制品，而它们如果没有被很好地回收利用，就会对环境造成很大的危害，这激发了小朋友们的动机，提醒大家做好垃圾分类，号召少用塑料制品和纸制品。

相关资源

涉及的资源包括思维导图，可回收垃圾站，塑料制品和纸制品危害环境的视频。

(三)分解驱动问题 2

我们怎样才能让大家明白，垃圾分类、减少塑料制品和纸制品的使用重要呢？

持续时间：4 周

教学活动

1. 环保定格动画创编

(1)了解什么是定格动画，用思维导图——圆形图的方式分析其中的要素。

(2)学习思维导图——树形图和故事创编元素（时间、地点、任务、开始、经过、结尾），创编环保定格动画故事。

2. 环保定格动画制作

根据故事树形图，利用可回收物品，制作故事道具和背景。

(1)学习定格动画拍摄工具、云台等的使用方法，根据故事树形图，开始故事拍摄。

(2)根据故事情节，利用定格动画编辑软件，进行故事的配音、配乐和剪辑工作。

设计思路

小朋友们在探究纸制品和塑料制品，以及在网上搜索环保视频时，被一种叫作定格动画的影片所吸引，特别是一部叫作《Fish》的短片，看了很多遍。他们觉得这样的方式既有意思，又能提醒大家少用塑料制品，做好垃圾分类，这种方式特别好，所以小朋友们就想可不可以做一部属于自己的环保定格动画。于是大家就根据现实情况，编出了两个环保故事，并进行了制作。

(四)分解驱动问题 3

我们怎样才能让大家行动起来，做好垃圾分类，少用塑料制品和纸制品呢？

持续时间：1 周

教学活动

1. 讨论环保行动标语

(1)讨论在生活中，可以做哪些事情来减少使用塑料制品和纸制品。

(2)制作环保行动标语。

2. 了解制作行动盒子，并拍摄视频

(1)了解行动盒子，利用可回收物品制作行动盒子。

(2)拍摄行动盒子与标语视频，放在定格动画的最后。

设计思路

在完成环保定格动画后，我们进行了讨论：在现实生活中，究竟可以做些什么来减少塑料制品和纸制品的使用，更好地进行垃圾分类呢？小朋友们根据自己的生活经验，说出了自己想法。他们做了标语，同时了解到行动盒子，并用可回收物品制作装饰，最后拍下行动视频，希望更多的人可以用实际行动做好垃圾分类，保护环境。

五、项目式学习评价方案

表 5-3 环保校园之定格动画项目评价方案

主要产品/表现	知识/能力目标	证据	评价方式	评价时机
可回收垃圾数据统计表	①尝试制作统计表；②用自己的方式进行数据记录统计；③数字连加	①用数字和图表进行记录；②数据统计结果的正确性	评价量规	形成性评价
定格动画故事	①了解用树形图编故事的方法；②可以完整、有逻辑地编撰环保故事，并能够和他人分享	故事的完整性、树形图的正确使用	教师及时反馈	形成性评价
定格动画	①创造性地使用不同材料制作道具；②了解定格动画的拍摄方法，学会使用视频编辑软件；③知道拍摄中的角色任务，可以分工合作进行定格动画的拍摄	定格动画的完整性、趣味性及现实意义	自我评价表观众评价表	终结性评价

六、项目反思

(一)教师反思一

小朋友们在初步建成环保校园后，兴奋之余，还在每日的垃圾分类回收站发现了问题：为什么会有那么多的可回收垃圾？为什么大家总是会扔错？我们进行了总结反思：小朋友们觉得只听了我们的培训是不够的，总是有人觉得这件事情不重要，我们还需要加大宣传力度，让所有人意识到垃圾分类的重要性。也就是在研究了塑料制品和纸制品之后，有了拍摄定格动画的想法。

在定格动画的拍摄中，刚开始是很不顺利的，所有小朋友都想操作手机云台，负责摆放道具的小朋友也不是很有耐心，一点点移动道具，一不小心碰到了背景板，道具歪了可能就要全部重来，不然的话会不连贯。大家集体看了刚开始拍摄的画面，都觉得不太满意。经过集体反思，大家意识到团结协作的重要性，重新认识到每个人的角色都很重要，无论是导演、摄影，还是摆放道具的演员，都要集体专注合作，才能完成定格动画的拍摄，最后大家可以非常专注，不太需要老师的帮助而独立进行拍摄了。

(二)教师反思二

环保校园的项目起源于南京在 2020 年 11 月开始的强制垃圾分类政策，这对于学校的孩子来说，是一个学习的契机。既然有这个任务，不如将其设计成一个项目式学习，也可以解决这个实际问题。

项目的前半程进展还算顺利，学生认识不同的垃圾桶，了解垃圾分类的方法，给全校师生进行垃圾分类培训，设计分类垃圾站、可回收垃圾站等。直到开始了每日维护，问题就凸显出来了，这才有了接下来的环保定格动画项目。在学期末的成果展中，小朋友们再次向全校师生宣讲了垃圾分类的重要性，播放了定格动画，并邀请大家明确自己的行动，和行动盒子合影，一起利用可回收物品，制作可以再利用的物品，可以说整个项目完成得很成功。

但是垃圾分类的任务，不该只停留在我们做项目的这几个月里，我们怎样继续维护我们的垃圾分类站？在这届孩子们毕业后，我们又怎样把这些很好的思想理念传承给后面新来的孩子呢？所以在接下来的日子里，定期维护和宣讲也就变得很重要了。孩子们在生活中真的可以做到垃圾分类以及减少塑料制品、纸制品的使用，就很有意义了。

第二节　小学案例：一出好戏①

一、项目简述

项目基本信息卡

项目名称	一出好戏
核心驱动问题	如何演出我心中的匹诺曹？
项目时长	5 周
学生年龄段	二年级
涉及学科	语文、美术
项目最终成果	《木偶奇遇记》戏剧展演
成果展示方式	各班轮流在小剧场演出戏剧《木偶奇遇记》，邀请教师、家长及校外专业人士一起观看
学校	北京亦庄实验小学
指导教师	冯慧敏、张雅萌、赵秀秀等级部(2019 级)全体教师

　　你相不相信，在这个世界上有个小男孩和我们每个人都有些相似？为了找到这个小男孩，北京亦庄实验小学二年级全体学生在语文老师的带领下，在共读手册的帮助下，学习了整本书的阅读方法，学习通过阅读去了解人物的特点，梳理故事的脉络。同学们遨游在《木偶奇遇记》中，被小木偶从会说话的木头成长为真正孩子的过程所触动。同学们实在太喜爱匹诺曹这个角色了，于是他们决定依靠自己的力量，把这个故事搬到舞台上。

---

① 项目案例来自北京亦庄实验小学。

二、项目目标

表 5-4　一出好戏项目目标

培养目标	对应标准	具体要求
学业发展目标	读写素养	①完成整本书的阅读，了解故事的大致内容，对故事中的人物、情节等有自己的判断和评价； ②学习编写剧本，书面表达顺畅，逻辑清晰，能够写清楚自己的观点和思考； ③通过阅读提升学生信息提取、整合分析、阐释说明、推理判断、反思评价、创造应用等阅读思维能力。
	艺术素养	①借助肢体、台词和道具将所见、所闻、所感表现出来； ②借助身边易得的各种素材，体验制作活动的乐趣； ③海报的制作和布局。
CREATE素养发展目标	真实问题与合作	①能够与组内同学沟通与合作，共同完成戏剧筹备工作； ②善于提问，能够用礼貌的、准确的、简练的语言表述自己的问题； ③能够理解团队共同的目标和方向，能够与同伴顺畅沟通，达成共识； ④清楚团队角色的划分和每个成员的职责。
	同理心	①能够从观众需求的角度去思考戏剧表现、海报制作和门票设计； ②能够从同伴需求的角度完成道具制作。

三、核心驱动问题与分解驱动问题

表 5-5　一出好戏项目驱动问题

核心驱动问题	项目成果		总时长
如何演出我心中的匹诺曹？	《木偶奇遇记》戏剧展演		5 周
分解驱动问题	主任务	主产品	时长
匹诺曹都经历了哪些有趣的故事？	完成整本书的阅读	阅读手记	3 周
我心中的匹诺曹是什么样的孩子？	完成剧本创作	通用剧本	1 周

续表

分解驱动问题	主任务	主产品	时长
如何策划一出戏剧，演出我心中的匹诺曹？ 导演组：如何为演员分配角色和台词？ 演员组：如何通过表演展现戏剧中角色的张力？ 道具组：如何利用有限的材料完成道具制作？ 宣传组：如何吸引更多的人来观看戏剧？	策划一次有吸引力的戏剧表演	制作海报 个性化门票 演出道具 戏剧演出	1周

四、项目式学习实施过程

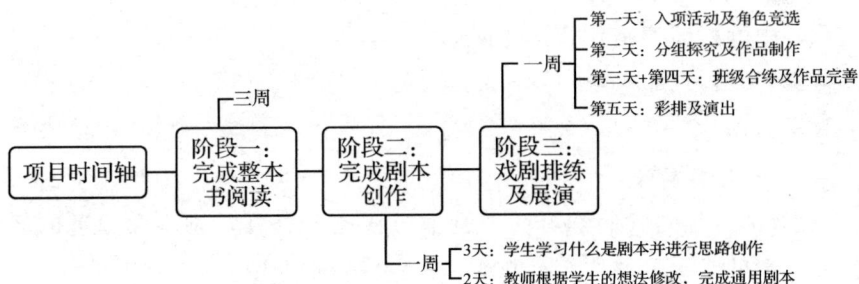

图 5-1　一出好戏项目实施过程图

(一)分解驱动问题 1

匹诺曹都经历了哪些有趣的故事？

持续时间：3 周

教学活动

1. 发布共读任务，形成阅读小组

(1)教师发布整本书阅读的共读计划，每个同学要完成自己的阅读手册。

(2)形成阅读小组，共读过程中，小组内部可以交流心得，互相学习生字词，并分享阅读体验。

2. 使用阅读手册，完成整本书的阅读

(1)学生将通过课下自主阅读，课上交流感受的方式，开展整本书的阅读。

（2）以"好孩子成长营"为切入点，引导孩子在读书时，完成阅读手册中的任务。

（3）阅读手册按照章节顺序设置了每个章节需要完成的阅读任务，有的是字词巩固，有的是段落理解，有的是小习作……

设计思路

本阶段的整本书的阅读是为后续的戏剧展演打好基础，不是突兀地给学生一个生硬的剧本，而是先通过原著阅读，让孩子理解故事的全貌。同时了解童话故事的书写方法和风格，为后续的剧本创作打好基础。

相关资源

涉及的资源包括《木偶奇遇记》图书，以及教师自主设计的阅读手册。

（二）分解驱动问题 2

我心中的匹诺曹是什么样的孩子？

持续时间：1 周

教学活动

1. 学习剧本编写

（1）教师带领同学们学习一个剧本应该是什么样，剧本和原著的区别是什么；帮助学生了解什么是剧本，并生成思维导图。

（2）根据思维导图中的要素和情节，安排本小组剧本的内容。

2. 形成通用剧本

参加学习的是二年级的小朋友，他们的写作能力还没有达到形成完整剧本的程度。所以，教师收集同学们剧本创作的思路，并改写成一个符合儿童语言特点的剧本，全年级通用。

设计思路

本环节安排了学习剧本编写的内容，而不是直接塞给学生一个现成的剧本。通过这个环节，学生可以了解到，剧本与小说不同，需要人物、场景、对话、旁白等。由于学生的年龄特点，他们并没有能力完整地书写剧本，让学生有所体验就可以。最后由教师形成通用剧本，降低项目难度，提高项目可行性。

（三）分解驱动问题 3

如何策划一出戏剧，演出我心中的匹诺曹？（项目周）

持续时间：1 周

教学活动第一部分

1. 入项活动：全年级上大课

(1)年级负责教师向同学们介绍本周要做的项目。

(2)介绍本次项目的四个大组。即导演组、演员组、道具组和宣传组，以及每个大组(角色)需要承担的职责。

(3)介绍最终成果展演的方式和时间安排。

2. 回到各班级，重温《木偶奇遇记》

由教师带领学生领读、回顾《木偶奇遇记》这本书。

设计思路

采用年级上大课的方式，既可以打造一个比较强烈的入项氛围，又提高了效率。在这个环节，邀请专业的表演教师来做示范，让学生真切感知到演戏剧和说话是不一样的。

相关资源

涉及的资源包括专业表演指导教师，以及集体授课的场地。

教学活动第二部分

1. 角色认知

(1)教师介绍本次项目四个大组的职责。

(2)播放由学校戏剧社的哥哥姐姐们录制的视频，分享他们承担这些角色的心得体会。

2. 角色竞选

(1)教师确定几类角色所需要的人数。

(2)请同学们书写自己的心愿单，写出想要竞选的角色，并描述竞选理由。

(3)按角色请候选人上台，宣读自己的竞选宣言，同学们现场投票。每个人都有自己的角色。

设计思路

本环节的重点目标是增强学生的角色认知，包括他们在小组合作中的角色，而不仅仅是剧本中的角色。在竞选之前，先播放学长们的视频，让他们直观地看到，一个戏剧团队中有几种非常重要的角色，他们的职责是什么。在竞选环节，让角色分配的过程充分体现学生的自主权，每个学生的角色都是自己选择的，而且是自己通过竞选争取来的，他们格外珍惜自己的角色。这样的选择权，会提升他们在项目过程中的投入度，每个人都做自己选择的事情，专注度非常高。

教学活动第三部分：产出成果

1. 进一步认知自己的角色

（1）开始全年级走班学习，同学们分别去自己的角色所在的大组。例如，导演组去戏剧教师那里，参加戏剧教师带领的导演培训，道具组去美术教师那里，由美术教师带领进行道具的制作，演员组主要由语文教师来带领进行台词培训。

（2）导演组的戏剧教师带领同学们了解演员走台的相关知识，并提供"导演手记"小工具。

（3）道具组的教师在小组开始制作之前，先展示一些舞台图片，让学生认识：什么是道具，道具在表演中的作用。

（4）演员组的教师带领大家做戏剧训练小游戏，例如，词语与情绪，肢体语言表达等，并提供"演员手记"小工具。

2. 分组探究，形成作品

（1）每个班的四个导演和演员一起排练。

（2）宣传组开始设计制作海报，制作个性化门票，制作教师和校长邀请函。

（3）道具组开始设计制作演出用的道具，如头饰、服饰、舞台、背景等。

设计思路

本环节是在为后续工作的开展做好充足的知识准备。当学生们选择自己喜欢的角色后，他们在情感上是很愿意投入的，但是在能力上还有所欠缺，因为几乎所有人都是第一次当导演，第一次当演员。因此我们将各个小组都交给专业的教师来进行培训，戏剧教师负责导演组，美术教师负责道具组，语文教师负责台词训练等。分组探究有助于提高效率，宣传组、道具组、表演组互不干涉。

相关资源

涉及的资源包括专业教师，走班个性化课表，每个阶段知识准备的资源库(图片、视频资料、PPT、脚手架表单)，制作道具和宣传海报所需要的颜料、画笔、塑料板、硬纸壳、彩纸、彩泥等。

教学活动第四部分：分组练习，班级合练

1. 演员组分组练习，道具和宣传组制作作品

(1)有四幕，导演带领演员们过台词，走台，排练。

(2)教师给予及时的反馈和指导。

(3)道具组和宣传组平行活动，制作作品。

2. 班级合练

(1)各班级开展合练，戏剧中的四幕需要平稳过渡，进而形成完整剧目。

(2)每组演出的时候，其他同学手中都有评价表，为表演的同学打分。

3. 剧场彩排

(1)各班预定彩排场地，进行实地走台，彩排。

(2)此时道具组需要跟演员组合作，熟悉道具的使用方式，导演负责协调工作。

教学活动第五部分：成果展示，正式演出

①各班级在指定的时间使用剧场进行演出，并邀请家长前来观看，由学生下发个性化门票。

②完成戏剧的表演。

③颁发奖品和奖状，合影留念。

设计思路

大舞台的成果展示，会让同学们的项目过程更有成就感，也会激发同学们的潜力，促其完成更优质的作品。邀请家长参加演出，这是家校共育的良好体现；同时家长可以亲眼看到孩子在学校的成长，看到孩子的精彩表现。

相关资源

涉及的资源包括演出的场地(舞台、灯光、摄像)，提前准备好的奖状、奖品。

五、项目式学习评价方案

表 5-6　一出好戏项目评价方案

主要产品/表现	知识/能力目标	证据	评价方式	评价时机
整本书的阅读	了解故事情节和人物	对故事情节和人物的理解	评价单	形成性评价
宣传海报	①尝试用工具将所见所闻所感表现出来；②海报的制作和布局	海报的宣传性、完整度、美观性	教师及时反馈、优秀海报评选	形成性评价、终结性评价
个性化门票	尝试身边易得的各种素材，体验制作活动的乐趣	门票关键信息，布局，个性，美观	教师及时反馈、优秀门票评选	形成性评价、终结性评价
道具制作	①尝试身边易得的各种素材，体验制作活动的乐趣；②采用造型游戏的方式进行无主题、有主题的表演和展示	道具的可用性、美观性	教师及时反馈、最佳道具师评选	形成性评价、终结性评价
戏剧展演	语文目标、戏剧目标	剧本的理解、舞台表现	彩排时评价表、展演时评价表、各种奖项评选	形成性评价、终结性评价

评价量规示例

整本书的阅读评价单（之一）

请你从图 5-2 中"一根会说话的木头"出发，按照故事发展的顺序连线，帮助小木头顺利地成为真正的孩子，走出迷宫。

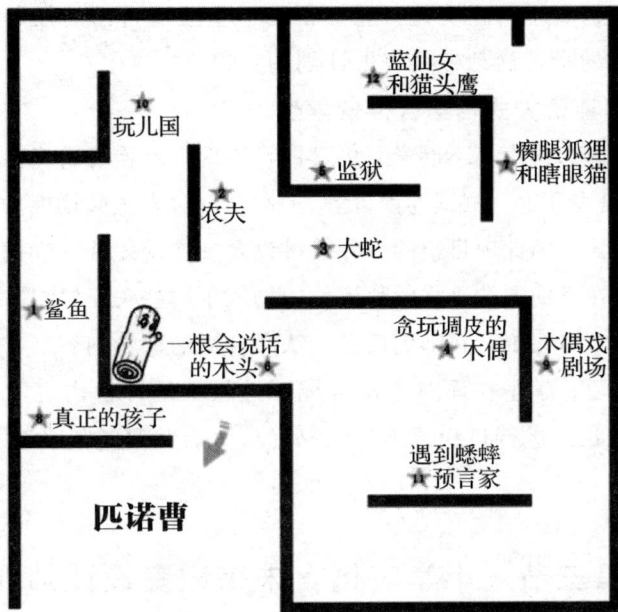

图 5-2　整本书阅读迷宫图

六、项目反思

为期五周的项目式学习告一段落，回顾一番，仍有许许多多的感动与心得值得记录。在项目的实施过程中，教师们也从多方面进行反思，获得了宝贵的经验。

(一)细致的日程表能够达到事半功倍的效果

面对第一次走班形式，教师们有比较大的担忧：学生能否同小组成员高效有序地进行走班培训？为此，项目组的教师们进行了十分细致的准备工作。首先确定导师名单，其次根据职务组的人数进行班级合并……最终每个导师的手中都有一份详细的日程表，让每一项工作都落实到人。职务竞选完毕后，每一名同学会根据自己的职务制作自己的日程表，学生会清楚地标记出某日某时要在某地进行某种学习活动。在走班过程中遇到困难时，学生可以随时通过查阅日程表来解决问题。在项目实施中，一个年级400多名学生，每名学生都能准确地走班学习。这样一个看似简单的日程表，有助于项目真正落在实处，能够帮助学生厘清自己的任务，同时也启迪师生在今后的学习活动中要有做计划的意识。

（二）多种评价方式相结合评价学生

面对不同能力维度、不同学习内容的评价时，本次评价尝试采用多种评价形式（问卷量表评价、测试卷评价等）。例如，对学生阅读能力的评估不适合利用问卷形式，因此项目组的教师通过设置一些简短并有趣的问答题进行测评。同时，在学期末的语文学科评价中加入了一些关于《木偶奇遇记》的题目。通过此次学习评价，教师们反思，认为合适的评价内容与评价方式有助于学生持续学习。学生在面对丰富且趣味性较强的评价内容时，会以一种轻松且安全的状态进行自我评价与反思，从而能做到更好地学习。

第三节　小学案例：未来教室设计师①

一、项目简述

项目基本信息卡

项目名称	未来教室设计师
核心驱动问题	如何设计适合我们未来学习的教室？
项目时长	1 周
学生年龄段	三年级
涉及学科	语文、科学、数学、艺术
项目最终成果	未来教室设计方案
成果展示方式	分别在小剧场、体育馆进行答辩
学校	北京亦庄实验小学
指导教师	王婷婷、蒲乐洋、陈诗涛、郭雪敏、卢漫漫等级部（2018 级）全体教师

---

① 项目案例来自北京亦庄实验小学。

二、项目目标

表 5-7　未来教室设计师项目目标

学业发展目标	语文学科	①交流对大胆想象的体会，感受大胆想象的乐趣； ②观察周围世界，能不拘形式地写下自己的见闻、感受和想象； ③综合性学习，尝试写简单的研究报告。
	艺术学科	①学习视听艺术，建立艺术表达时空观； ②学习场景图，使用线条和色彩表达想法。
	数学学科	①能够从实际物体中抽象出简单几何体和平面图形，初步掌握测量、识图和画图的技能； ②探索图形的形状、大小和位置关系，了解几何体和平面图形的基本特征； ③运用数学知识和方法解决问题。
CREATE 素养发展目标	批判性思维	①可以区分参考资料中的事实和观点； ②经过研究、对比、权衡形成创造性解决问题的意识和能力。
	有效沟通团队合作	①促进团队成员按照计划表完成相关事项； ②口头表达顺畅、流利、有条理，能够说清楚自己的观点和思考； ③书面表达顺畅，思路清晰，能够写清楚自己的观点和思考。

三、核心驱动问题与分解驱动问题

表 5-8　未来教室设计师项目驱动问题

核心驱动问题	项目成果		总时长
如何设计适合我们未来学习的教室？	未来教室设计方案		1 周
分解驱动问题	主任务	主产品	时长
现在教室待解决的现实问题是什么？我要重点解决哪一个？	确立项目目标	项目计划、调研问卷	1 天

续表

分解驱动问题	主任务	主产品	时长
科技馆里有哪些可迁移的技术帮我解决这些问题？	调整项目目标	探究报告	1天
不同时代的教室有哪些区别与联系？如何解决我的问题？（创新之处）	初步确定方案	平面图 场景图	1天
我想到的解决方案怎样呈现得更清楚，更科学？	形成设计方案	设计方案	1天
我的方案是否真的能解决问题？	进行方案答辩	①未来教室初体验，班级答辩； ②未来教室海选营，年级答辩； ③未来教室体验馆，年级分享； ④未来教室自定义，终极答辩	1天

四、项目式学习实施过程

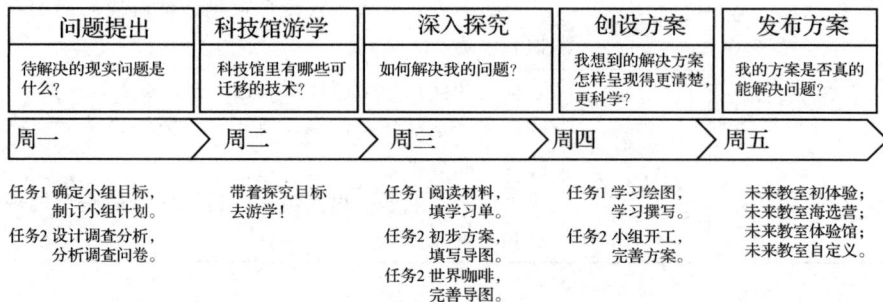

问题提出	科技馆游学	深入探究	创设方案	发布方案
待解决的现实问题是什么？	科技馆里有哪些可迁移的技术？	如何解决我的问题？	我想到的解决方案怎样呈现得更清楚，更科学？	我的方案是否真的能解决问题？
周一	周二	周三	周四	周五
任务1 确定小组目标，制订小组计划。 任务2 设计调查分析，分析调查问卷。	带着探究目标去游学！	任务1 阅读材料，填学习单。 任务2 初步方案，填写导图。 任务2 世界咖啡，完善导图。	任务1 学习绘图，学习撰写。 任务2 小组开工，完善方案。	未来教室初体验，未来教室海选营，未来教室体验馆，未来教室自定义。

图 5-3 未来教室设计师项目实施过程图

(一)分解驱动问题 1

现在教室待解决的现实问题是什么？我要重点解决哪一个？

持续时间：1天

教学活动

1. 入项活动

(1)发布探究任务。

(2)项目组教师介绍项目背景。

(3)学校二期加建团队教师讲述二期加建项目如何开展，以及学校的各个空间是如何改造的。

(4)项目组教师初步提问学生构想，在头脑风暴的基础上发布任务，明确探究任务。

2. 定义未来教室

(1)为了完成这个项目，我们要做哪些事情？说明成果展示形式。

(2)头脑风暴。

①理想的未来教室是怎样的？

②现在的教室有哪些优势和不足？

(3)设计调查问卷。

(4)采访调研户外活动的学生和教师。

(5)分析调查问卷。

3. 确定小组目标

(1)组内和班内调查问卷数据分析。

(2)小组确定目标，制定项目日程表。

(3)小组间分享目标，并反思目标。

(4)反思总结。

4. 游学准备

(1)游学讲解。

(2)项目反思。

设计思路

本项目的问卷调查是为了找出现在的教室亟待解决的问题或不足，在了解教室建设背景的基础上大胆提出设想，为后续未来教室的设计打好基础。任何新设想的提出都不能凭空而来，而是要根据现实条件进行。

(二)分解驱动问题 2

科技馆里有哪些可迁移的技术帮我解决这些问题？

持续时间：1 天

教学活动

①回顾小组目标；

②给出探究提示；

③讲解科学原理。

设计思路

游学设计既不是没有教育目的的游玩，也不是突兀地给学生一些深奥的科学知识，而是通过任务的驱动，让学生带着目标了解先进的科技成果，并尝试迁移。同时也考验组员是否清楚自己的团队目标，并进行有效沟通与合作。

相关资源

涉及的资源包括科技馆游学学习单。

(三)分解驱动问题 3

不同时代的教室有哪些区别与联系？如何解决我的问题？(创新之处)

持续时间：1 天

教学活动

1. 阅读材料，确定教室功能分区

(1)阅读不同时代的教室资料(三个时代)，进行初步归纳分析。

(2)阅读先进教室案例及未来学习方式文章（图文资料、视频资料），完成学习单，并与组内同学展开讨论。

2. 小组讨论初步设计方案，形成思维导图

(1)学生完成多次资料输入，课上交流思考的成果，开展小组思维导图绘制。

(2)教师在平时课堂练习的基础上，给出绘制思维导图的指导。

(3)学生小组内完成，导师进驻组内指导。

3."世界咖啡"分享与交流

(1)教师说明"世界咖啡"的规则，学生组内根据规则商定分工。

(2)年级内以楼层为单位，学生在 4～5 个班级间进行分享和交流，导师参与其中，参与讨论，记录学生观点。

(3)班级教师组织学生在班级回顾收获。

4. 组内完善思维导图并复盘当日得失

学生根据复盘工具组内逐个分享，组间派代表交流。

设计思路

为学生从两个角度提供了文字、图片和视频资料，帮助学生对设计方案进行进一步的结构化，并把前几次的信息输入进行整合思考。"世界咖啡"则为学生提供了即时、有趣且有效的交流方式，帮助学生在团队合作中收获交流的乐趣和思维的火花。

相关资源

涉及的资源包括不同时代的教室和先进教室的图文资料，思维导图模板，"世界咖啡"教师说明 PPT，"世界咖啡"学生记录单。

(四)分解驱动问题 4

我想到的解决方案怎样呈现得更清楚，更科学？

持续时间：1 天

教学活动

1. 导师分板块授课

(1)学习绘制平面图(数学教师讲解并给出范例)。

(2)方案撰写和讲解(语文教师讲解并给出范例)。

(3)提供图文并茂展示的例子，如科幻画、手绘(美术教师讲解并给出范例)。

2. 学生们创设方案

(1)导师分板块指导。

(2)学生小组内分工协作创设方案。

(3)导师进驻组内，提供帮助。

设计思路

学生在多次信息输入和结构化思考的基础上，已经初步完成了方案。每一部分方案完成后，我们邀请不同学科组的导师给予相应指导，帮助学生把所学、所思、所创进行充分呈现，在呈现的过程中落实语文和数学的学科知识运用。

相关资源

涉及的资源包括各部分导师用的 PPT，设计方案说明，评价量规(每个小组一份纸质版)。

（五）分解驱动问题 5

我的方案是否真的能解决问题？

持续时间：1 天

教学活动

1. 未来教室初体验

（1）班级小组演练。

（2）小组展示和投票。

（3）分组展示，学生互相投票。

2. 未来教室海选营

学生进行小组展示和答辩。

（1）班级小组

①班级内剩余小组观看其他班推选的不同优胜组的演讲 3 次。

②由一名教师带领学生进行复盘，通过听别的小组的设计方案及思路，思考自己的设计有哪些不足之处，或思考自己听到的创新之处，完成项目反思单。

（2）年级海选

①每组将自己的海报夹在画架之上，留两个人进行介绍，3 个人负责听取别组介绍并评价。

②每班顺时针听取 3 个小组的介绍，如 1 班 1 组听取 2 班 1 组的介绍。

③评价者需手持评价单、笔、两个评价贴纸，边听边进行评价，并记录该小组的创新之处，在完整听完 3 个小组的介绍之后，谨慎投出自己心中认为比较好的两个小组。

④各班带队教师拥有 3 票投票权，可在现场任意听 5—7 组介绍，并投票。

⑤注意：各小组不得采用送礼物、抽奖等方式拉票，严格按照评价单进行投票，严肃、认真地进行投票评价环节。

3. 未来教室体验馆

学生进行小组答辩和展示。经海选营选出来的 6 组优胜队伍可撤离现场，准备下午的答辩赛，剩余 22 组为观众讲解，并产生 8 个"未来教室创意奖"。

（1）各班摊位只留 3 位讲解员进行讲解（可与投票人员互换身份）。

（2）各班完成项目反思单后错峰到体育馆听取讲解，每名学生手中有两张票，随机听取 3—4 个评价讲解，并投票。

4. 未来教室我定义

学生进行终级答辩和反思。

（1）未来智力快车抢答环节。

（2）未来教室设计方案展示和小组答辩。

设计思路

激励学生思考，鼓励学生合作，为学生提供展示智慧思考和口语表达的平台。中间两次答辩的安排是保证给更多学生参与机会，并且帮助学生从多个视角认识本次项目式学习。

相关资源

涉及的资源包括设计方案说明，评价量规。

五、项目式学习评价方案

表 5-9 未来教室设计师项目评价方案

主要产品/表现	知识/能力目标	评价组织	评价方式	评价时机
未来教室设计方案	①能够通过对比法、观察法得出对自己有用的信息；②可以用数学语言（文字、图形等）来整理和表达信息；③研究报告或项目日程表有助于完成展示汇报的任务。	班级、级部、学校三级答辩	生生互评、师生共评、专家评价	终结性评价
设计方案演讲展示	①能够将阅读材料和参观的信息融入自己的沟通和表达中；②口头表达顺畅，流利，有条理，能够说清楚自己的观点和思考。	班级、级部、学校三级答辩	生生互评、师生共评、专家评价	终结性评价

续表

主要产品/表现	知识/能力目标	评价组织	评价方式	评价时机
团队合作和有效沟通	①能够理解团队共同的目标和方向； ②促进团队成员按照计划表完成相关事项； ③与团队成员共同开展反思复盘活动，并形成改进措施。	小组内评价、班级内评价	生生互评、师生共评	形成性评价、终结性评价

评价量规示例

表 5-10　设计方案评价量规

	评分标准	分值
第一部分：定义	介绍清楚使用时间	1 分
	介绍清楚用户	1 分
	介绍清楚主要用途	1 分
	介绍清楚设计目标，3—5 条	2 分(不足 3 条得 1 分)
第二部分：概况	介绍清楚教室的大小(面积、长宽、形状)	3 分(面积、长宽、形状每点各 1 分)
	介绍清楚教室的分区以及每个区域的设施	3 分(分区 1 分，设施 1 分，分区和设施的对应关系 1 分)
	平面图：整体布局清晰明了，整洁规范	2 分(整体布局清晰明了 1 分，整洁规范 1 分)

续表

	评分标准		分值
第三部分：创新之处	创新之处一：介绍清楚创新之处是什么，可以实现什么功能，是怎么实现的		3分（每点1分）
	创新之处二：介绍清楚创新之处是什么，可以实现什么功能，是怎么实现的		3分（每点1分）
	创新之处三：介绍清楚创新之处是什么，可以实现什么功能，是怎么实现的		3分（每点1分）
	场景图：构图完整，色彩丰富，能够体现出创新的场景		3分（每点1分）
第四部分：总结	能够解释清楚设计方案为什么有利于学生学习		2分

表 5-11　演讲展示评价量规

	评分标准	分值
口头陈述	表达清楚，说话流利，自信大方	非常棒3分，还可以2分，不太好1分
回答问题	能够清楚地回答评委提出的问题	非常棒3分，还可以2分，不太好1分
全员参与	所有队员都参与演讲展示	全员参与5分，少1人减1分
团队合作	团队分工明确，配合默契，整个过程流畅，遇到困难互相帮忙	非常棒3分，还可以2分，不太好1分

六、项目反思

(一)未来教室项目开展的过程中，开展每日反思活动

每天的活动结束后，年级组所有教师一起反思以下问题：

(1)我们的设计在实践上还存在哪些问题？如何改进？

(2)今日教师遇到了哪些困难或问题需要解决？

(3)学生遇到了哪些困难？是否跟教学设计有关？

(4)学生还需要哪些支持？教师该如何提供这些支持？

(5)发生了哪些值得记录的小故事、小花絮？

(二)未来教室项目结束后的执教人员反思

项目结束后，年级组一起开展反思活动。

(1)选定的培养目标是否得到落实？

(2)学生是否得到真正的成长？

(3)学科知识的落实情况如何？

(4)项目实施过程如何改进和提升？

(三)未来教室项目的项目整体反思

在对项目的整体设计和执行效果进行回顾和思考后，我们认为该项目的亮点如下：

1. **项目成果、团队合作双线设计**

我们的项目目标、项目成果，以及对学生学习参与的预设具有一致性，且自始至终围绕两条线展开：项目主成果、辅成果的完成，项目推进过程中的团队参与。我们认同认知主义学习观，即环境中所发生的事件首先在学习者的认知系统中被理解和表征为知识，继而通过学习者的行为反映出来。项目成果和团队合作均可以体现学习者的学习获得，前者侧重于事实、概念和程序等类型的知识，后者侧重于策略、信念等方面的知识。

2. **运用高阶认知策略带动学习**

该项目的核心成果是创设未来教室方案，方案按结构划分为四部分，其中第二部分是概述整体；第三部分是阐述创新点，回顾第一部分的目标；第四部分为方案总结。创造性地改造未来教室对应的概念既有想象也有设计，这样的学习任务设计是调动学生的高阶认知，鼓励学生自主进行探索的启动键。

3. **经历多次输入的过程不断理解核心概念**

在高阶认知策略之下，面对一个相对陌生的任务，我们的另一个项目设计亮点显现了它的实施优势——多次输入。每一次的输入都是回应小组的项目目标，每一轮的输入都是学生对大概念的不断回望，每一次输入的反馈都可以看到学生思考和探索的脚印。

　　未来已来，希望学生心目中理想的未来教室能够早日变成现实，更希望项目式学习的体验和收获能够助力我们更好地应对未来学习方式的挑战。

第四节　小学案例：低碳生日会①

一、项目简述

项目基本信息卡

项目名称	低碳生日会
核心驱动问题	如何在教室里为四月生日的同学举办一场低碳生日会？
项目时长	四周
学生年龄段	三年级（9—10 岁）
涉及学科	语文、数学、音乐、美术
项目最终成果	低碳生日会实施方案
成果展示方式	生日会、情景剧
学校	长沙市岳麓区实验小学
指导教师	李群

　　围绕低碳主题，我们提出了本次项目式学习驱动性问题，帮助学生明白项目低碳生日会的关键所在，由此制定了活动目标，确定成果内容和展示形式。过程中，学生以团队为单位，以分工合作、收集资料巧用资源、及时线上线下分享交流、成果展示互评互学的方式开展学习探究行动。活动以学生为主体，教师全程兼任指导员、管理员、授课者、观察员、协调员等角色，以促进学习活动的有序推进，教学目标的有效达成。

———————————

① 项目案例来自长沙市岳麓区实验小学。

二、项目目标

表 5-12　低碳生日会项目目标

培养目标	对应标准	具体要求
学业发展目标	语文课程标准	①能够用简短的书信、便条进行交流； ②口语交际，学会倾听和表达。
	数学课程标准	①掌握必要的运算技能，能准确进行运算，具体情境中，能选择适当的单位进行简单的估算； ②了解简单的数据收集、处理的方法。
	科学课程标准	①理解碳排放和碳中和的基本概念； ②学习各类行为碳排放计算办法。
CREATE素养发展目标	责任担当	①在深入理解多元价值观和世界观的基础上思考全球性问题； ②树立正确的生命观念，树立人与自然和谐发展的观念。
	真实合作问题解决	①能够理解团队共同的目标和方向，清楚团队角色的划分和每个成员的职责； ②能够和团队成员互相欣赏，互相尊重。

三、核心驱动问题与分解驱动问题

表 5-13　低碳生日会项目驱动问题

核心驱动问题	项目成果		总时长
如何在教室里为四月生日的同学举办一场低碳生日会？	低碳生日会实施方案		四周
分解驱动问题	主任务	主产品	时长
什么是低碳？ ——一场平常生日会的碳排放秘密	引导学生从身边情境着眼，理解低碳内涵	①常规生日蛋糕及其他礼物的碳排放报告； ②项目计划书	一周
低碳生日会有哪些环节？	清楚低碳生日会的环节和流程	思维导图、手抄报	一周

续表

分解驱动问题	主任务	主产品	时长
每个环节如何做到低碳？	流程和环节设定紧凑，节目温馨，突出同学情谊与互动，减少实物投入	①食物礼品材料采购清单；②制定节目、游戏单，主持稿串词	一周
生日会低碳化如何实现与推广？	引导学生探讨低碳生日会实施及后期推广渠道和措施	①组织讨论会；②征集整合意见稿	一周

四、项目式学习实施过程

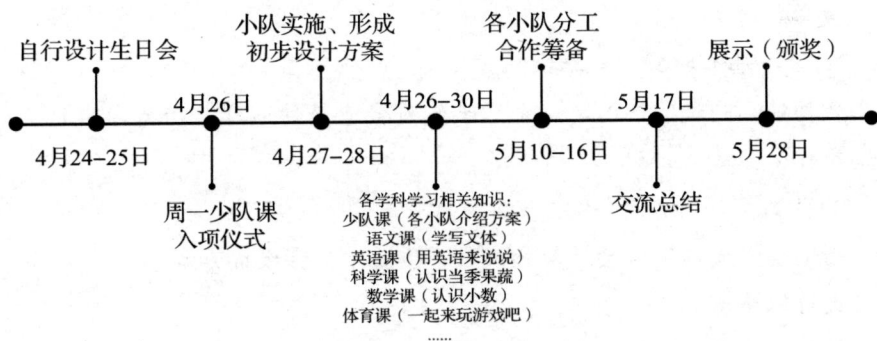

图 5-4 低碳生日会项目实施过程图

(一)入项活动

持续时间：1 节课

教学活动

①一个生日会会排放多少碳？引领同学们参与计算和讨论。

②引出低碳生日会的项目主题。

(二)分解驱动问题 1

什么是低碳？

持续时间：1 周

教学活动

1. 发布项目计划书，组成小组

(1)观看低碳宣传视频。

（2）教师发布项目活动计划书，讨论生日会流程。

2. 开展生日会碳排放研究

形成六个小组，活动过程中各小组内部交流心得，也可互相分享学习。

设计思路

让学生知道我们要做什么，为什么要这么做。

相关资源

涉及资源包括低碳宣传视频，调查问卷。

（三）分解驱动问题 2

低碳生日会有哪些环节？

持续时间：1 周

教学活动

1. 学习基本环节

教师带领同学们学习，一个低碳生日会应是什么样？与普通生日会的区别是什么？

2. 生日会流程设计

帮助学生梳理生日会环节和流程，生成生日会设计方案。

设计思路

让学生梳理清楚低碳生日会的环节和流程。

相关资源

涉及的资源包括思维导图模板。

（四）分解驱动问题 3

每个环节如何做到低碳？

持续时间：1 周

教学活动

1. 各学科授课

各学科教师带领学生学习相关知识，小队分工合作，课外收集资料，动手操作实践，疑惑问题指导，成品维护和展示。

2. 形成低碳方案

形成本次生日会各环节的低碳方案。

设计思路

知能结合，教师指导答疑，小组分工合作，动手实践操作。

相关资源

涉及的资源有课件、PPT、视频等。

(五)分解驱动问题 4

生日会低碳化如何实现与推广?

持续时间：1周

教学活动

1. 生日会现场布置

(1)教室装饰，布置。

(2)各小组就座。

(3)低碳生日会开始。

(4)分类整理收尾。

2. 推广展示

(1)讨论如何推广。

(2)罗列各种展示形式：PPT、视频、情景剧等。

(3)评比，推优，颁奖。

设计思路

复盘学习活动，总结反思，清楚我们做得怎么样，今后如何改进。

相关资源

涉及的资源包括低碳宣传视频和调查问卷。

五、项目式学习评价方案

表 5-14 低碳生日会项目评价方案

主要产品/ 表现	知识/能力目标	证据	评价方式	评价时机
低碳生日流程图、手抄报	经过讨论，根据需求制作流程图和手抄报	作品的完整度、美观性、可操作性	①教师及时反馈；②优秀作品评选	形成性评价

续表

主要产品/表现	知识/能力目标	证据	评价方式	评价时机
生日会用品（贺卡、礼物、蛋糕食物、游戏、节目单、教室装饰品）	①能利用可行的材料动手制作贺卡礼物等。②能自己动手制作营养美味的蛋糕、食物。③能借助身边可用材料设计游戏娱乐项目。④节目设计用心有趣并且节能。⑤能变废为宝。⑥用低碳材料制作美观的装饰物	低碳型、美观性、口味度	①教师及时反馈；②优秀作品评选	形成性评价
碳排放量图表	①能利用所学知识和工具，结合实际情况，核算碳排放量。②能对数据进行简单的对比分析	图表的完整度、真实性、可参考性	②教师及时反馈；③优秀核算员评选	形成性评价、终结性评价

六、项目反思

(一)学生反思

生 1：我想搜索关于低碳的一些知识，但是爸爸妈妈不在，我无法查到相关书籍，也无法浏览手机和电脑网页，这导致我的思维导图和手抄报迟迟没有动手，还好在班会课上老师给了我指导，我也大胆地与同学一起讨论交流，我了解了更多知识。

生 2：我在准备礼物的过程中，没有及时与小伙伴交流，导致与同学准备的礼物几乎一模一样，这难免有些尴尬。但老师说手工制作心意最重要，于是我现场临时用一些材料重新进行改装，这样就送出了心意，也让我临时发挥了一些奇思妙想。

生 3：今天我与妈妈一起动手制作同学低碳生日会的蛋糕，没有合理用量，导致有一些浪费，还好在小队碳排放量检测员的提醒下，我及时调整了其他用量，这样整体还是没有超标。

(二)教师反思

说到成长，反思更关键。本次活动中，虽然每个小组成员都有角色设定，但个别组员依赖性很强，独立性不够，过于依赖家长和教师的指导，自主思考、动手能力有待提高；在网络信息时代，无论是教师还是学生，获取、筛选和整合信息的能力都有待提高，尤其是碳中和知识和技能，教师也应该时刻保持学习的热度。这些都将成为我们今后活动的宝贵经验和努力方向。

第五节　小学案例：自定主题运动会①

一、项目简述

项目基本信息卡

项目名称	一场　？　运动会：由你而定
核心驱动问题	如何策划并实施一场主题运动会？
项目时长	两周（8 天）
学生年龄段	四年级
涉及学科	语文、美术、音乐、信息技术、体育、数学
项目最终成果	一场主题运动会
成果展示方式	基于学生自主策划的主题运动会方案，分组进行筹备，并在运动会当日展示筹备的相关成果。
学校	北京亦庄实验小学
指导教师	刘婷、王文娟、王俊燕等级部（2017 级）全体教师

本项目旨在通过项目式学习的方式，聚焦如何策划一场主题运动会这一核心问题。在前期调研学生运动习惯和喜爱的运动项目基础之上，结合调研数据，运用小组合作的学习方式，自主策划一场主题运动会，形成运动会策划方案，并基于方案开展筹备和主题运动会的体验。在策划和实施的过程中，培养学生的有效沟通能力、团队合作与领导力，提升问题解决能力，在参与运动会的过程中树立健康生活的意识，培养热爱体育的习惯，感受体育精神。

---

① 项目案例来自北京亦庄实验小学。

二、项目目标

表 5-15　主题运动会项目目标

培养目标	对应标准	具体要求
学业发展目标	数学课程标准	①经历数据的收集、整理和分析的过程，掌握一些简单的数据处理技能； ②认识到数据中蕴含的信息，发展数据分析观念； ③在观察、实验、猜想、验证等活动中，发展合理的推理能力。
	体育课程标准	①参与体育学习和锻炼，积极参加多种体育活动； ②学习体育运动知识，掌握运动技能和方法，增强安全意识和防范能力； ③掌握基本健康知识和保健方法，形成关注自身健康的意识和行为； ④培养坚强的意志品质，形成合作意识与能力。
	艺术素养	①学会海报设计创意的基本方法，逐步发展关注身边事物、善于发现问题和解决问题的能力； ②感受各种材质的特性，合理使用海报创作工具，进行初步的设计与制作，体验设计、制作的过程，发展创新意识和创造能力； ③勤于观察，敏于发现，增强设计和制作海报能力，加强班级凝聚力。
CREATE素养发展目标	真实合作问题解决	①明确团队关于运动会主题的定义和方向； ②知晓自己在团队中的角色和使命，为真实的运动会做好自己该做的工作。
	有效沟通	①口头表达顺畅，流利，有条理，能够说清楚自己的观点和思考； ②与人沟通时，肢体语言运用恰当合理，有礼貌，有修养（没有多余的无关动作或侮辱性动作）； ③善于倾听，不轻易打断别人的发言，能从他人的表达中获取关键信息； ④会使用适当的语言表达自己的质疑或不同看法，能够从他人角度思考问题，当遇到观点不一致时，可以通过沟通来化解冲突。

三、核心驱动问题与分解驱动问题

表 5-16　主题运动会项目驱动问题

核心驱动问题	项目成果		总时长
如何策划并实施一场主题运动会？	一场主题运动会		2 周（8 天）
分解驱动问题	主任务	主产品	时长
如何完成一份主题运动会方案？	完成班级主题运动会方案	班级主题运动会方案	1 天
怎样呈现运动会方案最能体现特色呢？	完成主题运动会方案竞选	竞选 PPT	1 周（5 天）
运动员组：如何规范地展示比赛项目中的动作？ 宣传组：如何通过海报、横幅和手举牌来体现班级风貌和运动会的主题？ 后勤保障组：如何进行运动会场地布置？运动会的开展还需要哪些准备工作？ 啦啦队组：开幕式、闭幕式的节目如何体现运动会的主题？	进行主题运动会的相关准备	①运动员组进行运动项目的训练，完成比赛项目的动作讲解与示范视频录制。 ②宣传组完成主题运动会的海报、横幅和手举牌的绘制。 ③后勤保障组完成运动会时间安排、号码牌制作和场地布置。 ④啦啦队组进行运动会开幕式和闭幕式的节目编排。	1 天半
如何顺利完成运动会？	举办运动会	运动会	半天

四、项目式学习实施过程

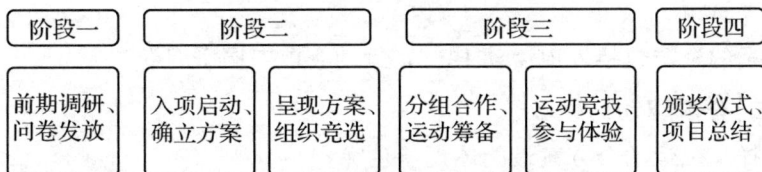

图 5-5　主题运动会项目实施过程图

（一）分解驱动问题 1

如何完成一份主题运动会方案？

持续时间： 1 天

教学活动

1. 前期调研

问卷发放，基于往年参与运动会的体验，学生自主设计有关运动会项目和体育锻炼习惯的问卷调查，形成年级前期调研问卷，学生填答，并形成问卷分析统计图。

2. 项目启动

（1）确立方案，入项讲座

①入项活动介绍，明确本次项目式学习的目标，以及具体安排。②问卷调查数据呈现。③以志愿者的视角看奥运专题讲座（感受奥运精神，为后期运动会筹备做准备）。

（2）入项活动

年级拔河比赛预赛，初步体会运动带来的愉悦感受。

（3）小组活动

分组讨论感兴趣的运动会主题，并形成小组主题运动会方案，班级竞选，形成一份班级主题运动会方案，绘制班级主题运动会方案海报。

设计思路

前期运动会问卷调研为方案确立提供了数据参考，并引导学生进一步认识到数据调研和分析是有效解决问题的一种方法。入项活动和专题讲座从人文性、工具性和趣味性三个角度，不仅让学生明确知道本次项目式学习的目标和内容，同时通过专题讲座的学习，为后几天分组筹备运动会做了相关的准备工作，并通过拔河比赛真切感受到运动带来的愉悦。

相关资源

涉及的资源包括入项活动 PPT，运动会前期调研问卷。

（二）分解驱动问题 2

怎样呈现运动会方案最能体现特色呢？

持续时间： 1 周

教学活动

1. 呈现方案

①选举班级竞选代表，准备 PPT 制作。

②练习竞选演讲。

2. 组织竞选

各班代表参与全年级主题运动会方案竞选，结合 PPT，自主陈述 5 分钟，并进行全年级师生投票，票数最高的班级中标，从而确立年级主题运动会的主题和方案。

设计思路

本环节的设置，考虑到学生制作 PPT 和竞选需要准备时间，因此特地选择了周六、周日两天的时间做准备。另外，班级代表参与到全年级的竞选活动之中，既能体现班级学生的荣誉感，又能在全年级展示班级的方案，并能分享各班的主题运动会方案，这既是一次展示，又是一次竞选。

相关资源

涉及的资源包括各班主题运动会方案，竞选 PPT。

(三)分解驱动问题 3

如何分组完成运动会的相关准备工作？

持续时间： 1 天半

教学活动

运动员组：

1. 学习比赛项目规则

(1)观看相关运动项目视频。

(2)实地运动场地观察。

(3)依据视频和实地观察，完成运动项目场地示意图(包含规则)，以海报形式呈现。

2. 运动项目训练

由体育老师组织学生进行运动项目的训练，在这个过程中采取全年级走班的形式，将运动员组的同学集中进行训练。

3. 规则示范与讲解视频录制

运动项目的示范与规则讲解，进行视频录制，给予各班运动员规范的讲解参考。

设计思路

采用全年级跨班的方式，可以打造一个比较强烈的学习氛围，提高了效率。前期给运动会组的老师进行了专业的运动指导培训，给予学生更具有针对性的专业支持。

相关资源

涉及的资源包括运动项目的规范讲解视频资源包。

宣传组：

1. 海报绘制

(1)10人一组，完成本组海报。要求每组由一个组长监控时间和进度，一个"总工程师"负责画面的布局和风格，字体设计2—3人，图案设计6—7人。

(2)海报绘制流程：①海报总体设计（根据PPT中的海报设计三要素）②海报绘制；③14:30—15:00海报元素粘贴；④布置横幅标语任务。

2. 横幅绘制

(1)10人一组，完成自己班的横幅。要求每组由一个组长监控时间和进度，一个"总工程师"负责画面的布局和风格，字体设计2—3人，图案设计6—7人。

(2)横幅绘制流程：横幅标语投票选举；文字书写；图案打稿——用铅笔或签字笔将图案（可自己创作，可参考物料）画好；图案上色——用丙烯；整体调整。

3. 手举牌绘制

(1)1—2人一组，完成自己班的手举牌。自己控制好时间进度和设计风格。

(2)绘制流程：手举牌构思，绘制，粘贴。

设计思路

宣传组的学习目标是，通过艺术的形式呈现运动会的主题，并在绘制相关宣传产品的过程中，让学生在"设计与应用"领域了解海报的相关设计知识以及意义，学会海报设计创意的基本方法，逐步发展关注身边事物、善于发现问题和解决问题的能力。与此同时，感受各种材质的特性，根据意图选择不同媒介,合理使用海报创作工具,进行初步的设计与制作,体验设计、制作的过程,发展创新意识和创造能力。并且,在合作的过程中,养成勤于观察、敏于发现、严于计划、善于借鉴、精于制作的行为习惯和耐心细致、团结合作的工作态度,通过设计和制作海报来加强班级凝聚力。

相关资源

涉及的资源包括班级的运动会口号,和主题运动会相关的图片素材,制作宣传产品的相关材料(纸板、横幅、颜料)等。

后勤保障组

1. 设计并制定运动会流程表

(1)研究运动会方案和学习田径项目流程安排规则。

(2)根据运动会方案,梳理比赛当天活动环节,明确运动会时长。

(3)学习田径项目流程和规则。

(4)小组合作,梳理报名表中学生的报名情况,设计运动会流程。

(5)小组展示,投票选出一个最佳流程,并打印电子稿。

2. 号码牌的制作

(1)了解号码牌的数字意义。

(2)根据秩序表,给每组运动员进行号码牌的编码。

(3)小组分工,制作号码牌。

3. 场地划分及实地场地布置

(1)学习场地布置相关注意事项,进行头脑风暴,确定场地板块。

(2)小组合作,形成示意图。

(3)小组展示,投票。

(4)讨论场地布置会有哪些工作,据此进行分工。

(5)依据之前分工,完成场地布置。

设计思路

后勤保障组的学习活动设置,围绕"如何进行运动会场地布置"和"运动会的开展还需要哪些准备工作"这两个驱动问题展开。学生在进行场地布置和思考运动会流程表的过程中,需要基于问卷和各班学生所选择的运动项目进行筹备,这充分锻炼了学生的问题解决能力和合作能力。

相关资源

涉及的资源包括各班运动会报名信息表，号码牌制作底板、笔、号码布等，场地实地布置的物资。

啦啦队组：

1. 形成适合的表演内容框架

跨年级走班，学生根据选定歌曲商议排练内容，包括动作和道具，教师给予一定的帮助和支持，并就细节进行讨论。

2. 运动会开幕、闭幕表演练习

跨年级走班，分别由两位教师作为领队，另外两位辅助，由学生自主设计动作和需要的道具。领队教师给予一定的专业指导和帮助，辅助教师负责拍照和录制视频。

3. 场地彩排

合练（操场阴凉处）并进行运动会前的彩排。

设计思路

良好的成果展现需要足够的时间，所以两天时间主要是分小组的练习和产品制作。学生在排练过程中，可以自主创作表演动作，从背景音乐的选择，到服装、道具的确定，都由学生自主决定，这充分调动了学生参与活动的自主性和积极性。

相关资源

涉及的资源包括学生着装和道具的准备，开幕式、闭幕式背景音乐的选择。

（四）分解驱动问题 4

如何顺利完成运动会？

持续时间： 半天

运动会活动

运动竞技

(1)由中标班级的学生代表进行主持，啦啦队组表演开幕式活动。

(2)有序参与各类个人项目、特色项目和集体项目。

(3)闭幕式活动，颁发奖品和奖状，合影留念。

设计思路

从主题到运动项目，从场地布置到宣传海报和横幅，学生全程自主参与，其运动会参与的积极性也空前高涨，由学生自主设计的运动会不仅提升了参与的积极性和兴趣，还变活动为课程，为学生素养的提升和能力的发展提供了可能。

相关资源

涉及的资源包括运动会场地布置和奖项、奖状、奖品。

活动反思

通过访谈问卷收集学生反馈，访谈问卷如下：

(1)在整个活动中，你印象最深的内容是什么？为什么？

(2)在小组合作中，你们遇到了怎样的困难？你们是怎样解决的？

(3)如果用一段话概括这次项目式学习，你想说什么？

设计思路

因为有了参与，有了体验，学生在真实的学习任务下的体验才显得尤为真切。写下来的方式本身，就给予了学生一个静心思考的机会。学生在反思中发现收获，发现不足，发现自己的成长。

相关资源

涉及的资源包括纸上访谈问卷。

五、项目式学习评价方案

表 5-17　主题运动会项目评价方案

主要产品/表现	知识/能力目标	证据	评价方式	评价时机
主题运动会方案	书写表达	方案内容完整，有条理，突出主题运动会特色	评价表	形成性评价
方案竞选演讲	口语交际，多媒体技术的运用	竞选自然大方，能运用 PPT 展示自己的竞选方案	学生互评，教师及时反馈。	形成性评价、终结性评价
宣传海报宣传横幅	审美意识，海报的制作技巧	宣传产品包含主题、文字、画面三要素	班级学生互评	形成性评价
运动会号码牌	号码牌的数字信息所代表的意义	号码牌书写规范、工整	教师及时反馈	形成性评价、终结性评价

评价量规示例

表 5-18 四年级"主题运动会"项目产品评价量规

产品	过程性评价	分值
主题运动会方案	方案内容完整，有条理	5 分
	能在方案中体现主题运动会的特色	5 分
方案竞选演讲	演讲内容完整，有条理	5 分
	自然大方，声音洪亮，能运用 PPT 进行展示	5 分
	突出方案特色，有吸引力	10 分
运动会宣传海报与横幅	产品包含了主题、文字和画面三要素	10 分
	海报与横幅能体现班级特色与班级风貌	20 分
运动会号码牌	号码牌数字正确	10 分
	书写数字规范、工整	10 分
	数字书写过程中能和同伴明确分工，友好合作	20 分

六、项目反思

在实施运动会项目式学习的项目周中，我们发现教师和学生都在成长，都有收获。从学生的角度，学生对这次项目式学习的体验是印象深刻且心怀热爱的，是有所获得的。在合作与沟通的过程中，学生不仅真正将自己的运动会方案落地并实践，同时也在筹备阶段找到了最适合自己的角色。因此，在收集的访谈问卷中，学生纷纷写下了自己发自内心参与这次活动的感受：

> 有学生说："我最大的收获是，我学会了多人完成一件事情，还用轮班的方式进行。我需要改进自己在做海报时不打底稿的习惯。"还有学生说："我们组遇到的问题就是，刚开始大家的秩序很差，很乱，但是我们的组长采取了轮班的方式，让每位同学都有事情做，并且还能轮流休息，这样就解决了问题。我最大的收获是学会了团结合作，自己也改进了不爱参与活动的习惯。我想说团结就是力量，我们组在那么短的时间内就完成了任务。所以，在团结的力量下，没有什么可以阻挡！"

在项目式学习的体验中，我们能充分感受到在完成任务时学生的积极参与、高效合作与有效沟通，这是在常态课上很少看到的景象。作为项目式学习的导师，我们发现一个有趣的现象：当学生全身心投入任务探究之中时，教师会显得特别"多余"，甚至"无所事事"。在那个时候，我们只需要全身心地关注学生在做什么，他们是如何做的，就足够了。此外，项目式学习也给我们许多常态课的启发：为什么在项目式学习中许多学生愿意积极主动参与学习任务，而到常态课中又打回了"原形"呢？这需要教师关注课堂文化和如何设计有挑战、有意义的驱动学习任务，成为之后我们努力的方向。

第六节 小学案例：送北极熊回家①

一、项目简述

项目基本信息卡

项目名称	送北极熊回家
核心驱动问题	如何送北极熊重回家园？
项目时长	35 天
学生年龄段	五年级
涉及学科	数学、美术、语文、信息技术
项目最终成果	送"北极熊重回家"倡议书和演讲稿
成果展示方式	送"北极熊重回家"TED 演讲
学校	长沙市岳麓区实验小学
指导教师	肖红叶、郭海、段文华、李双、梁春歌、狄蜜、杨瑾玉、唐吟、胡鑫

---

① 项目案例来自长沙市岳麓区实验小学。

近几年，全球变暖的话题备受关注。《自然》(Nature)发布的最新研究指出，北极熊依靠北冰洋上的海冰觅食，而气候变暖导致海冰融化，北极熊的生存环境遭到极大破坏，致使北极熊被迫前往海岸地区寻找食物，哺育幼崽，这或将导致北极熊的数量大幅下降，甚至濒临灭绝。二氧化碳是导致全球变暖的主要气体，在我们日常生活中，每天都会释放出大量的二氧化碳。我们期待采取相关的措施，呼吁大家关注全球变暖问题，致力于缓解全球变暖，在生活中尽量减少碳排放，为帮助北极熊重回家园尽自己的一份力量。

二、项目目标

表 5-19　送北极熊回家项目目标

培养目标	对应标准	具体要求
学业发展目标	数学课程标准	①经历数据的收集、整理和分析的过程，掌握一些简单的数据处理技能； ②从日常生活中发现并提出简单的数学问题，并运用知识加以解决。
	语文课程标准	①阅读说明性文章，能抓住要点，了解文章的基本说明方法； ②口语交际，表达有条理，语气、语调适当； ③综合性学习，尝试写简单的研究报告。策划简单的校园活动和社会活动。
CREATE素养发展目标	有效沟通	①口头表达顺畅，流利，有条理，能够说清楚自己的观点和思考； ②能够与组内同学沟通与合作，共同完成小队 TED 演讲筹备工作； ③倡议和演讲有较强的说服力，表达的观点容易让人接受。
	真实合作问题解决	①能够理解团队共同的目标和方向，能够与同伴顺畅沟通，达成共识； ②清楚团队角色的划分和每个成员的职责； ③小队能够明确分工，共同完成一次 TED 演讲。

三、核心驱动问题与分解驱动问题

表 5-20　送北极熊回家项目驱动问题

核心驱动问题	项目成果		总时长
如何送北极熊重回家园？	倡议书和演讲稿		35 天
分解驱动问题	主任务	主产品	时长
北极熊的生存现状是什么？	撰写北极熊生存现状的说明文和研究报告	①研究报告； ②介绍北极熊生存环境的说明文	8 天
为什么北极熊回不了家？	制作北极熊数量减少的研究报告，探究北极熊回不了家的原因	①折线统计图； ②研究报告	5 天
作为小学生，我们能为送北极熊重回家园做什么？	制作一份低碳生活行动指南	①能够改善北极熊生态环境的具体措施； ②低碳行动指南手册	8 天
怎样让更多的人关注和加入护卫北极熊的队伍？	①倡议书； ②学生 TED 演讲	送北极熊回家的倡议书和演讲稿	14 天

四、项目式学习实施过程

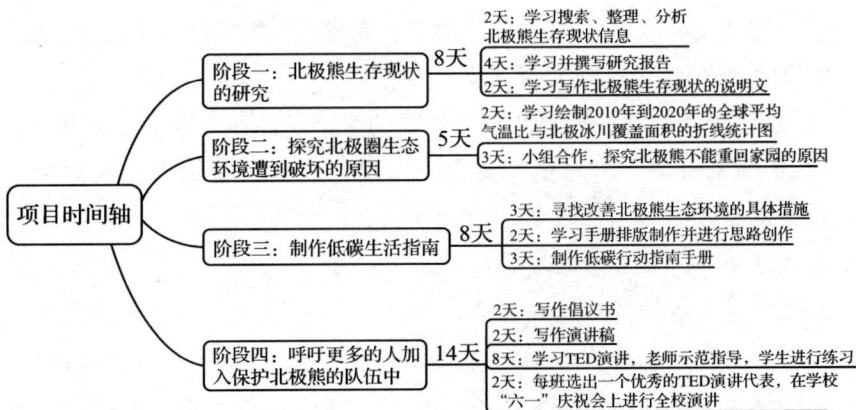

图 5-6　送北极熊回家项目实施过程图

（一）入项活动

持续时间： 1节课

教学活动

（1）教师出示北极熊生存环境相关视频、照片。

（2）100年间北极熊生存环境对比报告。

（二）分解驱动问题1

北极熊的生存现状是什么？

持续时间： 8天

教学活动

1. 学会收集、整理、分析北极熊现状信息

（1）教师提问：如何能够更好地了解北极熊的相关信息？

（2）利用"北极熊"和"北极熊生活现状"关键词条在百度上搜索资料。

（3）复制、粘贴、保存有用的文字、图片信息。

（4）了解更多的搜索引擎：搜狗、雅虎、必应、有道。

（5）掌握保存网页的方法。

2. 学习撰写研究报告

（1）根据前期收集到的信息，学生讨论北极熊数量较少的原因。

（2）了解温室效应，利用碳足迹计算器计算日常生活中的碳排放量。哪些措施可以省去，或者用其他方式来替代，使碳排放量降低？制订一份合理且低碳的生活计划。

（3）根据已学习到的研究报告的要素，完成北极熊生存现状的研究报告。

3. 写作北极熊生存现状说明文

（1）通过阅读材料，了解北极熊需要的生活条件和现有的生活条件。

（2）了解说明文写作的基本要求，运用打比方、举例子、列数字等说明方法介绍北极熊的生存现状。

设计思路

要完成送北极熊回家这一主驱动任务，学生须收集与北极熊现状有关的信息，所以我们安排在信息技术课上，让学生们学习收集信息的技术，然后在科学课上整理信息并完成研究报告，这样做对于学生们进行下一步的研究是很有帮助的。

相关资源

涉及的资源包括视频《七个世界一个星球》与《北极熊生存现状》，碳排放量计算器。

(三)分解驱动问题 2

为什么北极熊回不了家？

持续时间： 5 天

教学活动

(1)学习绘制 2010 年到 2020 年的全球平均气温比和北极冰川的覆盖面积的折线统计图。

①学生提前搜集 2010 年到 2020 年的全球平均气温、北极冰川的覆盖面积的数据。

②认识折线统计图各个要素，以及绘制折线统计图的步骤和注意事项。

③绘制 2010 年到 2020 年的全球平均气温比和北极冰川的覆盖面积的折线统计图。

④对折线统计图进行数据分析并进行预测。

(2)小组合作，探究北极熊不能重回家园的原因。

①根据研究报告和折线统计图分析、归纳北极生态环境遭到破坏的原因。

②整理资料，撰写北极熊数量减少的研究报告。

设计思路

收集北极熊生存现状的信息，了解北极生态环境遭到破坏的情况，为了进一步了解并寻求改善其生存环境的措施，我们必须先探求其根本原因。因此学生们利用课前查找数据，并制作统计图，寻找客观真实存在的原因，方便后续提出有针对性的措施。

(四)分解驱动问题 3

作为小学生，我们能为送北极熊重回家园做什么？

持续时间： 8 天

教学活动

1. 寻找改善北极熊生态环境的具体措施

利用"五一"假期上网搜索资料，通过电话或向身边的专家咨询，向北极熊饲养员征询意见，找到能够改善北极熊生态环境的具体措施。

2. 学习手册排版制作

(1)了解制作手册需要提前准备的材料有哪些。

(2)学习手册色彩搭配、图画排版以及插图的选择、艺术字的书写。

3. 制作低碳行动指南手册

(1)知道我们日常生活中的碳排放量。

(2)生活中哪些地方、哪些行为可以减少碳排放量？小组合作设计低碳生活日常指南。

设计思路

学生根据原因寻找能够改善北极熊生态环境的具体措施，并制作低碳行动指南。手册的制作需要有内容的支撑，材料的选择在第一阶段已经完成。这一阶段主要安排学生们学习手册色彩搭配、图画排版以及插图的选择、艺术字的书写。

相关资源

涉及的资源包括碳排放量计算器。

(五)分解驱动问题 4

怎样让更多的人关注和加入护卫北极熊的队伍？

持续时间： 14 天

教学活动

1. 写作倡议书

(1)了解倡议书的作用。

(2)学习倡议书的格式和每部分的书写要求。

(3)倡议书小练笔。

2. 写作演讲稿

(1)观看《我是演说家》演讲视频和 TED 演讲视频，知道什么是演讲，演讲稿是什么，以及 TED 演讲的形式。

(2)掌握演讲的特点和演讲稿的写作方法，在倡议书的基础上撰写送北极熊重回家园 TED 演讲稿。

3. 学习 TED 演讲技巧

(1)观看 TED 演讲《中国已成为世界最强教育国家》，为什么演讲者的演讲会打动你？

(2)演讲与报告、发言、讲话等实践活动的区别是什么？

(3)进行 TED 演讲之前要做好哪些准备？学习演讲的姿势、视线、表情、声音腔调、衣着打扮，知道演讲过程中需要注意的地方。

(4)教师示范，学生分小组练习，教师指导。

4. 学校进行 TED 演讲

每班选出一个优秀的 TED 演讲代表，在学校"六一"庆祝会上进行全校演讲。

设计思路

为了呼吁更多的人加入低碳生活，要让更多的人知道我们现在正在做的事情，目的是什么，所以这一阶段安排了学生们学习写作倡议书并进行 TED 演讲。TED 演讲是学生们从未接触过的，所以这一阶段，我们必须让学生们了解 TED 演讲的形式，要完成一个完整的演讲，我们需要准备演讲稿，并进行相关训练和指导，因此我们安排了语文课让学生们学习演讲稿的撰写，安排了音乐课老师的演讲示范，以及对学生们进行一一指导。

相关资源

涉及的资源包括《我是演说家》演讲视频，TED 演讲《中国已成为世界最强教育国家》。

五、项目式学习评价方案

表 5-21　送北极熊回家项目评价方案

主要产品/表现	知识/能力目标	证据	评价方式	评价时机
北极熊生存现状报告	①用关键字搜索的办法在网上收集、整理信息的能力；②科学研究报告的格式和书写规范；③运用打比方、举例子、列数字等说明方法介绍北极熊的生存现状	研究报告主题明确，格式规范，语言流畅，观点表达明确，逻辑清晰	教师及时反馈；评分表	形成性评价

主要产品/表现	知识/能力目标	证据	评价方式	评价时机
北极熊数量减少的研究报告	①认识折线统计图及其特征； ②折线统计图的绘图能力； ③能对折线统计图信息进行简单的分析，能初步进行判断和预测； ④科学研究报告的格式和书写规范	折线统计图要素的完整性、美观性、数据真实性、观点的清晰性	①教师及时反馈； ②评分表	形成性评价
低碳生活行动指南	①掌握日常生活中的碳排放量，探究低碳生活的措施； ②用礼貌的、准确的、简练的语言表述问题； ③对低碳生活行动指南进行布局和制作	内容的丰富性、现实性，手册的完整性、美观性	教师及时反馈	形成性评价
倡议书	能联系社会的需要，用正确的格式书写倡议书	倡议书的书写工整度、语言的流畅性、感染力、内容的完整性、逻辑清晰度	教师及时反馈优秀的倡议书范文评比	形成性评价、终结性评价
TED演讲	①演讲稿有较强的说服力，表达的观点容易让人接受； ②口头表达顺畅，流利，有条理，能够说清楚自己的观点和思考； ③借助声音、腔调、表情、肢体语言将自己的所闻所感表现出来，号召大家加入低碳生活	①演讲稿的书写工整度、语言的流畅性、感染力、内容的完整性、逻辑清晰度； ②内容的真实性、语言的流畅性与感染力（包括肢体语言优美自然，举止大方，形象风度良好）	①同学及时投票评选； ②教师及时反馈	形成性评价、终结性评价

评价量规示例

表 5-22 学生 TED 演讲的评价量规

评价维度	评价要点
演讲内容 （35分）	1. 思想内容能紧紧围绕主题，观点正确，鲜明，见解独到，内容充实具体，生动感人。（15分）
	2. 材料真实，典型，新颖，事迹感人，实例生动，反映客观事实，具有普遍意义，体现时代精神。（10分）
	3. 讲稿结构严谨，构思巧妙，引人入胜。（5分）
	4. 文字简练流畅，具有较强的思想性。（5分）
语言表达 （35分）	1. 演讲者语言规范，吐字清晰，声音洪亮圆润。（10分）
	2. 演讲表达准确，流畅，自然。（10分）
	3. 语言技巧处理得当，语速恰当，语气、语调、音量、节奏张弛符合思想感情的起伏变化，能熟练表达所演讲的内容。（15分）
形象风度 （15分）	演讲者精神饱满，能较好地运用姿态、动作、手势、表情表达对演讲稿的理解。
综合印象 （5分）	演讲者着装朴素端庄大方，举止自然得体，有风度，富有艺术感染力。
会场效果 （10分）	演讲具有较强的感染力、吸引力和号召力，能较好地与听众感情融合在一起，营造良好的演讲效果；演讲时间控制在 6 分钟之内。

六、项目反思

（一）学生总结与反思

学生 1：我们五年级的主题是"送北极熊回家"。我们学习了"送北极熊回家"的研究报告格式，学习了如何写低碳生活指南，以及写一份演讲稿去其他年级演讲等。通过自行组队，分小组商讨收集资料，合作分工，把整理到的北极熊、北极的新闻报道，结合美术课的内容，制成一份精美的科学手册。准备两篇北极熊的说明文，从中选取内容写成一份演讲稿，并练习演讲技巧。

当然做什么都不会是一帆风顺的，我们也经历了许多挫折与困难。例如，许多作品不合格，部分学生不用心对待。一些学生不愿意合作，在一旁玩自己的，对所有事情充耳不闻。许多事情安排不过来，小组内部产生争执矛盾。我们也想了许多解决办法：自愿分工，以奖励的形式鼓励他人，向组长沟通自己的时间安排，与其他组员轮流工作……最终，大家共同学习，各自发挥所长，同心协力，化解各种问题，反思自身，一步步改善，培养团队精神。拿出最好的作品和最好的态度来对待这次项目式学习，感受其中的乐趣，获得成就。这次项目式学习锻炼了协作能力、沟通表达能力、演讲能力、问题解决能力、项目管理和自我管理能力、创造和创新能力，培养了良好的团队精神以及对自身生活和所处世界的责任感。

学生2：我很荣幸地成为我们组的组长，负责协调本组的活动，组织同学们在一起分工和讨论。身为组长，我感到肩上担子很重，内心忐忑不安。在活动开展过程中，因为经验不足，出现了许多问题，比如，部分同学积极性不高，不服从分工等。不过老师给了我很多建议，在活动过程中，也帮助我协调了许多事情，所以我内心特别感谢老师。

（二）教师总结与反思

我们年级开展的"送北极熊回家"的项目式学习活动，为期一个月。在这一个月的时间里，教师引导学生系统地了解碳中和的知识，了解北极熊的生存现状。然后，各相关学科教师为学生提供了解北极熊的方法和途径，这样，学生对北极熊的生存困境有了系统的了解。我们常说，问题的反面是措施。所以，教师根据学生了解的相关情况，进一步引导他们探讨，如何帮助北极熊重返家园。学生们将自己了解到的知识，通过写倡议书和演讲稿，跨年级演讲等形式进行宣传，以便引起更多人关注和加入保护北极熊的行列。

在开展活动的过程中，有很多做得不足的地方。其一，主动性和前瞻性不够，这些不足会限制我对学生的指导，有时候难以给予及时的反馈。其二，应该更多地尊重学生的主体地位，把更多的主动权交给学生，让给学生自主分配，自主安排。其三，因为同时进行的还有正常的教学任务，而项目真正落实到位，需要更多的时间。

教会学生一种低碳环保的理念，并且真正落实在行动上，才是我们开展这次项目式学习的终极意义。也许我们通过这一次活动，只是在学生的心里播下了一粒小小的关于碳中和的种子，期待通过大家不断努力，让学生们心中的种子生根发芽，长成参天大树。

第七节　小学案例：挖掘铜官窑的文旅"遗珠"①

一、项目简述

项目基本信息卡

项目名称	挖掘铜官窑的文旅"遗珠"
核心驱动问题	如何帮铜官窑发挥更大的文旅价值？
项目时长	15 天
学生年龄段	五年级
涉及学科	语文、艺术、道德与法治、综合实践
项目最终成果	自媒体推介视频； 体验式文旅产品
成果展示方式	铜官窑文旅"遗珠"产品发布会
学校	长沙市高新区旺龙小学
指导教师	王宇婷、贺慧华、李佳、曾超子

1998 年，唐代沉船"黑石号"被发现，船载的数万件瓷器中，绝大多数产自长沙铜官窑，其数量之大，品相之精，举世震惊。然而，铜官窑这颗明珠却像深巷里的酒，虽浓香四溢，却少有人问津。长沙是全国网红打卡地，虽说新华联铜官窑古镇人满为患，但是，长沙铜官窑博物馆、郭亮纪念园等地依然门可罗雀。为了推介铜官窑，让更多的人了解铜官窑，了解祖国文化的遗珠，更为了让学生走出校园，在与平常不同的生活中拓宽视野，丰富知识，加深与长沙本土文化的亲近感，长沙市高新区旺龙小学开展以"挖掘铜官窑的文旅'遗珠'"为主题的项目式学习活动。

---

① 项目案例来自长沙市高新区旺龙小学。

二、项目目标

表 5-23   挖掘铜官窑的文旅"遗珠"项目目标

培养目标	对应标准	具体要求
学业发展目标	语文素养	①阅读说明性文章，能抓住要点，了解文章的基本说明方法； ②阅读简单的非连续文本，能够从图文等组合材料里找到有价值的信息； ③口语交际，与人交流能尊重和理解对方； ④口语交际，表达有条理，语气、语调适当； ⑤综合性学习，尝试写简单的研究报告，策划简单的校园活动和社会活动。
	品德与社会	①热爱家乡，珍视祖国的历史与文化，具有中华民族的归属感和自豪感； ②学会清楚表达自己的感受和见解； ③学会从不同角度观察社会事物与现象。
CREATE素养发展目标	同理心	运用设计思维，建立目标"用户"画像，了解游人的真实需求。
	责任担当	关切身边环境，如学校、社区或当地的自然环境与人文环境，热爱家乡。
	技术运用	①能在多种智能终端上进行拓展延伸阅读，掌握电子阅读方法、整理与归纳方法； ②学习项目式学习所需的相关信息和软件，利用数字化方式呈现学习成果。

三、核心驱动问题与分解驱动问题

表 5-24   挖掘铜官窑的文旅"遗珠"项目驱动问题

核心驱动问题	项目成果		总时长
如何帮铜官窑发挥更大的文旅价值？	自媒体推介视频，体验式文旅产品		15 天
分解驱动问题	主任务	主产品	时长
铜官窑为何不像"网红"景点一样有众多游人？	了解铜官窑的过去和现在	收集、整理资料	2 天

续表

分解驱动问题	主任务	主产品	时长
如何挖掘铜官窑的文旅价值？	①铜官窑的实地调研；②学习和感受铜官窑文化，深挖景点文化价值	①调研活动策划；②实地调研指导；③整理调研手记	8天
怎样让更多的人知道铜官窑的文旅价值？	铜官窑文旅"遗珠"发布会	①撰写发布会策划案；②发布会节目排演、视频编辑；③自媒体推广运营；④发布会落地	5天

四、项目式学习实施过程

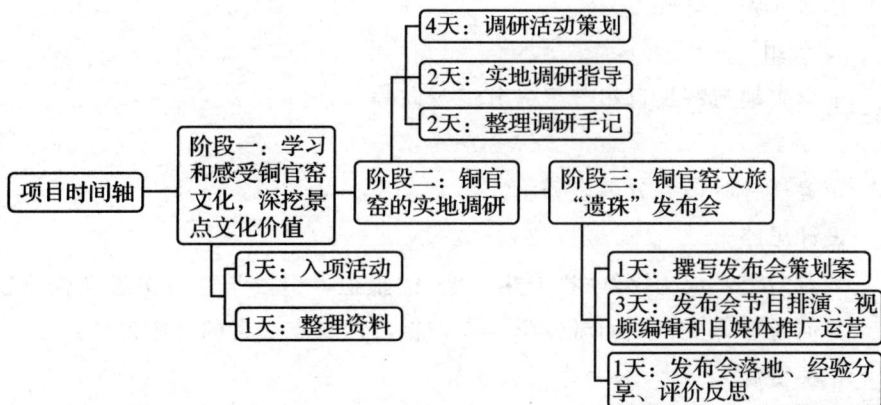

图 5-7　挖掘铜官窑的文旅"遗珠"项目实施过程图

(一)入项活动

你了解铜官窑吗？

持续时间：2 节课

教学活动

教师出示一些铜官窑的照片和铜官窑作品，让同学们猜，这么精美的工艺品来自哪里？

其实就来自我们身边的铜官窑，作为一名长沙的小学生，你对铜官窑了解多少呢？大家可以说一说。

（二）分解驱动问题 1

铜官窑为何不像"网红"景点一样有众多游人？

持续时间： 2 天

教学活动

1. 收集整理资料

（1）聚焦"长沙"成为网红"打卡热门地"的现象，引发思考，提出问题。

（2）交流收集到的资料。

2. 讨论

提炼小问题（筛选—整合—归纳—表述），预设：（1）探究铜官窑文化之"黑石号"谜题；（2）了解铜官窑陶瓷制作工艺的古今区别；（3）推广铜官窑红色伟人郭亮事迹。

3. 分组

依据兴趣与特长自然分组（《分组意向表》）。

4. 总结

布置任务（《任务分解表》）。

设计思路

观看"长沙"成为网红"打卡热门地"的报道，引发学生自主思考铜官窑景点为何游客稀少，从而激发学生去挖掘冷门景点蕴含的文旅价值。

相关资源

涉及的资源包括"长沙"成为"五一"打卡热门的报道，长沙从"网红"到"长红"的相关数据统计，"热长沙"遇上"长沙热"相关视频资料。

（三）分解驱动问题 2

如何挖掘铜官窑的文旅价值？

持续时间： 8 天

教学活动

1. 调研活动策划

2. 实地调研指导

3. 整理调研手记

4．调研方法指导

(1)采访。制定采访提纲，设计问题，准备采访细节。现场采访老师，"了解老师一天的工作"。

(2)问卷调查。使用《调查问卷问题征集表》，现场模拟发放调查问卷（放弃不合适的对象），出示规范的调查问卷（标题、前言、问题、注意事项）。

5．实地调研

实地调研郭亮纪念园、铜官窑博物馆、陶艺工厂（与旅行社接洽），并整理调研手记。

设计思路

(1)通过案例学习，认识到做事要有计划，了解活动策划表的基本要素，学习撰写采访提纲、调查问卷及活动策划。

(2)通过实地调研，了解实情，分析现象背后的深层原因，为后期文旅产品的推介确定思路。

相关资源

涉及的资源包括铜官窑景点旅游指南、策划案、采访提纲、调查问卷样例。

(四)分解驱动问题3

怎样让更多的人知道铜官窑的文旅价值？

持续时间：5天

教学活动

1．撰写发布会策划案

(1)学习发布会方案案例。

(2)撰写发布会策划案。

2．发布会节目排演、视频编辑和自媒体推广运营

(1)节目排练。

(2)视频剪辑并上传自媒体平台推广。

(3)绘制宣传海报。

(4)"画廊漫步"形式观摩初步成果并提出意见。

（5）讨论困难与不足，调整完善展示形式

3．发布会落地

（1）文旅产品体验。

（2）观看视频。

（3）诗歌朗诵。

（4）舞台剧表演。

（5）现场答疑。

4．经验分享与评价反思

（1）经验分享。

（2）互评投票（最佳团队奖）。

（3）过程性奖项颁发（金点子智慧奖、最佳采访奖）。

（4）反思与新问题探讨。

5．总结评价与反思

激发学生探究的兴趣，学生自主获取解决同类问题的经验，培养团队合作的精神；增强学生克服困难的勇气，磨砺坚持不懈的毅力。

设计思路

通过撰写发布会策划案，扎实掌握策划案的撰写方法。

在组织发布会的过程中，既让景点的深层文旅价值得到宣传推广，又提高学生综合运用多种方式交流、表达成果的能力，提高有条理、有根据地进行理性反思的能力，进一步调整活动方案，提高学生自主获取知识，并加以整理规划后端活动等方面的综合能力。

相关资源

涉及的资源包括发布会策划案样例、舞台剧视频资源、自媒体运营指导、短视频剪辑学习资源包。

五、项目式学习评价方案

表 5-25 挖掘铜官窑的文旅"遗珠"项目评价方案

主要产品/表现	知识/能力目标	证据	评价方式	评价时机
调研手记	资料收集、信息提取、整合分析、阐释说明、推理判断、反思评价、创造应用等思维能力	调研手记的可参考性、实用性	教师及时反馈；优秀调研手记评选	形成性评价
宣传海报	①选择合适的方式记录与表现所见、所闻、所感、所想的事务，发展美术构思与创作的能力；②海报设计与创新	海报广告的宣传性、艺术性	教师及时反馈；创意海报评选	形成性评价
发布会策划案	①讨论和分析策划主题；②能策划简单的校园活动和社会活动，并书写活动策划案	发布会的策划案是否主题鲜明，环节完备，互动性强	教师及时反馈；观众满意度调查	形成性评价
自媒体推介视频	①了解基本视频编辑方法与技巧；②初步了解自媒体宣传推广方法	视频点赞数和浏览量	教师及时反馈；参考浏览量和线上评价结果	形成性评价、终结性评价
体验式文旅产品	①了解陶瓷工艺，体验拉坯与灌浆制作过程；②能清楚明白地讲述流程，有根据、有条理、有感染力地阐述陶瓷工艺背后蕴含的文化价值	陶艺作品呈现情况	观众体验感的现场反馈	形成性评价、终结性评价

评价量规示例

表 5-26　发布会现场评价量规

	活动成果丰富（20分）	汇报形式多样（20分）	表达生动清晰（20分）	组员团结协作（20分）	倾听认真仔细（10分）	评价中肯新颖（10分）
第＿＿＿组						
第＿＿＿组						

六、项目反思

(一)学生反思

1. 项目进行中的学生反思

在项目式学习过程中，我学到了很多在课堂上学不到的知识。

(1)采访时要有礼貌，要选择好对象，忙的人不要采访；问题不要太多，问多了会烦；采访前分好工，不要一窝蜂上前问；要做好记录；采访之前要练习模拟，这样就不会那么紧张。

(2)写调查问卷时，标题要简明扼要，点明调查对象、调查主题，让人一眼就能看出要回答大概什么方面的问题。

(3)撰写调研方案时，需要考虑到时间、天气、交通方式、具体的人员安排等方面的内容，要考虑得尽可能全面。

(4)朗诵的时候要注意情感的融入。

(5)视频剪辑既要控制时长，也要涵盖所有核心内容。

2. 项目结束后学生反思

(1)作为组长，我的组织能力变强了。

(2)作为副组长，我学会了制作美篇。

(3)担任记者的过程中，我了解到很多关于铜官窑的知识，我的语言能力变强了，我也不怯场了。

(4)我学会了如何拉坯，如何制作陶瓷，胡老先生(陶瓷制作的匠人)说，用泥土变黄金，他的智慧让我钦佩，他的技艺值得我们传承与学习。

(5)这次项目式学习活动令我的摄影技术得到了提高，我学会了如何使用剪辑软件，还学会了运营宣传公众号。

（6）我们组刚接到任务时，并不是特别团结，组内有很多队员不配合，在意见上也有很多争执。后来，经过老师和组员的交流与沟通，大家都能完成提前分配好的工作，我们组变得越来越团结。

（二）教师反思

整个活动的策划、所有的课程环节都需要精心设计，甚至在实施过程中要随着学生的研究情况进行修正。比如，要依据他们分解出来的驱动问题，来指导活动策划，来选择具体的方法指导。课余，还要指导他们完善计划，帮他们推敲采访提纲与调查问卷。教师与学生是课程开发与实施的主体，在课程实践中发挥着创造性的作用。

这个过程中，学生是绝对主体，是当之无愧的主角。半个月的时间里，他们确定调研任务，从意愿和特长出发，自然成组，一开始，他们就彰显着自己的主体地位。学习活动的策划，采访提纲的撰写，调查问卷的编制……他们自己去学校各个办公室寻觅指导老师，合理分工，自己架起话筒，采访得有模有样，向游客友好发放调查问卷，回校再进行统计。项目式学习活动很锻炼学生。

在活动过程中，整个学校，无论是否被学生们选为指导老师，语文、数学、音乐、美术、信息技术等学科老师都踊跃相助，真正实现了跨学科融合。

第八节　小学案例：有爱的包装盒①

一、项目简述

项目基本信息卡

项目名称	有爱的包装盒
核心驱动问题	如何为你喜欢的人设计礼物的包装？

---

① 项目案例来自北京市房山区良乡中心小学。

续表

项目时长	6 周
学生年龄段	五年级
涉及学科	数学，语文，道德与法治，信息技术，美术
项目最终成果	充满爱意的礼品包装盒或包装袋
成果展示方式	礼品包装展示分享会
学校	北京市房山区良乡中心小学
指导教师	宋艳男

　　一份小小的礼物能表达自己的情感，能拉近人与人之间的距离，一份精美的礼物包装更能表达自己的心意。但是社会上出现了一些过度关注礼物包装而忽略了礼物本身的现象，引发了大家对于过度包装的关注。过度包装不仅浪费大量的资源，还会污染环境。如何为礼物设计一份精美、独特的包装，既能表达自己的情感又不过度包装，就引起了我们的思考，同时结合数学教材中的"包装中的数学"中的内容，让学生体会设计思维，在探究创新的同时，运用数学及相关学科的知识解决现实生活中的问题。基于以上内容确定本次活动的主题是包装中的学问。历时 6 周，学生经历了驱动问题的确定、项目启动、解决问题产生成果、成果展示、回顾项目五个阶段。在活动过程中培养学生的问题意识、合作探究能力、解决问题的能力、创新意识能力等。

二、项目目标

表 5-27　有爱的包装盒项目目标

培养目标	对应标准	具体要求
学业发展目标	数学素养	①结合具体情境，探索并掌握长方体、正方体、圆柱的体积和表面积公式，以及圆锥体积的计算方法，并能解决简单的实际问题； ②能够用方格纸按一定的比例将简单图形放大或缩小； ③在给定目标下，感受针对具体问题提出设计思路、制定简单的方案解决问题的过程。

续表

学业发展目标	艺术素养	①初步获得使用艺术方式表现和美化生活的能力； ②学会用艺术来交流和表达情感； ③尝试通过艺术与科技手段的结合，进行艺术创造和表现，促进科学思维与艺术思维的联结与互动。
CREATE素养发展目标	真实合作问题解决	①解决礼物包装不合理、过度包装等真实问题； ②通过团队合作，让"设计师""数据分析师""产品推广师"通力合作，完成项目； ③每个同学明确自己的团队角色和项目任务，尽职尽责，取长补短。
	同理心	①能够从用户需求的角度去选择合适的礼物； ②能够从用户喜好的角度去设计包装盒的作用和风格。

三、核心驱动问题与分解驱动问题

表 5-28　有爱的包装盒项目驱动问题

核心驱动问题	项目成果		总时长
如何为你喜欢的人设计礼物的包装？	充满爱意的包装盒/包装袋		6周
分解驱动问题	主任务	主产品	时长
我们如何为选择的礼物设计包装？	①根据送的人和礼物类型进行分组； ②确定选材、大小、图案等	①分组任务单； ②确定小组所送物品及人物特点，标明所需材料，画好设计平面图	3周
如何制作礼物包装？	动手制作	①动手制作完成礼物包装； ②完成阶段性评价表	2周
如何展示和推广我们的成果？	准备展示成果	①各组整理项目实施的过程及遇到的问题、解决方案和成果，并完成PPT的制作； ②完成总结性评价表	1周

四、项目式学习实施过程

(一)入项活动
我想要送他/她什么礼物？

持续时间：1 节课

教学活动

(1)组织学生讨论，如果最近要送一个人礼物，你会选谁？

可以引导学生思考即将到来的节日，身边有哪些人，为什么要送礼物给他/她等。

(2)你要送什么礼物给他/她？

引导学生讨论，礼物是你想送的，还是他/她需要的？

(二)分解驱动问题 1
我们如何为选择的礼物设计包装？

持续时间：3 周

教学活动

1. 发布活动任务，形成项目小组

(1)项目启动：教师播放视频，观察礼物包装的外形、装饰、材质。

(2)根据入项活动时所确定的礼物外形特征组建团队，分成长方体组、圆柱体组、圆锥体组和不规则图形组。

2. 形成团队文化

(1)共建团队名称。

(2)形成项目理念。

(3)制作团队标识。

(4)确定项目方向。

3. 收集所需资料

(1)调查制作包装所需的材料、材质、色彩。

(2)购买所需耗材。

(3)计算所需耗材所用经费。

4. 完成调查报告

(1)撰写调查报告任务及分工。

(2)根据所收集的资料完成调查报告。

(3)开展调查报告的展示交流。

5.初步绘制平面图

(1)绘制平面图的任务分工。

(2)初步完成平面图的绘制。

(3)组织平面图的分享交流会。

6.完善平面图

(1)修改、完善平面图。

(2)做最终的平面图的展示分享会。

(3)完成阶段性评价单。

设计思路

选取学生们感兴趣的话题开展学习，运用同理心选择送给他/她的礼物。以制作包装为情境，学生将所学知识进行整合，用以解决新的问题，在此过程中培养学生的空间观念、创新意识和应用意识。

相关资源

涉及的资源包括入项前的调研问卷，收集材质、材料、耗材及所用经费资料和调研报告，平面图设计学习单、知识及成果。

(三)分解驱动问题 2

如何制作礼物包装？

持续时间：2 周

教学活动

1.初步制作包装

(1)小组成员进行分工，认领任务。

(2)记录在制作过程中遇到的困难和解决方法。

(3)制作包装盒/袋。

(4)完成包装盒/袋的成果分享。

(5)完成阶段性评价表。

2.完善包装

(1)根据上一阶段的分享展示，收集可行性实施方案进行作品的整改。

(2)完成最终成果分享。

设计思路

制作包装过程中会出现各种各样的问题，尽量让学生自主解决，让所学知识为问题解决服务。在解决问题的过程中，再次强化知识，发展思维。

相关资源

涉及的资源包括礼物包装盒/包装袋的最初成品和最终成品，阶段性评价学习单。

(四)分解驱动问题3

如何展示和推广我们的成果？

持续时间：1周

教学活动

1. 初步完成展示幻灯片

(1)小组分工，整理需要展示的内容。

(2)完成幻灯片。

(3)组内进行修改。

2. 完善幻灯片

(1)根据组内人员提出的建议进行修改。

(2)组内完成幻灯片修改。

3. 完成展示

(1)在全班展示项目中收集的资料，所制作的调研报告，获得成果过程中的困难及解决办法。

(2)其他小组提问，本小组成员答辩。

(3)完成终结性评价表。

设计思路

给予学生展示空间，让他们把自己的成果进行分享；在展示过程中，成果使学生更加自信，乐学，乐分享，同时培养了学生的思辨能力。

相关资源

涉及的资源包括幻灯片和终结性评价单。

五、项目式学习评价方案

表 5-29 有爱的包装盒项目评价方案

主要产品/表现	知识/能力目标	证据	评价方式	评价时机
调查报告	①能够用统计的相关知识将所调查的类别进行统计、汇总；②调查报告的格式正确无误	调查报告项目齐全，格式正确	①评价表；②教师及时反馈	形成性评价
平面图	①结合具体情境，探索并掌握长方体、正方体、圆柱的体积和表面积的计算方法，以及圆锥体积的计算方法，并能解决简单的实际问题；②能够用方格纸按一定的比例将简单图形放大或缩小	平面图数据精准，比例准确，可操作性强	①教师及时反馈；②评选出优秀平面图	形成性评价
礼物包装盒/袋	①通过为实物设计包装，讨论包装设计内容等活动，体会包装的设计思路，感受数学与生活的联系；②在给定目标下，感受针对具体问题提出设计思路、制定简单的方案解决问题的过程	礼物包装的完整度、美观性、实用性	①评价表；②优秀包装设计评选	形成性评价、终结性评价
汇报幻灯片	①能够运用信息技术将项目的实施过程记录完整；②能够将本组特色进行准确、清晰的介绍；③在交流过程中，语言简练，有条理	幻灯片制作完整、美观，能够记录项目的全过程	①评价表；②教师及时反馈	形成性评价、终结性评价

评价量规示例

表 5-30　小小设计师阶段成果展示互评表

组名：

评价内容	评价标准			评分
	好	较好	一般	
展示小组成员精神面貌（20分）	17—20分 全组成员展示、交流非常热情，声音洪亮，表情愉悦。	13—16分 全组成员展示、交流有热情，声音较洪亮，表情较愉悦。	12—8分 全组成员展示、交流声音较洪亮，表情不够愉悦。	
项目完成度（40分）	36—40分 在本组作品展示中，平面图完整，比例和数据正确，且能标注出关键数据，容易解读。调研报告内容完整，有逻辑性。礼物包装实用，精致且有美感。幻灯片内容完整丰富，简洁且能突出关键点。	30—35分 在本组作品展示中，平面图完整，比例适切。调研报告格式正确，内容完整。礼物包装美观且实用。幻灯片内容完整。	25—29分 本组作品展示中，平面图数据虽完整但比例失当。调研报告还有须补充的地方。礼物包装实用且不够精致，配色还需提升。幻灯片还可以补充数据以支持项目。	
展示的完整度（30分）	28—30分 创作过程中小组分工，作品展示、反思内容详细充分。	23—27分 创作过程中小组分工，作品展示、反思等有小部分内容不充分。	18—22分 创作过程中小组分工，作品展示、反思等有较多部分内容不充分。	
展示的条理性（10分）	8—10分 展示过程中小组成员分工明确，展示内容顺序合理。	6—7分 展示过程中展示顺序有小部分不太合理，但对展示效果影响较小，小组分工较明确。	4—5分 展示过程中展示顺序有问题，小组分工不明确，影响展示效果。	
总评				
建议				

表 5-31 成果展示评价表

组别	内 容 主题明确，设计合理，构图美观，可操作性强。	汇报交流 观点阐述明确，汇报条理清楚，声音洪亮，大方得体。	倾 听 认真倾听，做好记录，及时评价。	互 动 能够解答他人的提问，互动积极，小组相互配合。	创 新 设计有特色。
	☆☆☆☆☆	☆☆☆☆☆	☆☆☆☆☆	☆☆☆☆☆	☆☆☆☆☆
	☆☆☆☆☆	☆☆☆☆☆	☆☆☆☆☆	☆☆☆☆☆	☆☆☆☆☆
	☆☆☆☆☆	☆☆☆☆☆	☆☆☆☆☆	☆☆☆☆☆	☆☆☆☆☆
	☆☆☆☆☆	☆☆☆☆☆	☆☆☆☆☆	☆☆☆☆☆	☆☆☆☆☆
	☆☆☆☆☆	☆☆☆☆☆	☆☆☆☆☆	☆☆☆☆☆	☆☆☆☆☆
	☆☆☆☆☆	☆☆☆☆☆	☆☆☆☆☆	☆☆☆☆☆	☆☆☆☆☆

六、项目反思

(一)学生反思

阶段性反思

创想一组：我们组是为粽子设计包装，开始我们设计的是一个粽子的包装，我们的设计图纸有三棱锥、四棱锥，还有五棱锥，在制作过程中，我们发现三棱锥的粽子盒不太实用，而四棱锥的盒子又不太美观，经过反复研究，我们最终将包装设计成了五棱锥的样子。同时，我们还设计了两个连体包装盒，这样可以减少材料使用，更加环保。我们运用了数学知识，将最节省材料的画法研究出来，非常有成就感。但是在制作的过程中，我们也遇到了个小麻烦，就是黏合处应该选择多长才能更加结实，针对这个问题，一开始我们并没有用到美术知识，只是理想化地去做，失败后，我们运用美术知识将这一问题很好地解决了。所以，我们今后不论遇到什么问题，都尽可能地去寻找解决的途径，而不是一味地蛮干。

项目结束后的反思

智慧三组：通过这次活动，我们知道了，在解决问题的过程中，小组成员要团结协作，达成一致。团结协作，才能解决问题！我们小组在选材方面发生了分歧，如果意见不统一，我们的活动就进行不了，这时我们选择将分歧进行汇总，然后把解决方案找到，最后我们进行实际操作，哪种方案最适合，我们小组就采用谁的意见。在活动中会遇到许多问题，我们只有开动脑筋，将所学的知识运用到生活实际中，活学活用，才能解决问题。最重要的是开动脑筋，努力创新，形成能力！在今后开展的活动中，我们要进行换位思考，不能只顾自己的任务，要顾全大局。在知识的运用上，我们要将旧知识转化为新学习而服务于生活所需。

科技小组：通过这次活动，我们又有了很大的提高。我们的小组同学都非常齐心，无论做什么事情都能按照计划进行商讨，在发生争执的时候，我们可以投票，请教专业人士，请教老师来帮助我们把问题解决。在活动中，我们一次次地修改作品，直到我们小组每一个成员认可为止，这个过程既痛苦又有乐趣。它使我们每一个成员都参与进来，贡献智慧，共享智慧，在活动中我们学到了许多书本上没有的知识，拓宽了视野。我们将继续努力，把每一个项目都做到最好。

（二）教师反思

项目启动阶段反思

自进入项目启动阶段，学生们都能将自己的想法表达出来，并能将自己的初步想法记录在纸上。根据每个同学选择的图形进行分组，这样能够在绘制平面图和制作的过程中更有针对性。个别学生在此阶段没有自己的想法，所以在分组的时候就出现了问题，教师应该在项目启动前就预测到这种情况，然后根据这种情况给予学生多种选择的余地，这样就能使他们的参与度更高一些。在之后的项目中，教师一定要有预见能力。

项目进行阶段反思

在调查选材、耗材所需花费中，学生们充分利用学过的知识进行探究，并能在收集调查中优中选优。每个小组长都能安排好自己小组成员的分工，人人都有事情做。其中不规则图形小组在讨论过程中发现，市面上的包装不易保存，浪费现象严重，因此他们组准备用3D打印技术来完成包装盒的制作。项目式学习的开展，让学生脑洞大开，让他们去做他们想做的事情，这样才能提升他们的学科知识运用能力和学科素养。

项目结束后的反思

在本次项目式学习活动中，学生从真实情境出发，利用数学、美术、语文、科学、信息技术等学科的知识进行包装的设计。各组学生的方案都是经过激烈的讨论，得到一致赞同，然后再进行下一步的实施，学生们在一个个真实的问题中不断萌生新想法；直到最后的成果呈现，可以说这是个艰难又快乐的过程。

　　项目式学习活动的设计要考虑到它是否具有一定的挑战性。一个具有挑战性的活动必定会给学生带来这样或者那样的问题，学生要在头脑风暴中和平时的学习积累中寻找解决问题的办法，从而完成此次项目式学习活动。

　　项目式学习活动让学生在真实的情景中运用所学知识解决问题，感受知识间的联系和所学知识的价值，同时给予学生很大的自主学习空间。本次的选题就是让学生为自己在乎的人选择一个礼物并制作包装，这一下子让学生的兴趣达到了高潮，探究欲越来越高。

第九节　初中案例：新生体验营——我准备好了[①]

一、项目简述

项目基本信息卡

项目名称	新生体验营——我准备好了！
核心驱动问题	迎接中学生活，我准备好了吗？
项目时长	5 天
学生年龄段	七年级
涉及学科	综合
项目最终成果	习作《中学生活我来了》梦想宣言
成果展示方式	结营演出
学校	四川省宜宾市翠屏区凉水井初级中学
指导教师	罗颖

---

① 项目案例来自四川省宜宾市翠屏区凉水井初级中学。

大部分教师在设计新生课程时，只是从教学的角度出发，很少有人对如下问题进行真正的思考：一名学生，在来到新的学段、新的学校时，他们到底想知道什么？如何让学生深度融入学校？如何让学生对新学期充满期待？如何让学生在入学的短短几天内有所成长？基于这些问题，我们用项目式学习的方法设计了本次"新生体验营"。我们希望从学生的视角出发，帮助他们认识空间，认识人，建立与学校真正的联结，让他们自己去了解学校，了解课堂，了解规则的重要性。我们还希望通过生涯规划课程，能帮助学生认识自己，认识未来，让他们为自己而学，为梦想而学。

二、项目目标

表 5-32　新生体验营项目目标

培养目标	对应标准	具体要求
学业发展目标	知识目标	①认识同学、教师、学长等和自己的学习、生活有关系的人； ②了解学校的地理位置和场所分布； ③了解学校的校训、校风、教风、学风等办学理念； ④了解学校独特的教学方式并尽快适应； ⑤了解寄宿生活的注意事项； ⑥初步了解周哈里窗、生涯规划、价值观等相关知识。
CREATE素养发展目标	真实合作问题解决	①以帮助自己适应新学校作为一个真实问题，来开展本次项目式学习； ②了解团队的目标和团队内不同的角色； ③了解团队成员的特质、兴趣与能力； ④与团队成员共同解决问题。
	有效沟通	①能够明确表达自己的问题和需求； ②深度倾听，尊重他人，关注团队成员、教师、专业人员等外部人士发出的信息，并进行反思与反馈； ③学会换位思考，在考虑沟通对象的知识、信念和情绪的情况下，采取不同的沟通内容与方式。

三、核心驱动问题与分解驱动问题

表 5-33 新生体验营项目驱动问题

核心驱动问题	项目成果		总时长
迎接中学生活，我准备好了吗？	习作《中学生活我来了》梦想宣言		5 天
分解驱动问题	主任务	主产品	时长
来到新的学校，我的生活轨迹会是什么样的？	共创校园地图	①共创校园地图；②制定宿舍公约。	1 天
来到新的学校，我将和谁打交道？	认识同伴，认识老师。	①年级团建；②访谈小老师；③认识老师。	1 天
来到新的学校，我将开始怎样的学习生活？	认识中学生活和小学生活的不同。	①制作学校宣传海报；②习作《中学生活我来了》	1 天
未来的三年，是怎样的三年？	完成梦想课程，书写梦想宣言。	①认识自己；②制作生涯规划；③写下自己的梦想；④筹备结营演出。	2 天

四、项目式学习实施过程

（一）入项活动

班主任破冰

持续时间：半小时

教学活动

（1）班主任做自我介绍，对学生做随机采访，让他们通过回答简单问题放松下来。

（2）宣布新生体验营的时间安排和每日里程碑，提醒学生最后一天有结营演出，对同学们的精彩表现进行展望。

（二）分解驱动问题 1

来到新的学校，我的生活轨迹会是什么样的？

持续时间：1 天

教学活动

1. 小组破冰

(1)请每一位同学使用自我介绍模板，书写一份自我介绍。

(2)每位同学轮流选择组内最感兴趣的一位同学进行提问，相应同学进行回答。

2. 空间探索

(1)班主任提出问题：来到一个新的学校，你需要了解哪些区域呢？

(2)同学们根据自己的选择组成空间探索小组。

(3)前往学校相应的空间，带着任务单进行探索和记录。

(4)组内分享空间探索的收获和内容。

(5)班级共创一份校园地图。

3. 了解寄宿生活

(1)老师带领同学们整理内务。

(2)经过一晚住宿生活，同学们回到宿舍，总结宿舍管理中出现的问题。

(3)小组商议如何通过制订公约来解决这些问题。

(4)书写并确定宿舍公约。

4. 中学生活我来了

每一位同学完成一个习作《中学生活我来了》，字数不限。

设计思路

对于一个升入新学段的学生而言，来到一所新的学校，他是兴奋的、充满期待的，同时也是焦虑的、紧张的。如何在一开始就帮助学生建立安全感，让他们喜欢上自己的学校呢？建立安全感，从了解物理空间和生活环境开始。

相关资源

涉及的资源包括开放探索区域、任务单、大白纸、彩笔等。

(三)分解驱动问题 2

来到新的学校，我将和谁打交道？

持续时间：1 天

教学活动

1. 年级团建

(1)各班操场集合完成团建游戏，"坐地起身"和"超音速"。

(2)年级形成竞赛机制。

(3)回班后，开展游戏复盘活动，同学们分别书写《给自己的礼物》和《给他人的礼物》，总结自己在团建游戏中的收获。

2. 团队文化建设

(1)经过第一天的学习和上午的游戏，同学们开始了解自己的团队。

(2)为了加强团队文化建设，请小组成员共同为自己的小组起组名，选组歌，并制定小组公约。

(3)制作小组文化海报，并在班级分享。

3. 认识教师，认识中学生活

(1)各学科教师用最具备学科特色的方式登场(例如，物理教师做实验，数学教师徒手画圆，语文教师穿汉服登场等)。

(2)同学们提出对中学生活的各种疑问，总结成访谈提纲。

(3)访谈教师，寻找答案。

设计思路

在熟悉环境之后，学生们参与团队文化建设，逐渐加深对彼此的了解，也更加熟悉教师。这有利于教师与学生构建良好的关系，打破学生对于新教师、新课程的紧张感和陌生感，为日后的课程学习营造一个温馨、愉悦的氛围。

相关资源

涉及的资源包括各学科教师需要提前准备的才艺，安排好的访谈对象。

(四)分解驱动问题 3

来到新的学校，我将开始怎样的学习生活？

持续时间：1 天

教学活动

1. 认识学校

(1)学生提出他们最关心的关于学校的问题。

（2）学生通过查阅教师提前准备的资源包来了解学校。

（3）教师讲解海报制作注意事项。

2. 制作学校宣传海报

（1）根据资源包的内容，小组共创学校宣传海报。

（2）学生扮演学校代言人，自然而然学习到学校的校训、文化、校规校纪等。

（3）班内分享每个小组绘制的学校宣传海报。

3. 认识中学特色课堂

（1）组织学生观摩一节由教师和高年级同学共同完成的公开课。

（2）讨论学长学姐们表现优秀的原因。

（3）了解学校特有的预习、复习机制，创生课堂，进行信息化和小组合作学习。

（4）修改习作《中学生活我来了》。

设计思路

在认识学校的部分，以传统的方式给学生播放学校宣传片，但其实学生能记住的内容并不多，所以这个部分我们用角色翻转的方式，让孩子们通过学校公众号、网络报道等途径去了解学校，为自己的学校制作宣传海报。

让学生用鱼缸讨论法去了解中学的特色课堂，提供听课评课的工具作为脚手架。

相关资源

涉及的资源包括学校宣传材料资源包和听课任务单。

（五）分解驱动问题 4

未来的三年，是怎样的三年？

持续时间：2 天

教学活动

1. 认识自己，激发梦想

（1）学习周哈里窗，认识多样的自己。

（2）观看相关视频，树立人生观，珍爱生命。

2. 探索兴趣，激发动力

(1)游戏"身体雕塑"，了解自己想成为什么样的人。

(2)观看相关影片，探索价值观，树立方向。

3. 寻找自己的宝藏

(1)游戏"寻宝归来"，深入了解自己。

(2)观看大梦想家视频，探索自己的梦想。

(3)书写梦想宣言，找到梦想的方向和支持。

4. 筹备结营演出

(1)通过竞选分配结营演出的角色。

(2)共同商议制定节目单。

(3)筹备，排练。

(4)请所有家长到场观看结营演出。

设计思路

通过梦想体验营，以"梦想"为中心，以探索、体验、感悟、共创等方式探索价值观，帮助学生了解自我，构筑梦想。通过真实人物对比，孩子们感受到行动的重要性，从而敢梦想，有行动。

相关资源

涉及的资源包括梦想课程相关资料，结营演出的道具、场地等。

五、项目式学习评价方案

表 5-34　新生体验营项目评价方案

主要产品/表现	知识/能力目标	证据	评价方式	评价时机
校园地图	了解学校的地理位置和场所分布	学校重要空间的描述和位置关系	团队互评	形成性评价
中学生活我来了	①认识同学、教师、学长等和自己的学习、生活有关系的人。②了解寄宿生活的注意事项	作文书写的内容	评分表	形成性评价
团队文化海报	了解同伴，了解团队	海报内容	团队互评、教师反馈	形成性评价

续表

主要产品/表现	知识/能力目标	证据	评价方式	评价时机
学校宣传海报	①了解学校的校训、校风、教风、学风等办学理念。②了解学校独特的教学方式并尽快适应	海报内容	团队互评、教师反馈	形成性评价
结营演出	合作、沟通、创新能力	演出的策划、组织、表现等	家长打分	终结性评价

评价量规示例

表 5-35　团队合作评价表

这次新生体验营中团队遇到的三个问题：
团队是如何解决这些问题的，谁做出了突出贡献：
有哪三个方法可以让团队更高效：
这次项目有哪些需要改进的地方：
团队的优势和劣势：

表 5-36　结营演出评价表(家长评)

本场最佳节目提名（节目）	1. 2.
本场最具创意节目提名（节目）	1. 2.

续表

本场最佳合作奖提名（节目）	1. 2.
本场最佳表演奖提名（演员）	1. 2.
本场最具创意奖提名（演员）	1. 2.
本场最具人气奖提名（演员）	1. 2.
你印象最深刻的瞬间是	

表 5-37　小老师评价表（师评）

考察维度	考察指标	打分				
		1	2	3	4	5
学习力	1. 积极参与小老师培训					
	2. 非常熟悉新生体验营的课程环节					
	3. 对新生体验营的知识目标具备全面、深刻的理解					
	4. 非常清楚新生体验营中小老师的职责					
	5. 对未知充满好奇，有学习精神					
沟通能力	1. 能够理解并传达老师布置的学习任务					
	2. 能够清楚地表达自己的观点					
	3. 能够处理小组协作中出现的问题					
	4. 能够与小组成员进行平等、有效的沟通					
	5. 沟通时使用礼貌用语且态度友好					
组织协调	1. 能够协助小组成员顺利开展合作					
	2. 遇事不慌，沉着冷静					
	3. 能够解决团队内部的各种问题，不嫌麻烦，有耐心					
	4. 能够利用相关资源帮助团队解决问题					
	5. 具有良好的时间管理能力					

续表

考察维度	考察指标	打分				
		1	2	3	4	5
领导力	1. 有责任感和团队意识					
	2. 知道关照新生，能够从新生的视角思考问题					
	3. 当团队遇到挑战时，勇于站出来协调解决					
	4. 当团队遇到危机时，勇于承担责任					
	5. 能够鼓舞士气，增强团队凝聚力					
总分						

六、项目反思

项目式新生体验营是一次勇敢的尝试，成果丰硕。该项目不仅在实践中全面落地，收获了来自师生及家长超越预期的反馈，还生成了一套《新生体验营》完整教学视频，及《未来学校》教育电影。希望视频和电影的传播，能够影响到更多的人，以学生为中心的"新生体验营"可以被更多的学校实践和迭代。不论是幼升小、小升初、初升高还是高中升大学，让孩子们的每一个关键时刻都可以被温柔对待，让学生真正成为学习的主人，助力他们为未来的挑战做好准备！

第十节　高中案例：学校新教室装修的选材①

一、项目简述

项目基本信息卡

项目名称	学校新教室装修的选材
核心驱动问题	学校的新教室要装修，需要购买装修材料，如何选择更加环保、适合高中教室的装修材料，制订选购方案？

---

① 项目案例来自江苏省丹阳高级中学。

续表

项目时长	7周
学生年龄段	高二
涉及学科	化学、数学、计算机
项目最终成果	教室装修选材方案
成果展示方式	选材方案竞标会
学校	江苏省丹阳高级中学
指导教师	王秀茹

2020年江苏省丹阳高级中学启动新校建设项目。新校建设备受关注，值得期待，同学们希望用所学知识为新校建设贡献一份力量，因此我们就新校的教室装修该如何选材展开了项目式学习的探索。本项目以生活真实情景为背景，以化学学科知识为载体，借助数学、计算机等学科呈现项目化成果。通过本项目的学习，学生掌握了学科知识，了解了装修方面的知识，提升了探索、应用知识的能力。

二、项目目标

表 5-38 学校新教室装修的选材项目目标

培养目标	对应标准	具体要求
学业发展目标	高中化学学习目标	①能对具体物质的性质和化学变化做出解释或预测，能运用化学变化的规律分析说明生产、生活实际中的化学变化； ②能发现和提出有探究价值的化学问题，能依据探究目的设计并优化实验方案； ③增强探究物质的性质和变化的兴趣，关注与化学有关的社会热点问题。
	高中数学学习目标	①能够通过直观想象感知事物的形态与变化，利用空间形式，特别是图形，理解和解决数学问题； ②能进一步发展数学运算能力； ③有效借助运算方法解决实际问题。
CREATE素养发展目标	责任担当	①养成健康文明的行为习惯和生活方式； ②关注身边环境，关注人类和环境可持续发展问题。
	批判性思维	①能够理据充分地提出问题和假设； ②能够对事实、信息和论点有独立判断与评估，对知识进行意义建构。

三、核心驱动问题与分解驱动问题

表 5-39　学校新教室装修的选材项目驱动问题

核心驱动问题	项目成果		总时长
学校的新教室要装修，需要购买装修材料，如何选择更加环保、适合高中教室的装修材料，制订选购方案？	教室装修选材方案		7 周
分解驱动问题	主任务	主产品	时长
学校新教室装修需要哪些主材？	根据装修方案，整理主材列表	①需求分析：了解教室装修方案；②整理出教室装修的主材列表。	2 周
关于装修主材，市场上都有哪些选择？	了解教室装修需求与材料性能之间的联系	①市场调研，了解常见装修材料及品牌；②了解材料的构成和污染源；③完成调研报告；④装修材料调研报告汇报会。	2 周
如何生成教室装修选材的最佳方案？	根据材料分析，生成装修选材方案	①根据教室装修的需要选择合适的主材，形成教室装修选材方案；②准备竞标文件；③组织竞标会，选出最佳方案。	3 周

四、项目式学习实施过程

(一)入项活动

了解从毛坯房到学习空间的历程。

持续时间： 1 节课

教学活动

(1)教师展示教学材料，呈现一间教室从毛坯房到宽敞明亮的教室的改造过程。

(2)引导学生讨论，教室装修完就可以使用了吗？为什么？有哪些因素导致不能使用?

(3)宣布项目目标,我们将对教室装修的选材方案进行重新优化,邀请同学们加入。

设计思路

通过让学生研究装修中常见的主材,锁定下一个学习阶段重点探究的方向。

(二)分解驱动问题 1

学校新教室装修需要哪些主材?

持续时间:2 周

教学活动

1. 需求分析:了解教室装修方案

(1)参观不同类型的教室,了解教室材料的使用情况。

(2)讨论以下问题:教室中使用了哪些材料?这些材料有什么特点?选择材料时应该注意什么?

(3)引导学生观察教室的结构,筛选出备选方案。

2. 备选方案中都出现了哪些主材

(1)将备选方案进行拆分,筛选出主材列表。

(2)用思维导图或列表的方式,对主材类别和数量需求进行整理。

(3)制作出教室装修主材需求表。

相关资源

涉及的资源包括可选的若干个教室装修方案。

(三)分解驱动问题 2

关于装修主材,市场上都有哪些选择?

持续时间:2 周

教学活动

1. 市场调研:了解建材市场

(1)参观华东建材市场,调查市场上的装修材料。

(2)详细了解市场上的装修材料的种类、品牌、性能、优缺点、价格等信息。

(3)小组成员归纳总结调研信息,交流可供教室装修使用的材料,以及选择材料的依据。初步建立装修材料选择的角度与思路，为后面自主选择装修材料奠定基础。

2. 生成调研报告

(1)教师提供知识支架，帮助学生了解各种主材的构成和污染源。

(2)完成装修主材调研报告。

(3)组织装修主材调研报告汇报会。

设计思路

让学生参与市场调研，走进生活，去了解装修材料的种类及其多样给人们的选择带来的干扰。利用化学知识对主材材料进行分析和筛选，为理性、科学地设计选材方案做好准备。

相关资源

涉及的资源包括建材市场参观，外出支持。

(四)分解驱动问题3

如何生成教室装修选材的最佳方案？

持续时间：3周

教学活动

1. 形成选材方案

根据选材调研报告，生成教室装修选材方案。

(1)地面装修

根据市场调研报告，可供地面装修选择的材料有很多，如水泥、陶瓷、地毯、地板等。但教室地面的装修，要求装修材料具有坚固耐磨，防腐蚀霉变，耐水，便于清洁等特点。同学们从性能、需求、装修成本的角度综合考量后选择了合适的装修材料，同时又兼顾了教室装修风格的整体美观性。

在了解可供选择的装修材料时，学生们通过资料的查阅和教师引导，学习了陶瓷作为传统的无机非金属材料——硅酸盐产品所具有的物理、化学性能，同时检索了解人造石材和人造地板的性能与制造工艺。

人造石材和人造地板是装修污染的主要来源之一，石材和板材中的劣质成分会严重影响人的身体健康。教师引导学生进行实验探究，通过观察外观、滴墨水、滴食醋、敲击等方法区分了天然大理石和人造大理石。同时查阅相关资料，利用现代仪器手段，研究分析了石材性能与结构成分的关系。

（2）顶面装修

根据调研成果分析，可供顶面装修选择的材料有铝扣板（吊顶）、矿棉板或玻璃纤维板天棚等。同时教室的装修需要耐火、耐腐蚀、耐潮湿、无毒无害的材料，同学们根据性能和需求的关系选择了装修材料。

在对装修材料性能进行分析时，学生对铝扣板这种合金材料进行了深入学习，了解了金属与合金之间性质的不同，合金成分的不同导致性能的巨大差异，并通过资料学习了如何优化合金性能。

（3）墙面装修

墙面装修可供选择的材料有涂料、油漆、墙纸等。教室的墙面要求具有坚固耐磨、防水、抗腐蚀、不褪色、不脱落、不反光、便于清洗等特点。同学们大多数选择了涂料和油漆。

涂料和油漆也是装修污染的主要来源，同学们查阅了涂料的成分，同时提出，购买涂料和油漆时要购买品牌产品，严格把控污染源。

学生归纳总结了教室装修的主要污染源有哪些，并了解物理吸附（活性炭）法与植物吸收法等消除室内污染的方法。

（4）门窗装修

在门窗的装修材料的选择中，学生比较了各种玻璃的用途及加工，并了解如何将玻璃擦拭得更干净。

为了让教室装修得更有新意，学生除了采用传统教室的装修材料外，还关注了特殊用途教室装修时使用的特殊材料，如夜光材料、隔音材料……多样化的材料的选择与应用激发了学生对材料研究的兴趣，和对前沿化学的关注。

2．准备竞标活动

（1）筹备竞标活动。

（2）形成竞标方案。

（3）参加竞标活动，并选出最佳方案若干，供学校装修时参考。

设计思路

通过对选材进行深度分析，学生可以将化学知识运用于真实场景中。

教师安排竞标活动，让项目式学习成果有充分的展示空间。

相关资源

涉及的资源包括竞标文件模板、竞标活动场地、外请的专家。

五、项目式学习评价方案

1. 颁发"最佳调研成果奖""最佳设计方案奖"

2. 任务过程自评及互评表（形成性评价）

评价内容	自评星级	互评星级
装修设计图的完整性、美观性	☆☆☆	☆☆☆
装修材料调研的多样性、全面性	☆☆☆	☆☆☆
装修材料的性能分析	☆☆☆	☆☆☆
调研报告的书写	☆☆☆	☆☆☆
教室的需求分析	☆☆☆	☆☆☆
教室装修材料选择观念	☆☆☆	☆☆☆

3. 项目整体自评及互评表（终结性评价）

评价内容	自评星级	互评星级
项目活动的参与度	☆☆☆	☆☆☆
项目活动的成果展	☆☆☆	☆☆☆
所学知识的应用程度	☆☆☆	☆☆☆
信息检索能力、实验探究能力	☆☆☆	☆☆☆
教室装修材料选择观念	☆☆☆	☆☆☆
项目目标达成度	☆☆☆	☆☆☆

六、项目反思

(1)项目题材选定。在设置驱动性问题时，依照真实问题解决思路拆解项目总任务，从而确定项目的驱动问题。初期设计驱动问题和分解任务的思路不清晰，经过反复雕琢，形成现有思路下的驱动问题和分解任务。在设计驱动问题时，广泛听取学生的意见，制定方案，学生的思维活跃，思考能力很强，教师仅仅在关键时刻加以引导。放手让学生动起来，放开框架让学生思维活跃起来，才真正让项目式学习的方式发挥最大作用。

(2)在项目实施时，遇到了所选的项目内容知识体量大，与教科书编写顺序不匹配，跨度较大等问题。在项目开发过程中，很多材料的知识被科普，容易变成教师的自问自答。因此，我们在设计时尽可能地设计学生活动，比如，实验探究，考察调研等活动，让学生自主参与进去，融入活动中，使学生真正成为项目活动的主体，真正凸显项目式学习的特色。

第十一节 职业高中案例：学校新媒体运营①

一、项目简述

项目基本信息卡

项目名称	"品秀仪美"公众号、抖音号运营
核心驱动问题	如何让公众号、抖音号发挥令学校满意的招生宣传效果？
项目时长	6周
学生年龄段	12—15岁
涉及学科	移动商务综合实践
项目最终成果	粉丝量1000人的公众号，日播放量稳定在2000多次的抖音号

---

① 项目案例来自武汉市仪表电子学校。

续表

成果展示方式	公众号、抖音号均面向公众
学校	武汉市仪表电子学校
指导教师	李志勇、赵俊、张琪、李莉

　　本项目是武汉市仪表电子学校探索综合项目式课程改革所做的尝试。项目组由校级创新创业大赛选拔，结合个人意愿，来自美发与形象设计、计算机应用等四个专业三个年级共 11 名学生组成。历时 6 周时间，项目组策划组织了"专业形象大使竞选""大使说专业""带你探校"等活动，并通过"品秀仪美"公众号和抖音号进行发布展示。账号由学校师生于 2020 年注册，用于展示学生的学习作品，后经学校同意，在项目进行过程中认证为学校账号。项目组通过编辑制作发布内容、客户服务等方式，达到公众号吸粉 1000 余人，抖音号逐步突破 5000 人的粉丝量，超 10000 播放量的运营成绩。在 2021 级新生调研中，80％的学生表示抖音号让自己更加了解学校专业，促成来校报名。

二、项目目标

表 5-40　学校新媒体运营项目目标

培养目标	对应标准	具体要求
学业发展目标	知识目标	①描述公众号、抖音平台(以下简称平台)规则； ②列举平台数据种类； ③列举新媒体内容风格种类及特征； ④列举新媒体营销策略和营销方法； ⑤说出新媒体营销步骤； ⑥描述社会化用户运营的内涵和应用领域； ⑦描述平台用户的行为与特征。了解目标用户、产品核心诉求和流量规律； ⑧通过自主学习，拓展新媒体技术，在学习中不断感受新媒体技术的发展，初步养成自主学习的好习惯； ⑨通过学生自主学习，提升信息提取、整合分析、阐释说明、推理判断、反思评价、创造应用等阅读思维能力。

续表

CREATE 素养发展 目标	同理心	①用户视角，了解公众号/抖音读者的阅读需求； ②耐心倾听关于产品的质疑与意见。
	技术运用	①学习与项目式学习所需的相关信息和软件，利用数字化方式呈现学习成果； ②使用在线协作工具开展合作学习； ③具有信息安全常识，了解知识产权并遵守相关规定。

三、核心驱动问题与分解驱动问题

表 5-41 学校新媒体运营项目驱动问题

核心驱动问题	项目成果		总时长
如何让公众号、抖音号发挥令学校满意的招生宣传效果？	粉丝量 1000 人的公众号、日播放量稳定在 2000 多次的抖音号		6 周
分解驱动问题	**主任务**	**主产品**	**时长**
如何策划并实施既可以宣传学校，又令学生愿意参与的活动？	策划并实施"专业形象大使"竞选活动	①策划、编写活动方案； ②专业形象大使候选人海报； ③公众号大使决赛投票	3 周
如何使学校宣传让更多学生看到？	策划并实施"大使说专业""带你探校"活动	①专业介绍脚本； ②"专业形象大使说专业"视频，"带你探校"系列视频	2 周
如何制作高质量的图文、视频作品，并高质量发布？	根据流量规划制作发布内容，运营公众号和抖音号	①内容发布方案； ②运营新媒体号； ③数据分析，调整运营策略	全过程；最后 1 周重点监管客服和运营

四、项目式学习实施过程

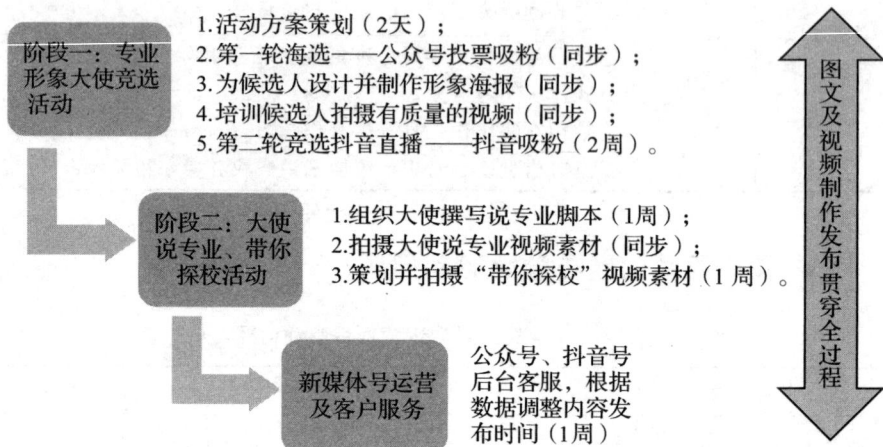

阶段一：专业形象大使竞选活动
1. 活动方案策划（2天）；
2. 第一轮海选——公众号投票吸粉（同步）；
3. 为候选人设计并制作形象海报（同步）；
4. 培训候选人拍摄有质量的视频（同步）；
5. 第二轮竞选抖音直播——抖音吸粉（2周）。

阶段二：大使说专业、带你探校活动
1. 组织大使撰写说专业脚本（1周）；
2. 拍摄大使说专业视频素材（同步）；
3. 策划并拍摄"带你探校"视频素材（1周）。

新媒体号运营及客户服务
公众号、抖音号后台客服，根据数据调整内容发布时间（1周）

图文及视频制作发布贯穿全过程

图5-8 学校新媒体运营项目实施过程图

（一）分解驱动问题 1

如何策划并实施既可以宣传学校，又令学生愿意参与的活动？

持续时间：3周（17天）

教学活动

1. 根据项目目标，策划并编制活动方案

（1）教师发布项目目标及项目完成的时间。

（2）内部分工，形成策划组、运营组、生产组、客服组（每组组长不同，组员为其他所有成员），并共同制定项目工作制度。

（3）在策划组长带领下，策划活动并编制策划方案。

（4）将方案向教师团队汇报，并就教师提出的问题进行答辩，针对答辩过程中确认的问题进行方案的修改，再答辩，直到方案初步完善（在两轮活动中不断微调完善方案）。

2. 组织实施第一轮海选活动，其目的为公众号吸粉

（1）通过公众号发布海选通知，同步进行地推宣传，吸引报名。

（2）收集选手方案及自我介绍和专业介绍视频，上传平台，发起海选。

（3）根据评分规则，组织各专业教师评选，结合公众号投票结果，通过公众号发布每个专业的两名第二轮竞选候选人。

3. 组织设计制作专业形象大使海报

（同步并行）

(1)将候选人形象设计及拍摄任务发布给 2019 级形象设计班级。

(2)将海报设计与制作任务发布给计算机 2020 级班级。

(3)验收并收取海报成品。

4. 培训候选人，制作有质量的视频

(1)分析候选人第一轮提交视频所存在的问题。

(2)如何拍摄有质量的视频主题培训。

5. 组织实施第二轮竞选直播活动

(1)客服组负责与学校教务、学工部门沟通第二轮竞选直播的时间、现场观众的确定等事宜，并负责联系评委和现场组织。

(2)运营组负责现场竞选流程及主持事宜。

(3)产品组负责直播及视频、图文制作。

(4)分专业组织三场共 15 个专业形象大使的竞选抖音直播活动。

(5)结合现场师生评委投票和公众号投票，公布专业形象大使最终人选。

6. 新媒体号运营及客户服务

(1)根据流量规划制作发布内容，运营公众号和抖音号。

(2)在招生的关键周，通过后台回复用户问题，引导到校咨询。

设计思路

此阶段目标是，通过有吸引力的活动，让校内师生主动关注公众号和抖音号，并愿意主动转发。

在项目过程中，教师团队的身份为观察员、顾问、质检、指导。

通过项目实施，重点培养学生创新性解决问题的能力，同时引导学生提升沟通、协作的素养，并能正确地认知自己，自信而主动地提升自己。

相关资源

涉及的资源包括：

(1)"品秀仪美"公众号和抖音号；

(2)办公室一间，电脑 11 台，直播手机 1 部，照相机 2 部，打印机 1 台，摄像机 2 部；

（3）容纳 200 人的报告厅及配套设备；

（4）办公软件，图形和视频处理软件。

(二)分解驱动问题 2

如何使学校宣传让更多学生看到？

持续时间： 2 周

教学活动

1. 拍摄"大使说专业"视频

（1）项目组以一个专业为例，精做"说专业"脚本，并作为样例发布给入选大使及指导教师。

（2）收取各专业大使拍摄脚本，分组进行视频拍摄。

2. 策划并实施"带你探校"活动

（1）客服组到招生办公室收集招生热点问题。

（2）以口播、实地录播形式制作探校小视频。

设计思路

（1）这段时间为中考前后，通过学生视角介绍专业，同时以考生热点咨询问题为突破口，以抖音为重点宣传平台，备好素材，在中考结束后及时发布，及时获取考生的关注。

（2）在项目过程中，教师团队的身份为指导教师、质检员。

（3）通过此阶段的项目实施，重点培养学生按时高质量完成任务的意识和能力，同时引导学生提升沟通、协作的素养，并能正确地认知自己，自信而主动地提升自己。

相关资源

涉及的资源包括：

（1）"品秀仪美"公众号和抖音号；

（2）办公室一间，电脑 11 台，手机若干，照相机 2 部，打印机 1 台，摄像机 2 部；

（3）办公软件，图形和视频处理软件。

(三)分解驱动问题 3

如何制作高质量的图文、视频作品，并高质量发布？

持续时间： 1 周(7 天)

教学活动

1. 新媒体号运营及客户服务贯穿全过程

(1)编辑图文内容。

(2)剪辑视频内容。

(3)根据流量规划发布内容,运营公众号和抖音号。

(4)收集分析后台数据,调整运营策略。

2. 客户服务(1周)

在招生的关键周,通过后台回复用户问题,引导到校咨询。

设计思路

教师通过示范做、指导做、放手做的过程让学生达成知识目标和能力目标。

相关资源

涉及的资源包括:

(1)"品秀仪美"公众号和抖音号;

(2)办公室一间,电脑 11 台,手机若干,照相机 2 部,打印机 1 台,摄像机 2 部;

(3)办公软件,图形和视频处理软件。

五、项目式学习评价方案

表 5-42 学校新媒体运营项目评价方案

主要产品/表现	知识/能力目标	证据	评价方式	评价时机
达成运营目标的公众号和抖音号	能够运用所学创作内容并有质量地运营	公众号、抖音号的粉丝数、日浏览量	后台数据及时反馈	形成性评价、终结性评价
专业形象大使评选活动方案	能根据营销目标,策划活动,编写活动方案	方案的可执行性及活动的热度	教师及时反馈	形成性评价、终结性评价
公众号上专业形象大使竞选视频及投票活动	①能进行平台操作;②能根据目标群体的特点开展活动营销,实现社会化用户群自主裂变	投票活动的参与人数,公众号新增粉丝数	教师及时反馈	形成性评价、终结性评价

续表

主要产品/表现	知识/能力目标	证据	评价方式	评价时机
专业形象大使评选活动，抖音直播视频	能根据营销目标，策划并实施直播活动	直播活动点赞数及评论	①教师及时反馈；②直播活动点赞及评论	形成性评价、终结性评价
①专业形象大使代言专业系列抖音视频；②"带你探校"活动系列抖音视频；③公众号上的图文消息	①能根据目标群体的特点，制作图文、视频类作品，按平台流量规则进行运营投放，实现社会化用户群自主裂变；②能收集分析平台数据，并能根据分析结果调整运营方案	公众号、抖音号的粉丝数、日浏览量	①教师及时反馈；②后台数据及时反馈	形成性评价、终结性评价
后台客服回复信息	能根据客户需求，进行有效的问题回复，达到维护客服的目的	①后台用户对回复的满意度；②报名时做的问卷调查	教师及时反馈	形成性评价、终结性评价

六、项目反思

(一)学生反思

每日反思活动：项目组按周制定项目进程表，每天在"班前会"进行日工作总结，制订当天工作计划；学生个人制订个人计划，在"班前会"上进行汇报。

项目结束后的反思：每人提交项目总结，从收获和不足两方面进行反思。

(二)教师反思

每日反思活动：每天结束，教师团队进行反思总结，参加项目组"班前会"，并做相应的总结。

项目结束后的反思：提交项目实施报告，从学生培养、教学实施、项目完成度三方面分别总结收获和不足，提出新媒体运营下一步改进策略及学生团队的动态组织机制。

后　记

　　我们在决定要写这本书时，还在担心究竟有多少学校和教师愿意了解和走进项目式学习。现在看来，这种顾虑是多余的。项目式学习作为一种顺应时代的学习方式，已经进入党中央国务院相关政策文件，以及新版课程方案和课程标准中。项目式学习始终聚焦学生可持续发展和终身学习素养的培育，主张学习者学会与他人沟通和合作，懂得学以致用。

　　实不相瞒，这本书有点"难产"。中间写写停停，或是被疫情防控的需要打乱了正常的工作和生活秩序，或是苦恼于写作风格如何从学术风格转变为实践取向。现在回想起来，这个过程与项目式学习中的体验是类似的：应对突发事件，形成基于用户的设计思维，做中学，反复迭代，等等。

　　作为教育者，我们时常提醒自己，要开展基于循证的教育实践和研究。这本书的主要内容建立在循证研究基础之上。过去几年，我们开展了一系列关于项目式学习的研究，例如，《课程与教学创新的学校组织氛围研究——以一所项目式学习特色校为个案》（《全球教育展望》2022 年第 9 期），《项目学习能否提升大学英语教学成效——针对干预实验研究的元分析》（《中国高教研究》2022 年第 7 期），《项目化学习中的教师素养：基于混合调查的框架构建》（《上海教育科研》2021 年第 10 期），《项目化学习在幼儿园活动中的实施》（《教育理论与实践》2021 年第 26 期），《项目式学习中的学生评价》（《教学与管理》2021 年第 31 期），等等。这些研究有利于我们寻找项目式学习中的难点和痛点，启示我们不断思考如何在不同学段开展项目式学习。

　　感谢南京荣鼎幼儿园、北京亦庄实验小学、长沙市岳麓区实验小学、长沙市高新区旺龙小学、北京房山区良乡中心小学、四川省宜宾市翠屏区凉水井初级中学、江苏省丹阳高级中学、武汉市仪表电子学校等学校为我们提供真实的项目式学习案例，使这本书得以增添更多"现场感"。

感谢北京师范大学项目式学习课题组的专家和研究生：黄嘉莉、罗颖、李泽晖、黄如艳、王凯、王新宇、王佳怡、蔡添、杨悦、朱怡、罗方舟、陆越、张若琳。黄嘉莉教授是陪伴我们写书的人，也是初稿的第一位读者。她时常提醒我们，不要脱离项目式学习的现场而过度依赖文献，必须站在教师的立场，不断厘清逻辑。感谢罗颖老师和课题组同学整理和检查文中的项目式学习案例，他们的工作使得案例以更加清晰的方式呈现。

本书能够按照规定流程出版，与北京师范大学出版社编辑鲍红玉等人的努力是分不开的，他们对全书的框架提出了中肯的建议，也对文字表述进行了细致的修改，使这本书的品质得以提升。

最后，祝愿所有手中持有本书的读者老师，能够在践行项目式学习和自我成长的道路上一帆风顺！愿我们共同为中国教育的发展而努力！

2023 年 1 月